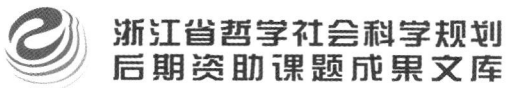
浙江省哲学社会科学规划
后期资助课题成果文库

唐代涉僧法律问题研究

段知壮　著

中国社会科学出版社

图书在版编目(CIP)数据

唐代涉僧法律问题研究 / 段知壮著. —北京：中国社会科学出版社, 2020.9
(浙江省哲学社会科学规划后期资助课题成果文库)
ISBN 978-7-5203-7286-2

Ⅰ.①唐… Ⅱ.①段… Ⅲ.①宗教事务—行政法—研究—中国—唐代 Ⅳ.①D922.152

中国版本图书馆 CIP 数据核字(2020)第 180241 号

出 版 人	赵剑英
责任编辑	宫京蕾
责任校对	赵雪姣
责任印制	李寡寡

出　　版	中国社会科学出版社
社　　址	北京鼓楼西大街甲 158 号
邮　　编	100720
网　　址	http://www.csspw.cn
发 行 部	010-84083685
门 市 部	010-84029450
经　　销	新华书店及其他书店

印刷装订	北京君升印刷有限公司
版　　次	2020 年 9 月第 1 版
印　　次	2020 年 9 月第 1 次印刷

开　　本	710×1000　1/16
印　　张	14.5
插　　页	2
字　　数	245 千字
定　　价	85.00 元

凡购买中国社会科学出版社图书，如有质量问题请与本社营销中心联系调换
电话：010-84083683
版权所有　侵权必究

序　　言

　　2018年5月，我有幸参加在香港中文大学举办的"第五届中国文化研究青年学者论坛"，同为唐代法制史研究者，我与段知壮先生结识，我们进行深度的学术交流，也开启了唐代法典与宗教规范等议题。而后听闻知壮将出版《唐代涉僧法律问题研究》一书，我非常荣幸拜读其大作，并为此写序。若说写序实为诚惶诚恐，更多的是在拜读大作后，我受益良多，更启发很多想法与新的研究课题。

　　十多年来我致力于唐律研究，解读多条律令，或甚而从法律规范探讨唐代政治、社会的多元面貌。在解读律令的过程，有不少律文是规范唐代宗教的组织架构与发展，但我多视为国家统治的方针之一，忽略了法律中的宗教层面。尤以唐代佛教一直是重要的历史课题，更是当时信仰群众聚集而成的庞大组织，若单从法典与国家统治的角度来看，仍相当不足。《唐代涉僧法律问题研究》补足了这个缺憾，知壮长期深耕唐代法制史与宗教史，横贯两项专业领域，弥补法制史研究上的不足。他运用现代法学架构重新审视唐代宗教的法律规范，将研究对象设定为佛教僧尼，引用现代法体系思考这些法律规范的分类与归属，聚焦探讨多元的历史课题。

　　在此研究脉络下，本书有几个重要的观察点：首先，探讨《道僧格》的历史问题，包含现存状况、颁行时间、它与《祠部格》的关系、适用范围与刑罚类型等。其次，将涉僧的法律规范分为行政、刑法、宗教、民事四种类型，此种分类方式打破唐律编排模式，有更为明确的逻辑架构，有助于读者快速理解各种法规内容。再次，结合丰富的史料资源，除了传世文献之外，本书更着重于唐代律令诏敕、佛教典籍、吐鲁番出土文书、墓志石刻等多元史料，充分展现唐代僧人在史籍中记载的各种面向。其中也多方运用笔记小说，补充正史记载的不足，如《太平广记》《酉阳杂俎》等。因笔记小说也呈现当时社会的真实样貌，适时运用此类史料使本书的论述脉络更为丰富、精彩。最后，探讨《道僧格》在唐代的法律定位，关于这个课题目前学界已有丰富的研究成果，本书基于此重新审视《道僧格》执行时的落实程度，这也为我们开启另一个思考点，究竟唐代法典的制定与落实状况为何。

唐代《道僧格》是一部综合型的宗教法典，推测起源于唐太宗贞观年间制定的《条制》，它依据佛、道教的内律，参照俗法制定而成。《道僧格》主在规范僧道内部的戒律，违反者大多处以苦使等罚则。若僧道犯罪，大抵上根据《道僧格》或凡人罪予以裁断，部分特殊状况在唐律也有加等刑责。若是犯重罪的僧人，如谋反、窃盗、杀人、斗殴、奸罪等，则强迫僧人还俗，再以俗人身份依律断罪。《道僧格》规范了唐代僧人的法律、生活、宗教信仰等种种面向，从本书的研究视角来看，《道僧格》可作为一个切入点，探讨涉僧法律问题的整体情况，将佛教戒律引入国家法典体系，用以控制佛教与僧团。但法律并非空洞的条文法规，而是它被落实在生活中所形成的真实样貌，这也是本书的核心论点。本书认为世俗的历史、文化、制度或仪式影响着宗教的发展，随着佛教中国化的过程，也存在着佛教世俗化的问题。如佛教的僧官制度成为国家行政管理之一，加上《道僧格》各种法律规范，其目的是防止佛教势力过大，因而多少限制僧人的宗教活动。本书指出《道僧格》的落实程度确实较弱，如僧人犯罪时，官员首先考虑用世俗法定罪，加上佛教戒律具有变通性，造成《道僧格》执行上的困难，而后《道僧格》被引入国家世俗法典，其存在的独特性也逐渐消失。

综观《唐代涉僧法律问题研究》一书，提供丰富的研究视角，以及实力坚强的史料解读、分析，启发读者重新看待唐代法典的落实状况。以往研究唐代律令时常陷入法条解读与实际运用的困境，本书从唐代涉僧法律规范思考此问题，为我们提供更广泛的知识基础，不单是世俗法的实践，也包含宗教法的落实问题。虽然作者认为《道僧格》的执行不如预期，最后甚至被世俗法所取代，但这也引发另一个新课题，当宗教法律列入世俗法典之后，产生何种变化？如何调整？如何落实？这些都是未来研究法制史可关注的面向。本书问题意识清楚，每一环节皆紧紧相扣，从小地方看大时局，为读者带来新的观察视角，并在法制史与宗教史两个领域上奠定基础。特为序予以推荐。

杨晓宜
台湾大学历史学博士
上海师范大学人文与传播学院讲师
2019.11.27

目　　录

绪　论 ·· （1）
　　一　唐代涉僧法律问题介绍 ·· （1）
　　二　先行研究 ·· （4）
第一章　《道僧格》相关问题介绍 ·· （12）
　　第一节　唐代《道僧格》辑佚概况 ·································· （12）
　　第二节　《道僧格》若干问题辨析 ·································· （15）
　　　　一　武德九年六月四日敕文中的"旧定" ······················ （15）
　　　　二　《道僧格》与《祠部格》的关系 ···························· （20）
　　　　三　《道僧格》的适用范围及刑罚种类 ························ （24）
　　　　四　《天圣令》"唐11"条中的"僧道法"与《道僧格》 ········ （29）
第二章　唐代涉僧行政法规定与实践 ···································· （32）
　　第一节　佛教事务管理与"任僧纲"条 ······························ （32）
　　　　一　佛教事务管理机构的沿革 ································ （32）
　　　　二　唐代的僧官设置 ·· （38）
　　第二节　僧籍、度牒与"私度"条 ·································· （45）
　　　　一　僧籍与度牒 ·· （45）
　　　　二　试经制度 ·· （51）
　　　　三　"私入道"的相关规定与实践 ···························· （55）
第三章　唐代涉僧刑法规定与实践 ······································ （59）
　　第一节　僧俗往来与"非寺院"条 ·································· （59）
　　　　一　禁止僧俗往来聚众的法律规定 ···························· （59）
　　　　二　佛教俗讲及寺院娱乐生活 ································ （61）
　　　　三　政治生活中的佛教参与 ·································· （65）
　　第二节　妖言谋反犯罪与"准格律"条 ······························ （70）
　　　　一　唐代妖言谋反罪的法律规定 ······························ （70）

二　唐代僧人参与的妖言谋反罪的类型与特征 ……………（72）
　第三节　僧人形象与"观玄象"条、"卜相凶吉"条 …………（86）
　　一　"托于卜筮、假说灾祥" ………………………………（86）
　　二　唐代僧人"陈祸福"的目的与特点 ……………………（89）
　　三　唐代僧人的卜相疗疾行为 ………………………………（93）

第四章　唐代涉僧宗教法规定与实践 ……………………（97）
　第一节　"盗毁天尊佛像"条 …………………………………（97）
　　一　"盗毁天尊佛像"条规定与沿革 ………………………（97）
　　二　"盗毁天尊佛像"不同情形 ……………………………（100）
　　三　法律对宗教"神圣性"的保护 …………………………（105）
　第二节　淫戒、奸罪与"和合婚姻"条 ………………………（108）
　　一　戒律中的"淫戒"与法律中的"奸罪" ………………（108）
　　二　唐代僧人的家庭与社会生活 ……………………………（113）
　　三　"和合婚姻"的意义辨析 ………………………………（117）
　第三节　酒肉戒、杀生戒与"饮酒"条 ………………………（121）
　　一　破戒的"神僧"形象 ……………………………………（121）
　　二　对"饮酒"条的司法适用 ………………………………（125）
　　三　"杀生戒"与断屠令 ……………………………………（127）

第五章　唐代涉僧民事法律规定与实践 …………………（132）
　第一节　拟制血亲与"三宝物"条 ……………………………（132）
　第二节　僧道排位与"禁毁谤"条 ……………………………（137）
　　一　唐前期的僧道排位问题 …………………………………（137）
　　二　"禁毁谤"条辨析 ………………………………………（144）
　第三节　致拜君亲与"行路相隐"条 …………………………（151）
　第四节　寺院经济与"不得私蓄"条 …………………………（159）
　　一　僧尼授田与唐代寺院经济 ………………………………（159）
　　二　寺院常住和僧尼私产 ……………………………………（164）
　　三　僧人的民事纠纷与经济犯罪 ……………………………（173）

余　论 ……………………………………………………………（180）

附录　《道僧格》辑佚情况总汇 ………………………………（186）

参考文献 …………………………………………………………（196）

后　记 ……………………………………………………………（221）

绪　　论

一　唐代涉僧法律问题介绍

唐代是佛教发展史上的巅峰时期，自两汉之际佛教传入中国，时至唐代佛教已基本完成了中国化的历史进程。无论是在哲学思想层面还是在政治法律制度层面，佛教都已然成为研究唐代历史问题中不可缺失的重要组成部分。本书中笔者主要选取了唐代涉僧法律这样一个问题，试图分析在佛教兴盛的唐代，与世俗人士不同的佛教僧人究竟受到了怎样的具体法律规制，以及这些法律规制的实践情况究竟如何。

谈及涉僧法律问题，似乎在第一时间会联想到的便是僧人犯罪问题。试举两例，如"江南大理寺尝鞫杀人狱，未能得其实，狱史日夜忧惧，乃焚香恳祷，以求神助；因梦过枯河，上高山。寤而思之曰：'河无水，可字，山而高，嵩字也。'或言崇孝寺有僧名可嵩，乃白长官下符摄之。既至，讯问亦无奸状，忽见履上墨污，因问其由，云'墨所溅'。使脱视之，乃墨涂也。复诘之，僧色动。涤去其墨，即是血痕，以此鞫之，僧乃服罪"[①]，再如"唐贞观十三年（公元639年），岐州城内有寺主，共都维那为隙，遂杀都维那，解为十二段，置于厕中。寺僧不见都维那久，遂告别驾杨安共来验检，都无踪迹。别驾欲出，诸僧送别驾，见寺主左臂上袈裟，忽有些鲜血。别驾勘问，云：'当夜之杀，不着袈裟，有其鲜血，是诸佛菩萨所为。'竟伏诛"[②]。遗憾的是，从记载来看这些僧人犯罪似乎和普通的俗家人士犯罪没有什么明显的不同，这两段史料的侧重点也是在于

[①] 杨奉琨校释：《折狱龟鉴校释》卷六《狱吏》，复旦大学出版社1988年版，第294页。
[②] （宋）李昉等编：《太平广记》卷一二七《岐州寺主》，汪绍楹点校，中华书局1961年版，第900页。

审判官是因为"神示"进而得以破案，但从僧人杀人的具体案情来看其与普通民众的刑事案件并无特殊性。当然，有学者提出虽然犯罪行为上僧人与世俗人士并无太大的差别，但是其在量刑方面却有特殊的考量，如郑显文认为僧人犯强盗罪、杀人罪都比凡人重[1]，陈登武也曾用鱼玄机案对此加以证明[2]。那么问题便出现了，如果这种加重属实，那么是出于法律上的明确规定还是司法官个人的自由裁量？

关于唐代是否有专门以佛教僧人为针对对象的法律规范，原本并无过多的记载，似乎仅仅在《唐律疏议》等国家制定法中存有为数不多的相关条文，但一部名为《道僧格》的法律文献的浮出水面却引起了学界不小的震动。虽然根据现有文献，唐代未见有编撰《道僧格》之记载，但日本《养老令》的注释书《令集解·僧尼令》中却多次提到唐代《道僧格》。[3] 这一现象引起了中日两国众多学者极大的关注，由此展开的《道僧格》研究，尤其是《道僧格》条文复原方面的研究也因此取得了相当丰硕的成果。更为值得注意的是，根据对《道僧格》的复原工作来看，除了在僧人刑事犯罪方面，在行政、民事等方面唐代法律似乎也存在着大量针对宗教教徒的专门法律规定。那么这些以宗教教徒为专门针对对象的法律规定便成为研究唐代涉僧法律问题的重要资料。但正如上文所言，遗憾的是《道僧格》虽然在《令集解·僧尼令》被多次提及，但其历史文本已然被埋没在久远的历史当中，那么诸位学者复原的《道僧格》条文是否能够直接用来考察唐代涉僧法律问题便又成为一个新的难题。

需要明确的是，中国时至唐代无论是佛教还是道教，宗教已然成为国家治理下的一个组成部分，此时的《道僧格》与西方中世纪的宗教法、教会法是有着很大的区分的。单就佛教而言可以说从其在两汉之际传入时就从来没有成为能够真正与政治势力相抗衡的宗教力量，宗教的发展壮大在很大程度上是依靠在国力的强盛之上的，从玄奘法师对唐太宗李世民的上表中就可以得以窥探这一问题，"自陛下握乾符、清四海，德笼九域，仁被八区。淳风扇炎景之南，圣威震葱岭之外。所以戎夷君长，每见翔云

---

[1] 郑显文：《唐代律令制研究》，北京大学出版社 2004 年版，第 260—261 页。
[2] 陈登武：《从内律到王法：唐代僧人的法律规范》，《政大法学评论》2009 年第 111 期。
[3] ［日］黑板勝美编：《令集解》卷七、卷八《僧尼令》，吉川弘文馆 1989 年版，第 207—255 页。

之鸟自东来者，犹疑发于上国，敛衽而敬之。况玄奘圆顶方亲承化育者耶。既赖天威，故得往还无难"①。然而在西方文明，尤其是西方的教会文明中，其显著特点之一则是无论教会还是国家都未曾完全地从属于另一方。其结果是宗教和政治机构之间有着持续不断的张力，最终达成了共识——二者都应该受到限制。② 这种情况在中国的历史中几乎是从来没有出现过的，此种差异也导致了中西方之间所谓"宗教法"性质上的根本不同。中国唐代的《道僧格》仅仅是国家在宗教事务管理方面的一部单行法，而西方的宗教法、教会法乃是以宗教戒律为依据进而推行到对全体国民均有效力的一种法律制约，这两种法律形态有着本质的区别。也就是说，虽然《道僧格》已然佚失，但唐代史料中众多杂乱无章的涉及宗教之记载是存在的，再加之本书题目仅局限在佛教僧尼，而将道教道士女冠排除在外，那么如果以众位学者辑佚的《道僧格》为切入点，进而将杂乱的涉僧记载进行整合，是有可能在一定程度上将唐代的涉僧法律问题基本呈现出来的。

　　本书在史料的使用上主要包含以下六种：（1）正史，如《新唐书》、《旧唐书》、《资治通鉴》、《册府元龟》等；（2）国家律令诏敕，如《唐律疏议》、《唐大诏令集》等；（3）佛教史籍，如《广弘明集》、《续高僧传》、《五灯会元》等；（4）笔记小说，如《太平广记》、《西阳杂俎》、《云溪友议》等；（5）墓志石刻，如《唐代墓志汇编》等；（6）敦煌吐鲁番出土文书。

　　对本书所使用的材料有两个问题需要具体说明。首先，为了能尽可能全面地了解《道僧格》的法律实践情况，笔者在本书中使用了大量的笔记小说资料，对于这部分史料的可用性，许多学者都曾经予以论述，如英国学者安德鲁·本尼特（Andrew Benett）等曾提出文学作品能够帮助我们理解它们所处的时代。现实主义文本尤其提供了对具体历史时刻、历史事件或历史时期想象性的再现。③ 周次吉更是直言，唐人写小说的动机，无

---

① （元）念常集：《佛祖历代通载》卷一一，《大正藏》第 49 册，CBETA 电子佛典集成，T49n2036。

② ［美］德拉姆、沙夫斯：《法治与宗教：国内、国际和比较法的视角》，隋嘉滨等译，中国民主法制出版社 2012 年版，第 10 页。

③ ［英］安德鲁·本尼特、尼古拉·罗伊尔：《文学批评与理论导论》，汪正龙、李永新译，广西师范大学出版社 2007 年版，第 70—77 页。

非是为了考试的"温卷"之用,以及自以为关乎风教的实录。因为要表现史才,要发为议论,则尽管作意好奇,而好奇的资料乃不能不根据事实来写作,这即是唐人小说的可靠处了。① 李可也提到无论是所谓的"信史""野史"还是"稗记""传奇",在反映当时人们的观念、意识、思想和文化上,几无差别。事实上,一些无法在正史中得到反映的纠纷事例被当时的士大夫和民间知识精英通过笔记小说的形式曲折地表达出来,其并非无源之水,无本之木。② 由此可见,笔记小说当中固然存有一些荒诞不经的灵异成分,但从整体上还是能够比较准确地反映出其所处时代的社会背景和民众社会心理的。

在本书中笔者还使用了一些敦煌吐鲁番资料,敦煌吐鲁番资料对于研究唐代佛教有着巨大助益自不必细说,但需要说明的是本书的研究对象乃是唐代《道僧格》的法律实践情况。敦煌地区虽然在一定程度上也能说明这一问题,但与此同时也必须考虑到其受吐蕃统治以及本地民族风俗两方面影响的鲜明特征。因此本书中对敦煌吐鲁番资料采取了比较谨慎的态度,即不以其孤证具体问题。不过吐蕃统治以及民族风俗对敦煌地区的影响固然巨大,但也绝不至于造成与中原地区截然相反的法律适用情况。一些学者也提到,从更主要的方面看,两地墓葬确实突出体现了当地与中原在文化上的一致性。③ 因此敦煌吐鲁番资料还是可以辅证本书中的一些观点的。

二 先行研究

就笔者所见,国内学界目前还暂无专门对唐代涉僧法律问题以及《道僧格》法律实践问题进行的研究,但日本学界曾对此有一定的涉及。如诸户立雄在其大作《中国佛教制度史研究》第一章第七节"《道僧格》的施行状况"中提到,《道僧格》中的"私蓄条""饮酒条""作音乐条"等条文几乎沦为空文,但"观玄象条""常律推断条"之类的重要条文则是被严格执行的。④ 此后浜田直也曾以"饮酒条"为例对诸户立雄的观点提

---

① 周次吉:《寺院考(Ⅰ)——唐人小说中的寺院》,《朝阳学报》2000年第5期。
② 李可:《宗教社会纠纷解决机制:唐和宋的专题研究》,法律出版社2010年版,第9页。
③ 《新中国的考古发现和研究》,文物出版社1984年版,第619页。
④ [日]诸户立雄:《中国仏教制度史の研究》,平河出版社1990年版,第209页。

出反驳，他认为"饮酒条"的执行情况也是比较严格的。① 虽然专门论及此问题的研究较少，但却有许多与此相关的研究成果可以提供较多有益的借鉴，这些研究大致可以分为四类。

（一）以《道僧格》为中心的相关研究

日本学界对《道僧格》的研究起步较早且尤为深入，佐藤诚实最先提及《道僧格》的存在②，之后三浦周行在《令集解》中逐条摘出所引《道僧格》条文，对《道僧格》的存在进行了进一步的确认③。陇川政次郎在佐藤诚实相关研究的基础上，首次提出《道僧格》的制定时间等问题④，但牧野巽对以上说法提出了质疑，其认为"道僧格"可能仅是相当于"别敕"的"条制"⑤。此后秋月观暎和二叶宪香先后针对牧野巽的观点进行了系统的反驳，基本确认了《道僧格》存在的事实，同时也将《道僧格》的制定时间、依据等进行了更为深入的考证⑥，道端良秀也基本同意《道僧格》存在这一观点⑦。在这之后学界对《道僧格》的研究更加深入，如袁红、杨永良等学者以《僧尼令》作为研究基点，对《道僧格》的各个方面均进行了论述与介绍⑧。诸户立雄《中国佛教制度史研究》⑨ 更是不仅仅立足于《道僧格》，还对唐代佛教制度的各个方面均进行了翔实的分析论证。

国内方面郑显文最早关注到《道僧格》的相关问题，其在《唐代律

---

① ［日］浜田直也：《唐代仏教制度管见——仏教と律令》，《佛教史学研究》1991年第34卷第1号。

② ［日］佐藤誠實著，隴川政次郎編：《佐藤誠實博士律令格式論集》，汲古书院1991年版。

③ ［日］三浦周行：《法制史研究》，岩波书店1919年版。

④ ［日］隴川政次郎：《律令の研究》，刀江书院1931年版。

⑤ ［日］牧野巽：《中國社會史の諸問題》，御茶の水书房1985年版。

⑥ ［日］秋月觀暎：《道僧格の復舊について》，《歷史（東北大學）》1952年第4辑；［日］秋月觀暎：《唐代宗教刑法に關する管見》，《东方宗教》1954年第4辑；［日］二葉憲香：《古代佛教思想史研究：日本古代における律令仏教及び反律令仏教の研究》，永田文昌堂1962年版。

⑦ ［日］道端良秀：《唐代仏教史の研究》，法藏馆1957年版。

⑧ 袁红：《僧尼令と道僧格の比较》，《大正大学大学院研究论集》，1999年；杨永良：《僧尼令之研究——解读并探讨道僧格复原的问题》，《日本学论坛》2002年第1期。

⑨ ［日］诸户立雄：《中国仏教制度史の研究》，平河出版社1990年版。

令制研究》①一书中不仅对《道僧格》的性质、历史地位进行了具体的界定，还对相关条文进行了系统的辑佚工作。此后周奇《唐代宗教管理研究》②在国内外诸位学者研究的基础上，对《道僧格》的辑佚工作作出了进一步的推进。张径真《法律视角下的隋唐佛教管理研究》③也同样系统而充分地论证了诸家复原版本，并提出了相对新颖而全面的《道僧格》复原。董春林《论唐宋僧道法之演变》④则是将唐代《道僧格》与宋代《道释门》进行对比分析，得出佛教受世俗法之约束越来越明显的结论。赵晶《唐代〈道僧格〉再探——兼论〈天圣令·狱官令〉"僧道科法"条》⑤更是对《道僧格》的研究学术史进行了非常完整的梳理，并且将之前几乎所有的《道僧格》复原版本进行了对比分析。

（二）以唐代宗教管理、政教关系为中心的研究

李富华、董型武《试论唐代的宗教政策》⑥从宏观角度对唐代宗教政策进行了介绍与概括。唐怡《浅析唐朝的宗教政策》⑦则主要从政治文化的角度分析唐代整体的宗教政策。美国学者斯坦利·威斯坦因（Stanley Weinstein）《唐代佛教》⑧采取历史系年的方式，对唐代历朝皇帝的宗教政策进行了系统的梳理，其中特别提及了佛教宗派兴衰与帝王宗教态度之间的关联。日本学者砺波护《隋唐佛教文化》⑨中也对唐代佛教管理的若干问题进行了考析。周相卿《隋唐时期佛教与法的关系》⑩主要从政治的角度介绍了隋唐政府对佛教的管理与规制。王永会《中国佛教僧团发展及其管理研究》⑪选取了管理学视角，对佛教管理的历史沿革进行了深入的

---

① 郑显文：《唐代律令制研究》，北京大学出版社 2004 年版。
② 周奇：《唐代宗教管理研究》，博士学位论文，复旦大学，2005 年。
③ 张径真：《法律视角下的隋唐佛教管理研究》，博士学位论文，中国社会科学院研究生院，2012 年。
④ 董春林：《论唐宋僧道法之演变》，《江西社会科学》2010 年第 10 期。
⑤ 赵晶：《唐代〈道僧格〉再探——兼论〈天圣令·狱官令〉"僧道科法"条》，《华东政法大学学报》2013 年第 6 期。
⑥ 李富华、董型武：《试论唐代的宗教政策》，《世界宗教研究》1989 年第 3 期。
⑦ 唐怡：《浅析唐朝的宗教政策》，《宗教学研究》1996 年第 2 期。
⑧ [美] 斯坦利·威斯坦因：《唐代佛教》，张煜译，上海古籍出版社 2010 年版。
⑨ [日] 砺波护：《隋唐佛教文化》，韩昇译，上海古籍出版社 2004 年版。
⑩ 周相卿：《隋唐时期佛教与法的关系》，《贵阳民族学院学报》2002 年第 1 期。
⑪ 王永会：《中国佛教僧团发展及其管理研究》，巴蜀书社 2003 年版。

探讨。朱佩《唐代寺庙财产法研究》[①] 主要介绍了唐代政府在经济方面对佛教寺院及僧尼的管控。卓越《论唐代的佛教管理及对佛教中国化的影响》[②] 则以《唐会要》为研究中心介绍唐代宗教政策的各个方面及制定背景。何春明《浅议唐朝的宗教政策及其执行——以佛教为例》[③] 主要着眼于不同帝王的宗教态度对宗教事务的影响。此外学界还对唐代僧官僧籍制度有较深入的研究，如谢重光、白文固《中国僧官制度史》[④]、白文固、赵春娥《中国古代僧尼名籍制度》[⑤] 等，李锦绣《唐代僧官制度研究的回顾与展望》[⑥] 对唐代僧官制度的研究学术史进行了翔实的梳理。刘淑芬《中古佛教政策与社邑的转型》[⑦] 主要以佛教社邑为线索，重点分析了唐前期佛教政策的沿革与转变。陈登武《从内律到王法：唐代僧人的法律规范》[⑧] 主要从僧人犯罪的角度出发，细致地比较了佛教戒律与国家规范对僧人不同的规制方式。李可《宗教社会纠纷解决机制：唐和宋的专题研究》[⑨] 对官府、僧尼道士、佛道信众、俗家民众四者之间的种种纠纷进行了分门别类的分析。肖海英、吴青山《从〈唐律疏议〉看唐代法律与宗教的关系》[⑩] 主要以法律与宗教之间的关系为视角分析了唐代的政教关系。聂顺新《唐代佛教官寺制度研究》[⑪] 主要考证了唐代四次设立官寺的相关情况。吴琼《唐代对僧尼的法律规制初探》[⑫] 则主要介绍了唐代以僧

[①] 朱佩：《唐代寺庙财产法研究》，硕士学位论文，南京师范大学，2007年。

[②] 卓越：《论唐代的佛教管理及对佛教中国化的影响——以〈唐会要〉为研究中心》，《求索》2008年第12期。

[③] 何春明：《浅议唐朝的宗教政策及其执行——以佛教为例》，《黑龙江史志》2010年第23期。

[④] 谢重光、白文固：《中国僧官制度史》，青海人民出版社1990年版。

[⑤] 白文固、赵春娥：《中国古代僧尼名籍制度》，青海人民出版社2002年版。

[⑥] 李锦绣：《唐代僧官制度研究的回顾与展望》，《隋唐辽宋金元史论丛》第3辑，上海古籍出版社2013年版。

[⑦] 刘淑芬：《中古佛教政策与社邑的转型》，《唐研究》第13卷，北京大学出版社2007年版，第233—291页。

[⑧] 陈登武：《从内律到王法：唐代僧人的法律规范》，《政大法学评论》2009年第111期。

[⑨] 李可：《宗教社会纠纷解决机制：唐和宋的专题研究》，法律出版社2010年版。

[⑩] 肖海英、吴青山：《从〈唐律疏议〉看唐代法律与宗教的关系》，《山西师范大学学报》2012年第2期。

[⑪] 聂顺新：《唐代佛教官寺制度研究》，博士学位论文，复旦大学，2012年。

[⑫] 吴琼：《唐代对僧尼的法律规制初探》，硕士学位论文，苏州大学，2013年。

尼为主体的相关法律规定。任汝平、徐佳艺《论唐朝对佛教事务的法律规制》① 不仅对唐代的佛教管理作了全方面的介绍，还提出了对当今宗教立法的借鉴意义。

此外通史类研究如任杰、梁凌《中国的宗教政策——从古代到当代》②、张践《中国古代政教关系史》③ 中对唐代宗教政策及政教关系均有所涉及。日本学者竺沙雅章《内律与俗法——中国佛教法制史的考察》④ 详细地梳理了历代法律中有关佛教的规范与诏令。王立民《中国古代刑法与佛道教》⑤、雷晓鹏《中国古代刑法对佛道教的规范》⑥ 中对唐代佛教管理也均有一定的介绍。

（三）以佛教与法律之间的关系及相互影响为中心的研究

张广杰《谈谈佛教的政治法律观》⑦ 对佛教教理教义中朴素的自然法思想进行了提炼与概括。殷啸虎《佛教与古代法制》⑧ 以佛教对立法者的影响为切入点，谈及了佛教思想对中国古代法律制度的影响。何柏生《佛教与中国传统法律文化》⑨ 将佛教对中国传统法律影响的各个方面进行了比较分析。劳政武《佛教戒律学》⑩ 则以法理学的方法对佛教戒律进行了系统的理论分析，并梳理了中国古代历朝的佛教政策。顾俊杰《论佛教与中国传统法律文化的冲突与融合》⑪ 主要分析了儒家思想与佛教思想之间的冲突对抗与汇通融合。赵哲伟《佛教文化与传统法律制度刍议》⑫ 主要阐述了佛教文化与中国传统文化之间的互动，以及佛教对中国传统法律制

---

① 任汝平、徐佳艺：《论唐朝对佛教事务的法律规制》，《宜春学院学报》2014 年第 2 期。
② 任杰、梁凌：《中国的宗教政策——从古代到当代》，民族出版社 2006 年版。
③ 张践：《中国古代政教关系史》，中国社会科学出版社 2012 年版。
④ ［日］竺沙雅章：《内律と俗法——中国佛教法制史の一考察》，《中国近世の法制と社会》，京都大学人文科学研究所 1993 年版。
⑤ 王立民：《中国古代刑法与佛道教》，《法学研究》2002 年第 3 期。
⑥ 雷晓鹏：《中国古代刑法对佛道教的规范》，《宗教学研究》2005 年第 4 期。
⑦ 张广杰：《谈谈佛教的政治法律观》，《甘肃社会科学》1987 年第 4 期。
⑧ 殷啸虎：《佛教与古代法制》，《文史知识》1994 年第 2 期。
⑨ 何柏生：《佛教与中国传统法律文化》，《法商研究》1999 年第 4 期。
⑩ 劳政武：《佛教戒律学》，宗教文化出版社 1999 年版。
⑪ 顾俊杰：《论佛教与中国传统法律文化的冲突与融合》，《同济大学学报》2006 年第 3 期。
⑫ 赵哲伟：《佛教文化与传统法律制度刍议》，《东南文化》2006 年第 4 期。

度的丰富与完善。李俊强《佛教对中古法律之影响》①以及文浩《论佛教对中国古代法制的影响》②均强调佛教对中国传统法律的影响是通过其与儒家思想的融会贯通而进行的。夏清暇《佛教伦理对传统法律影响三题》③以法社会学的方法介绍了佛教思想对中国传统法律影响的积极方面。周东平《隋〈开皇律〉十恶渊源新探》④谈及了佛教"十恶"用词对隋代立法的重大影响、《论佛教礼仪对中国古代法制的影响》⑤则以私入道、禁屠等独特视角介绍了法律条文背后的政治意义与社会背景。张海峰《唐代佛教与法律》⑥同样对"五逆""十恶"等法律词汇的佛教渊源进行了翔实细致的梳理与分析。方灿《从〈唐律疏议〉看唐代法律与宗教的关系》⑦则是在中西方文化差异的大背景下探讨唐代的宗教与法律文化。陈义和《佛教观念对中国古代法律的影响初探》⑧从法律制度与法律思想等多个角度深入分析了佛教思想对中国古代法律的影响。

此外，以佛教与中国传统文化为视角的研究大多从文化融合方面对佛教与法律文化之间的关系略有提及，如刘立夫《佛教与中国伦理文化的冲突与融合》⑨、刘佳虹《五至九世纪佛教冲击下的亲情/家族价值的位移及其转变》⑩等。

（四）以唐代佛教社会生活为中心的研究

丁敏《方外的世界——佛教的宗教与社会活动》⑪、王景琳《中国古

---

① 李俊强：《佛教对中古法律之影响》，硕士学位论文，湘潭大学，2006年。
② 文浩：《论佛教对中国古代法制的影响》，硕士学位论文，厦门大学，2009年。
③ 夏清暇：《佛教伦理对传统法律影响三题》，《江淮论坛》2010年第4期。
④ 周东平：《隋〈开皇律〉十恶渊源新探》，《法学研究》2005年第7期。
⑤ 周东平：《论佛教礼仪对中国古代法制的影响》，《厦门大学学报》2010年第3期。
⑥ 张海峰：《唐代佛教与法律》，上海人民出版社2014年版。
⑦ 方灿：《从〈唐律疏议〉看唐代法律与宗教的关系》，硕士学位论文，天津商业大学，2014年。
⑧ 陈义和：《佛教观念对中国古代法律的影响初探》，《比较法研究》2014年第4期。
⑨ 刘立夫：《佛教与中国伦理文化的冲突与融合》，中国社会科学出版社2009年版。
⑩ 刘佳虹：《五至九世纪佛教冲击下的亲情/家族价值的位移及其转变》，硕士学位论文，（台湾）中国文化大学，2005年。
⑪ 丁敏：《方外的世界——佛教的宗教与社会活动》，《中国文化新论·宗教礼俗篇·敬天与亲人》，联合报文化基金会1983年版，第164页。

代寺院生活》①均对古代佛教寺院生活进行了概括性的介绍，其中不乏唐代部分。鲁统彦《隋唐时期僧尼角色研究》②以隋唐时期佛教的世俗化为主线，分析了僧尼与其世俗家庭之间的关系等。严耀中《佛教戒律与中国社会》③以佛教戒律与世俗规范为参照，深入而翔实地介绍了宗教规范与世俗道德约束之间的相互影响。刘淑芬《中古佛教与社会》④则以佛教对中国中古时期的社会风俗之影响为切入点而展开了细致的分析。魏严坚《圣俗之间：唐政权运作下的长安佛事》⑤主要介绍了政治，尤其是帝王的宗教态度对佛教僧尼生活的影响。谢重光《中古佛教僧官制度和社会生活》⑥主要着眼于寺院经济方面，对中古时期的佛教僧尼生活状况进行了研究与考证。朱雄伟《略论唐代僧尼腐化问题》⑦则以唐代僧尼腐化的独特视角展示了唐代僧尼社会生活的一个侧面。李艳茹《唐代小说呈现的佛教寺院社会生活图景》⑧、陈艺方《唐人小说里的佛教寺院——以俗众的宗教生活为中心》⑨、于志刚《唐代的僧人、寺院与社会生活——以〈太平广记〉为中心》⑩等则主要以唐代文学作品为载体，对其中关于佛教寺院生活的内容进行了提取分析。叶珠红《唐代僧俗交涉之研究——以僧人世俗化为主》⑪利用大量的唐诗等资料对唐代僧人世俗生活的几乎所有方面都进行了翔实的介绍。道悟《唐代律法与寺院安养制度》⑫主要以唐代

---

① 王景琳：《中国古代寺院生活》，陕西人民出版社2002年版。
② 鲁统彦：《隋唐时期僧尼角色研究》，博士学位论文，首都师范大学，2005年。
③ 严耀中：《佛教戒律与中国社会》，上海古籍出版社2007年版。
④ 刘淑芬：《中古佛教与社会》，上海古籍出版社2008年版。
⑤ 魏严坚：《圣俗之间：唐政权运作下的长安佛事》，《国立台中技术学院通识教育学报》2007年第1期。
⑥ 谢重光：《中古佛教僧官制度和社会生活》，商务印书馆2009年版。
⑦ 朱雄伟：《略论唐代僧尼腐化问题》，硕士学位论文，湖南师范大学，2009年。
⑧ 李艳茹：《唐代小说呈现的佛教寺院社会生活图景》，香港大学饶宗颐学术馆2011年版。
⑨ 陈艺方：《唐人小说里的佛教寺院——以俗众的宗教生活为中心》，硕士学位论文，（台湾）中央大学，2011年。
⑩ 于志刚：《唐代的僧人、寺院与社会生活——以〈太平广记〉为中心》，硕士学位论文，郑州大学，2013年。
⑪ 叶珠红：《唐代僧俗交涉之研究——以僧人世俗化为主》，台湾花木兰文化出版社2010年版。
⑫ 道悟：《唐代律法与寺院安养制度》，《中国佛学》2015年第2期。

僧人安养状况为线索分析了唐代寺院经济状况及僧尼的生活状况。

对敦煌佛教僧人社会生活的研究主要有姜伯勤《唐五代敦煌寺户制度》①、郝春文《唐五代宋初敦煌僧尼的社会生活》②、法国学者谢和耐（Jacques Gernet）《中国5—10世纪的寺院经济》③、石小英《八至十世纪敦煌尼僧研究》④ 等。

---

① 姜伯勤：《唐五代敦煌寺户制度》，中国人民大学出版社2011年版。
② 郝春文：《唐五代宋初敦煌僧尼的社会生活》，中国社会科学出版社1998年版。
③ ［法］谢和耐：《中国5—10世纪的寺院经济》，耿昇译，上海古籍出版社2004年版。
④ 石小英：《八至十世纪敦煌尼僧研究》，人民出版社2013年版。

第一章

《道僧格》相关问题介绍

第一节 唐代《道僧格》辑佚概况

详察诸位学者辑佚的《道僧格》条文，大概可以分成四个部分：关于行政管理方面的规定，如"自还俗"条、"任僧纲"条、"身死"条等；关于刑事犯罪方面的规定，如"观玄象"条、"卜相凶吉"条、"非寺院"条、"准格律"条等；关于宗教戒律方面的规定，如"饮酒"条、"停妇女"条、"不得辄入尼寺"条等；关于民事、经济方面的规定。其中关于民事经济方面的规定又可以分成两个部分[①]：一是关于身份服制方面的规定，如"听著木兰"条、"和合婚姻"条等；二是关于佛教财产方面的规定，如"不得私蓄"条等。当然这种分类方法并非绝对，如"不得私蓄"条、"和合婚姻"条等其实就同时涉及宗教法[②]与民事制度两个方面。

诚如赵晶所言，完全精确的复原恐怕难以达至，对于某些复原意见的

[①] 侯欣一在《中华大典·法律典·民法分典》的编纂体例中使用了身份法总部与财产法总部并行的结构，本书在很大程度上即参考了该种模式，详见《中华大典·法律典·民法分典》，西南师范大学出版社、巴蜀书社 2014 年版，第 5—6 页。

[②] 何勤华认为宗教法一般是指以宗教教义（信仰）为基础、约束信徒（在某些情况下也包括其他社会成员）行为的且有强制力保障执行的、形成一定规模且较为严密、完整的规范体系。但在中国的法律和宗教语境中，实际存在三种含义的宗教法，即各宗教组织以信仰为中心的规范体系，宗教自治法和国家宗教法。详见何勤华《宗教法研究的述论》，《学术月刊》2014 年第 11 期。本书中所言宗教法仅指狭义的"宗教法"，大抵是何勤华所言三种含义的结合点，即"被国家制定法所吸收的宗教律法"，其既是清规戒律，同时也是国家制定法。而对"各宗教组织以信仰为中心的规范体系""宗教自治法"则一般用"戒律""清规"作为表达方式以示区分。

第一章 《道僧格》相关问题介绍　　13

差异并不可能进行孰优孰劣的判定，但这并不妨碍据此展开相关宗教史、制度史乃至社会史的研究，毕竟条文复原只是研究的起点。①

接下来的问题就是，如何以《道僧格》的辑佚工作为基础推进更为深入的研究呢？瞿同祖曾提道："（法律）条文的规定是一回事，法律的实施又是一回事"，"社会现实与法律条文之间，往往存在着一定差距。"② 黄宗智在分析清代民国时期的民事法律时更是提出了其著名的"实践与表达之间的背离"理论，即法律的官方表达和具体实践之间的背离③，更通俗一点地说就是法律规定是一回事，法律实践是一回事，从法律规定到法律实践可能又是另一回事。当然在做具体分析之前我们不能说唐代的《道僧格》也存在着同样的问题，但是这种从法律规定与法律实践两个层面进行的分析方式确实对推进唐代涉僧法律问题研究有着极大的帮助。柳立言在研究宋代僧人犯罪问题时也同样提到研究时必须分清立法和司法两个层次：就立法言，佛戒的解释持续翻新来迎合世情，但世俗法律固守传统佛教规范，没有修法来追上新戒的发展，或是修法后更趋严峻，造成两种法规的冲突；就司法言，假如新的宗教信念和行为得到若干国法执行者的认同，僧人便可能在审判时得到减罪或脱罪，但这是执法者的个别行为，不能视为通案，不能认定僧人没有触法，不能推论他们的行为是合乎国法。④ 这一分析在唐代《道僧格》中宗教法的法律规定与法律实践上也同样适用。

实际上一些学者早就对《道僧格》的辑佚工作提出了一些质疑，如刘淑芬称由于学者辑佚复原的工作较少考虑各项资料——尤其是皇帝的诏敕发布的时间先后，因此迄今所复原《道僧格》的价值在于呈现唐代僧尼法律的全貌，但对理解唐代各个时期佛教政策的发展和变迁，则没有多少帮助。⑤ 确

---

① 赵晶：《唐代〈道僧格〉再探——兼论〈天圣令·狱官令〉"僧道科法"条》，《华东政法大学学报》2013 年第 6 期。

② 瞿同祖：《中国法律与中国社会》，中华书局 1981 年版，第 2 页。

③ 黄宗智：《清代的法律、社会与文化：民法的表达与实践》，上海书店出版社 2001 年版，第 14 页。准确地说，黄宗智所呈现的是"官方表达的法律实践"与"现实生活中的法律实践"之间的背离，而非法律规定与法律实践的背离。与此相关的研究还可参见马小红《试论价值观与法律的关系》，《政法论丛》2009 年第 3 期。

④ 柳立言：《宋代的宗教、身分与司法》，中华书局 2012 年版，第 274 页。

⑤ 刘淑芬：《中古佛教政策与社邑的转型》，《唐研究》第 13 卷，北京大学出版社 2007 年版，第 250 页。

实，在诸位学者对《道僧格》的复原当中并不乏见"以后朝诏敕复原前朝格典"的尴尬。所以在此笔者首先要作出一个概念的说明，即与其说题目中的《道僧格》仅仅是贞观十一年（公元637年）的《道僧格》，倒不如将其视为整个唐代的"僧道法"。① 毕竟法律不是静止的，而是与政治制度、社会生活有着千丝万缕的互动与关联，而且在《道僧格》并入《祠部格》之时以及之后的时间里肯定曾出现过这样或那样的变动。因此本书不拘泥于诸位学者《道僧格》辑佚条文是否属于贞观十一年（公元637年）的最初版本，而是作出一个大胆的假设，即所有的复原条文均成立，然后将这些条文作为一个切入点，进而窥探唐代"僧道法"，也就是涉僧法律问题的整体情况。

虽然对于《道僧格》而言没有诸多的司法案例可以利用，但是仍然可以从其他两个方面来窥探《道僧格》的法律实践问题。其中之一即刘淑芬所提到的唐代整体的法律制度及其发展变化，如上所述，唐代《道僧格》是一部非常综合性的宗教法典，其中包含着行政法、刑法、宗教法、民法等多个方面的内容，那么这其中就必然与唐代其他法律形式②存在着一些交叉与结合。尤其是唐代存有大量与佛教事务相关的诏敕，毫无疑问这些诏敕内容的变化就是唐代佛教法律实践的变化。此外自从何兹全提出佛教寺院既是宗教组织又是社会组织这一著名论断之后③，佛教社会史的研究取得了非常丰硕的成果，如侯旭东的《五六世纪北方民众佛教信仰——以造像记为中心的考察》、郝春文的《唐后期五代宋初敦煌僧尼的社会生活》，以及荣新江主编的《唐代宗教信仰与社会》等，都是佛教社会史研究当中的经典之作。这些著作或多或少都提及了佛教社会生活中与

---

① 《天一阁藏明钞本天圣令校证（附唐令复原研究）》，中华书局2006年版，第342页。
② 学界对唐代律、令、格、式性质的分析较多，不一一列举，对于唐格的分析中较具代表性的如台湾学者桂齐逊认为：唐格具备了相当于吾人今日所谓的办事程式，同时实质上亦含刑罚的性质，实际与现代刑法理论中的"特别刑法"有其类似之处。详见桂齐逊《唐代律令格式之性质与位阶》，《第四届唐代文化学术研讨会论文集》，台湾成功大学，1999年，第687—709页；《唐代律令格式之性质再探》，《第五届唐代文化学术研讨会论文集》，台湾丽文文化事业股份有限公司2001年版，第575—591页。本书中所言《道僧格》中的行政法、刑法、宗教法、民法规定乃是从法律条文内容的角度来分类，而非从法律形式上进行归类分析。
③ 详见何兹全《中古时代之中国佛教寺院》，《五十年来汉唐佛教寺院经济研究》，北京师范大学出版社1986年版，第1—54页。

法律相关的部分，这些研究自然对研究唐代涉僧法律问题有着极大的助益。

那么唐代整体法律制度发展变化中所体现的，以及这些佛教社会史研究中所涉及的《道僧格》法律实践究竟与诸位学者辑佚的《道僧格》法律规定是契合还是背离，就成为唐代涉僧法律问题研究不可回避的关键性问题。由此笔者试图在诸位前辈学者对《道僧格》辑佚条文的基础上，将《道僧格》中的相关规定放置于唐代整体的法律制度以及社会生活当中，以《道僧格》的法律实效性为切入点进而对唐代涉僧法律问题进行整体、全面的分析，从而也将《道僧格》研究作进一步的推进。

法律不只是空洞的条文，如果一部法律没能深入到社会生活当中而被实践化，那么这种法律就只会被历史的洪流所淹没。

第二节 《道僧格》若干问题辨析

赵晶曾在《唐代〈道僧格〉再探——兼论〈天圣令·狱官令〉"僧道科法"条》一文中对学界关于《道僧格》的研究史进行详细的介绍，在此不再赘述。[①] 如其所言，如今学界基本接受了唐代存在《道僧格》的观点，但有关《道僧格》的制定背景、颁行时间、条文复原等问题仍然还处在众说纷纭之中。

一 武德九年六月四日敕文中的"旧定"

由于史料的缺乏，学界对中国历史从何时出现专门针对佛教僧人的法律规范并没有过多的探讨，《魏书》中曾记载北魏孝文帝太和十七年（公元493年）"诏立僧制四十七条"[②]，以往这也被学界认为是最早出现的以佛教僧人为对象的法律性文件。但学界普遍认为此时僧尼犯过，多"依佛律行罚"，统治者制僧制之主要目的亦为约束僧尼不法行为，僧侣多能保持方外之生活形态。[③] 也就是说此时的"僧制四十七条"在某种程度上只

[①] 赵晶：《唐代〈道僧格〉再探——兼论〈天圣令·狱官令〉"僧道科法"条》，《华东政法大学学报》2013年第6期。

[②] （北齐）魏收撰：《魏书》卷一一四《释老志》，中华书局1975年版，第3039页。

[③] 杨梅：《中土僧制刍论》，《四川大学学报》2011年第6期。

是国家认可的佛教自治性规定，而算不得国家强制推行的宗教管理法规。所以当《道僧格》出现在学界面前时，其自然而然地成为中国历史上的"第一部宗教法典"，但张径真对此存有异议，其认为唐代的《道僧格》与隋朝的《众经法式》有着一定的继承关系，其后谢山也认同这一观点①，关于《众经法式》的编撰在《历代三宝记》、《释氏稽古略》及《续高僧传》中均有记载。《历代三宝记》卷一二载："至十五年，以诸僧尼时有过失，内律佛制不许俗看，遂敕有司依大小乘众经正文诸有禁约沙门语处，悉令录出，并各事别，题本经名，为此十卷奖导出家。"②《释氏稽古略》卷二载："十五年帝以僧尼时有过失，内律佛制不许俗看，敕有司依大小乘经，有禁约沙门语，悉令录出，为众经法式十卷，奖导出家，遏恶弘善。"③《续高僧传》载："至开皇十五年，文皇下敕，令翻经诸僧撰众经法式。时有沙门彦琮等准的前录，结而成之，一部十卷，奏呈入内。"④ 唐高祖在武德九年（公元626年）五月的"沙汰佛道诏"中曾提道："诸僧、尼、道士、女冠等，有精勤练行、守戒律者，并令大寺观居住，给衣食，勿令乏短。其不能精进、戒行有阙、不堪供养者，并令罢遣，各还桑梓。所司明为条式，务依法教，违制之事，悉宜停断。"⑤ 张径真认为这里的"明为条式"很有可能就是要把隋朝的《众经法式》进行版本翻新，隋朝的《众经法式》在唐初依旧有一定影响力，因此唐高祖才会沿袭隋制，尝试立新"式"约束僧道。但由于玄武门事件，"沙汰"和"明为条式"都并没有实施，且在一个月之后，又出现了这样一道敕文："至六月四日敕文：'其僧、尼、道士、女冠，宜依旧定'"⑥，

---

① 谢山：《唐代佛教兴衰研究——以佛教发展与政治社会关系为视角》，博士学位论文，河南大学，2014年。

② （隋）费长房撰：《历代三宝记》卷一二，《大正藏》第49册，CBETA电子佛典集成，T49n2034。

③ （元）觉岸编：《释氏稽古略》卷二，《大正藏》第49册，CBETA电子佛典集成，T49n2037。

④ （唐）道宣撰，郭绍林点校：《续高僧传》卷二《隋东都雒滨上林园翻经馆南贤豆沙门达摩笈多传》，中华书局2014年版，第46—47页。

⑤ （后晋）刘昫等撰：《旧唐书》卷一《高祖本纪》，中华书局1975年版，第17页。

⑥ （宋）王溥撰：《唐会要》卷四七《议释教上》，上海古籍出版社1991年版，第979页。

张径真提出这里的"旧定"应该就是隋朝的《众经法式》①。关于这个"旧定"到底是什么，不同的学者之间早就发生过多次讨论，但比较一致的是众学者均认可"旧定"与《道僧格》的制定有着密切的关系。日本学者二叶宪香认为这个"旧定"很有可能就是《道僧格》最初的版本②，对此诸户立雄提出反驳，认为"旧定"并非二叶氏所谓的《道僧格》，而是武德九年之前的寺观数量及僧道归属③，秋月观暎则认为该"旧定"是"前代习惯"④。

应该承认，隋朝的《众经法式》在唐初仍有一定的影响力是有可能的，这里的"旧定"当然也可能包含《众经法式》，但《众经法式》是否直接对《道僧格》的制定产生了影响却并不尽然。相比之下，隋朝的《众经法式》与太宗颁发的《佛遗教经》可能有着更多的相似点，而非《道僧格》。张径真还提出《众经法式》的"法式"即"律令格式"的"式"，并举例《旧唐书·突厥传下》："卿早归阙庭，久参宿卫，深感恩义，甚知法式，所以册立卿等各为一部可汗。"⑤但这一诏文乃是显庆二年（公元657年）所下，用此时的"法式"之义去证明隋朝开皇年间的"法式"之义恐怕并不恰当。⑥ 此外在对《众经法式》的记载中，《续高僧传》和《释氏稽古略》中明确提出了"众经法式"的称谓，但在《历代三宝记》中并没有明确的名称，而是用了"题本经名"的字眼。也就是说，"众经法式"真正的名字及性质到底是"经"还是"式"还有待商榷，所以仅以此认定《众经法式》具备国家法律的性质还未免有些牵强。

---

① 张径真：《法律视角下的隋唐佛教管理研究》，博士学位论文，中国社会科学院研究生院，2012年，第53—55页。

② [日] 二叶宪香：《古代仏教思想史研究：日本古代における律令仏教及び反律令仏教の研究》，永田文昌堂1962年版，第181—195页。

③ [日] 诸户立雄：《中国仏教制度史の研究》，平河出版社1990年版，第10—20页。

④ [日] 秋月觀暎：《道僧格の復舊について》，《歷史（東北大學）》1952年第4辑；[日] 秋月觀暎：《唐代宗教刑法に關する管見》，《东方宗教》1954年第4辑。

⑤ （后晋）刘昫等撰：《旧唐书》卷一九四《突厥传下》，中华书局1975年版，第5188页。

⑥ 楼劲指出，无论开皇还是大业年间，都只有灵活而笼统地以"格""式"等词来指称的敕例或条制，却没有编纂过与《律》《令》并行的《格》《式》法书，详见楼劲《隋无〈格〉、〈式〉考——关于隋代立法和法律体系的若干问题》，《历史研究》2013年第3期。时至武德时期仍是如此，详见楼劲《武德时期的立法与法律体系——说"武德新格"及所谓"又〈式〉十四卷"》，《中国史研究》2014年第1期。

还需要注意的是《众经法式》的内容主要是佛教的戒律并不是国家制定法，这点在"依大小乘众经正文诸有禁约沙门语处"这句话中就可以看出。而且在《道僧格》制定之后的一段时间里，由于法琳《辩正论》事件，唐太宗也曾有过与隋文帝类似的行为，即《佛遗教经》的颁布。贞观十三年（公元639年），太宗下诏颁发《佛遗教经》于五品以上官宦及各州刺史各一部，以此为准查勘僧尼戒行。"然僧尼出家，戒行须备。若纵情淫佚，触涂烦恼，关涉人间，动违经律，既失如来玄妙之旨，又亏国王受付之义。《遗教经》者，是佛临涅槃所说，诫劝弟子，甚为详要。末俗淄素，并不崇奉。大道将隐，微言且绝，永怀圣教，用思弘阐。宜令所司，差书手十人，多写经本，务在施行。所须纸笔墨等，有司准给。其官宦五品已上，及诸州刺史，各付一卷。若见僧尼行业，与经文不同，宜公私劝勉，必使遵行。"① 与《众经法式》类似，《佛遗教经》的内容也是"佛临涅槃所说，诫劝弟子"的佛教戒律，而不是国家法律。虽然太宗以行政权力颁发《佛遗教经》给五品以上官宦及各州刺史各一部，但官员们在发现"僧尼行业与经文不同"时也不过是"宜公私劝勉"，而不是采取法律手段进行制裁，所以说《众经法式》、《佛遗教经》与《道僧格》在本质上有着明确的区别，说《道僧格》的制定在很大程度上参考了《众经法式》是值得推敲的。此外如果《道僧格》的颁布时间确如推测的是贞观十一年（公元637年），那么《佛遗教经》的颁布就要晚于《道僧格》两年，这更说明了《佛遗教经》与《道僧格》制定的出发点是完全不同的，《道僧格》是从法律的角度出发规制僧尼的犯罪行为，而《佛遗教经》是从佛教戒律出发勉励僧人更好地持戒修行。美国学者斯坦利·威斯坦因也曾指出过这一点，其称《道僧格》是由朝廷官员所起草的规范僧团行为的律令，而《佛遗教经》是用来补充《道僧格》所定的法律条令，僧人们要像遵守佛律一样地来遵守《佛遗教经》。② 所以说与《佛遗教经》类似的《众经法式》可能并没有对《道僧格》的颁布产生多大的影响。

隋朝除了《众经法式》之外并非没有专门针对僧人为主体的法律规

---

① （清）董诰等编：《全唐文》卷九《佛遗教经施行敕》，孙映达等点校，山西教育出版社2002年版，第63页。

② ［美］斯坦利·威斯坦因：《唐代佛教》，张煜译，上海古籍出版社2010年版，第20页。

定，如《续高僧传》载："大业二年（公元 606 年），帝还京室，在于南郊，盛陈军旅。时有滥僧染朝宪者，事以闻上，帝大怒，召诸僧徒，并列御前，峙然抗礼，下敕责曰：'条制久颁，义须致敬。'于时黄老、士女初闻即拜，惟释一门俨然莫屈。"① 这里的"条制久颁，义须致敬"毫无疑问就是指曾经出现过的，用法律规定僧尼致拜君主的条文。"隋炀帝，大业中改革前政，令沙门拜帝及诸官长等，悬之杂令。"② 可见，《开皇律令》、《大业律令》中就应该存有明确的以僧尼为主体的法律规定。③ 此外张径真还推测《大业律》中有专门的"盗毁天尊佛像"条④，如果这一推测属实的话，那么隋代律令中关于僧道方面的条文就应该不只一两条，既然正式的律令之中就有此类规定，那么何必还要从《众经法式》这样一个类似于"官方指导性"文件中去寻找《道僧格》制定的依据呢？

因此在六月四日敕文中的"旧定"，应当就是隋代律令中关于僧道方面的相关规定。首先，既然称之为"旧定"，就应该是被明文废弃过的前代律令，武德元年（公元 618 年）曾明确"废大业律令，颁新格"⑤。如果是唐初颁布的法令，应该不会称为"旧定"，如"上以新令无三师官，二月，丙戌，特诏置之"⑥。其次，隋朝的"旧律令"在唐初似乎并不是完全没有影响力，如武德四年（公元 621 年）发布的《平王世充敕》中就有"律令格式，且用开皇旧法"⑦ 的说法。并且贞观十一年（公元 637

---

① （唐）道宣撰：《续高僧传》卷二五《唐终南山智炬寺释明瞻传》，郭绍林点校，中华书局 2014 年版，第 936 页。

② （唐）彦悰纂录：《集沙门不应拜俗等事》卷二，《大正藏》第 52 册，CBETA 电子佛典集成，T52n2108。

③ 当然这种规定是零散且不成体系的。楼劲曾推测直至贞观十一年（公元 637 年）定《格》之前，实际上都未出现过本应统一规定寺观僧道管理事宜的《格》和《式》，详见楼劲《武德时期的立法与法律体系——说"武德新格"及所谓"又〈式〉十四卷"》，《中国史研究》2014 年第 1 期。

④ 张径真：《法律视角下的唐佛教管理研究》，博士学位论文，中国社会科学院研究生院，2012 年。

⑤ （宋）司马光编著，（元）胡三省音注：《资治通鉴》卷一八五《唐纪·高祖武德元年》，中华书局 1956 年版，第 5794 页。

⑥ （宋）司马光编著，（元）胡三省音注：《资治通鉴》卷一九四《唐纪·太宗贞观六年》，中华书局 1956 年版，第 6095 页。

⑦ （宋）宋敏求编：《唐大诏令集》卷一二三《平王世充敕》，洪丕谟、张伯元、沈敖大点校，学林出版社 1992 年版，第 602 页。

年）撰定的贞观律令，很大程度上就是参考的隋代律令，"据有司定律五百条，分为十二卷，于隋代旧律，减大辟入流九十二条，减入徒者七十一条"①。许多学者都曾提到这一点，如高明士提到武德、贞观其实无改动隋开皇以来所建立的立国政策②，黄正建更是明确指出，在贞观十一年前后，当时社会所谓的旧律令，并非指武德律令，而是指开皇律令或曰隋代律令。开皇律令的作用、影响之大，以及武德律令的作用、影响之小，都是应该引起我们充分注意的。③ 再次，六月四日的敕文是为了推翻五月的"沙汰佛道诏"，那么这一"旧定"从内容上来讲应该就是有利于佛道的，从隋文帝与隋炀帝的佛教政策来看，隋代律令应该符合这一标准。这从隋文帝把"坏佛像天尊"定性为"恶逆"的做法中就得以窥探。因此笔者认为六月四日敕文中的"旧定"应当就是隋代律令中关于僧道的相关规定，至于《众经法式》之类的"前代习惯"是否也在这个"旧定"范围之内，则很难予以说明。

二 《道僧格》与《祠部格》的关系

再来看看《道僧格》颁布的时间及其与《祠部格》之间的关系。在文献中没有关于编撰《道僧格》的记载，但却有编制相关"条制"的记录，日本学者泷川政次郎最早据此作出推测。④ 贞观九年（公元635年），沙门玄琬在临终前上遗表请求沙门犯罪依僧律，不与百姓同科，"法师玄琬卒于延兴寺，遗表陈，圣帝明王赏罚三宝不滥痛愍，沙门犯法不应与民同科，乞付所属以僧律治之。并上安养论三德论各一卷，帝嘉纳"，随后太宗颁布度僧之诏，"自今宜令所司依附六律，丙申，参以金科明为条制"⑤。《广弘明集》中也有相关记载，"但戒行之本，唯尚无为，多有僧徒溺于流俗，或假托神通妄传妖怪，或谬称医筮左道求财，或造诣官曹嘱致脏贿，或钻肤焚指骇俗惊愚，并自贻伊戚。动推刑纲，有一于此大亏圣教。朕情深护持，必无宽

---

① （唐）杜佑撰：《通典》卷一二三《刑法·刑制下》，王文锦等点校，中华书局1988年版，第4243页。
② 高明士：《律令法与天下法》，台湾五南图书出版公司2012年版，第158页。
③ 黄正建：《贞观年间修订律令的若干问题——律令格式编年考证之二》，《隋唐辽宋金元史论丛》第4辑，上海古籍出版社2014年版，第40页。
④ ［日］泷川政次郎：《律令の研究》，刀江书院1931年版，第59页。
⑤ （元）念常集：《佛祖历代通载》卷一一，《大正藏》第49册，CBETA电子佛典集成，T49n2036。

舍。已令依附内律，参以金科具为条制，务使法门清整。所在官司宜加检察，其部内有违法僧不举发者，所司录状闻奏。庶善者必采，恶者必斥，伽蓝净土，咸知法味，菩提觉路，绝诸意垢"①，因此泷川氏推断《道僧格》的颁布时间为贞观十年（公元636年）。此后二叶宪香、诸户立雄、秋月观暎等学者纷纷提出各自的见解，其中诸户立雄认为泷川氏提示的贞观九年之诏所称"条制"，可理解为正在制定中的《道僧格》，它与《贞观格》一起在贞观十一年（公元637年）被颁行。②秋月观暎虽然提出了不同的论据，但也认可这一时间节点③，而对此问题目前解释的最为详细的当属赵晶，其以唐格的渐次变化为依据，提出《道僧格》乃是《贞观格》、《永徽留本司行格》、《永徽留本司行格中本》的一篇。④

也就是说，要讨论《道僧格》的颁行时间及其与《贞观格》以及《祠部格》之间的关系，就无法跳过贞观十一年立法这一重要环节，"删武德、贞观已来敕格三千余件，定留七百条，以为格十八卷，留本司施行。斟酌今古，除烦去弊，甚为宽简，便于人者。以尚书省诸曹为之目，初为七卷。其曹之常务，但留本司者，别为《留司格》一卷。盖编录当时制敕，永为法则，以为故事"⑤。如果《贞观格》真的是"以尚书省诸曹为之目"的话，那么确实很难解释《道僧格》是否属于贞观十一年立法中的一环，也无法解释《道僧格》与《祠部格》的关系。不过值得庆幸的是，许多学者对这条史料都提出了质疑与修正。⑥如楼劲所言，《旧唐

---

① （唐）释道宣撰：《广弘明集》卷二八上《度僧于天下诏》，立人整理，团结出版社1997年版，第766页。

② ［日］诸户立雄：《中国仏教制度史の研究》，平河出版社1990年版，第10—20页。

③ ［日］秋月觀暎：《道僧格覆攷——「俗法推勘」を中心に》，《东洋史论集（东北大学）》1992年第5辑。

④ 赵晶：《唐代〈道僧格〉再探——兼论〈天圣令·狱官令〉"僧道科法"条》，《华东政法大学学报》2013年第6期，作者在文章中同时也提到了对贞观九年诏时间节点确定的审慎问题。

⑤ （后晋）刘昫等撰：《旧唐书》卷五《刑法志》，中华书局1975年版，第2138页。

⑥ 详见［日］滋贺秀三《中国法制史论集——法典と刑罚》，日本创文社2003年版，第422—435页；刘俊文《唐代法制研究》，台湾文津出版社1999年版，第128—135页；霍存福《唐式辑佚》，社会科学文献出版社2009年版，第16—17页；高明士《律令法与天下法》，台湾五南图书出版公司2012年版，第144—146页；黄正建《贞观年间修订律令的若干问题——律令格式编年考证之二》，《隋唐辽宋金元史论丛》第4辑，上海古籍出版社2014年版，第33—47页；楼劲《唐太宗贞观十一年立法研究——以〈贞观式〉有无之悬疑为中心》，《文史哲》2014年第6期。

书·刑法志》完全混淆了《唐六典》卷六《刑部》关于格、式的下列正、注文关系。"以尚书省诸曹为之目，共为七卷，其曹之常务但留本司者，别为《留司格》一卷"很明确是解释《开元格》而非《贞观格》的注文①。当然也有学者提出不同的推断，如刘俊文则认为该句是对《神龙格》的概括②。不过无论如何，大多数学者基本达成通识，贞观时期的格典可能还并不是"以尚书省诸曹为之目"的。如果按照这种分析进行下去的话，《道僧格》与《祠部格》之间的矛盾与冲突就迎刃而解了。此外还有一个问题就是：在更名为《祠部格》之前，《道僧格》的形式是统一的还是《道格》《僧格》二分的。对此笔者比较同意赵晶的观点，其引《令集解》对《僧尼令》的释文，"唐格，独此文为道士设法"，"案格，道僧并兼也"③。此外他还提出《唐前期尚书省礼部报都省批复下行公文程式》④中"道士第一""僧尼第二"之类，乃是按照内容对于判语的一种分类整理，并非是对法律条文的分门别类甚至是积章成篇，因此无法由此整成《道格》《僧格》二分。⑤

《道僧格》颁布之后似乎还出现了一些波折。《大唐大慈恩寺三藏法师传》载显庆元年（公元656年）五月玄奘上书："永徽六年，先有敕：'道士、僧等犯罪情难知者，可同俗法推勘。'边远官人不闲敕意，事无大小动行枷杖，亏辱为甚。法师每忧之，因疾委顿"，"至二十三日，降敕曰：'道教清虚，释典微妙，庶物藉其津梁，三界之所遵仰。比为法末人浇，多违制律，且权依俗法，以伸惩诫，冀在止恶劝善，非是以人轻法。但出家人等具有条制，更别推科，恐为劳扰。前令道士、女道士、僧、尼有犯依俗法者宜停。必有违犯，宜依条制"，"伏见敕旨，僧、尼等有过，停依俗法之条，还依旧格"⑥。这表示《道僧格》在颁布后不久，也就是永徽六年（公元655年）之前曾经遭到了废弃，正因如此玄奘法

---

① 楼劲：《唐太宗贞观十一年立法研究——以〈贞观式〉有无之悬疑为中心》，《文史哲》2014年第6期。

② 刘俊文：《唐代法制研究》，台湾文津出版社1999年版，第128页。

③ ［日］黑板胜美编：《令集解》卷八《僧尼令》，吉川弘文馆1989年版，第231页。

④ 赵和平辑校：《敦煌表状笺启书仪辑校》，江苏古籍出版社1997年版，第402—413页。

⑤ 赵晶：《唐代〈道僧格〉再探——兼论〈天圣令·狱官令〉"僧道科法"条》，《华东政法大学学报》2013年第6期。

⑥ （唐）慧立、彦悰撰：《大慈恩寺三藏法师传》卷九，孙毓棠、谢方点校，中华书局2000年版，第193页。

师特上表请求"宜依条制""还依旧格"。之后高宗也如玄奘法师所愿，颁布了《停敕僧道犯罪同俗法推勘敕》，"道教清虚，释典微妙，庶物藉其津梁，三界之所遵仰。比为法末人浇，多违制律，且权依俗法，以伸惩戒，冀在止恶劝善，非是以人轻法。但出家人等，俱有条制，更别推科，恐为劳扰。前令道士、女道士、僧、尼有犯依俗法者，宜停。必有违犯，宜依条制"①。值得注意的是，在之后的一些记载中再次出现了与此类似的情况，如开元二十九年（公元741年）正月，"河南采访使、汴州刺史齐澣奏：'伏以至道冲虚，生人宗仰，未免鞭挞，孰瞻仪型。其道士、僧尼、女冠等有犯，望准道格处分，所由州县官不得擅行决罚。如有违越，请依法科罪，仍书中下考。'敕旨宜依"②；再如太和四年（公元830年）祠部的一道奏疏当中，"臣等伏以当司公事，废阙多年，名额空存，事皆去本。因起请再举旧规，比类参详依格"③。周奇认为，这里的"再举旧规"其实就是要依据《道僧格》管理，从最后所说要"比类参详依格"就可以明白祠部的详细解决方案就在《道僧格》里面，祠部只是撮其要者上奏。④ 那么这里就产生了一个本书所试图要解答的最重要的问题：为何《道僧格》从制定之后就一直存存废废？用张径真的表达就是，尽管有唐一代《道僧格》作为约束僧尼道士的特别宗教法，从制定起一直到晚唐都存续，而在现实生活中却常常不被重视和执行，甚至形同虚设，只起到理想法典之作用。⑤ 笔者对此作出一个大胆的猜测，《道僧格》实效性差，且一直存存废废的原因就在于其与唐代社会中的僧尼社会生活有着较大的冲突与不符，因此《道僧格》在适用范围上非常有限且多有阻碍。也就是说，祠部对佛教事务管理权的丧失与《道僧格》实效性消弱的原因是相通的，对此问题在后文中还会有详细介绍。

---

① （清）董诰等编：《全唐文》卷一四《停敕僧道犯罪同俗法推勘敕》，孙映达等点校，山西教育出版社2002年版，第96页。

② （宋）王溥撰：《唐会要》卷五〇《尊崇道教》，上海古籍出版社1991年版，第1013页。

③ （清）董诰等编：《全唐文》卷九六六《请申禁僧尼奏》，孙映达等点校，山西教育出版社2002年版，第5929页。

④ 周奇：《唐代宗教管理研究》，博士学位论文，复旦大学，2005年。对此笔者认为太和四年（公元830年）的上奏还与祠部、功德使对佛教事务管理权的争夺有着很大的关系。

⑤ 张径真：《法律视角下的隋唐佛教管理研究》，博士学位论文，中国社会科学院研究生院，2012年。

三 《道僧格》的适用范围及刑罚种类

关于《道僧格》的适用范围，目前来说并没有过多争议。《天圣令·狱官令》"唐11"条规定："诸道女、女冠、僧尼犯罪，徒以上及奸、盗、诈脱法服，依律科断，余犯依僧道法。"① 佛教僧人之所以如此反复强调僧人犯罪要依照特别法而不是"俗法"，原因就在于适用特别法时，僧人往往能享受一些潜在的特权。《唐会要·尊崇道教》载："其道士、僧尼、女冠等有犯，望准道格处分，所由州县官不得擅行决罚。如有违越，请依法科罪，仍书中下考。"②

再来看一下《僧道格》中对僧尼规定的特殊刑罚种类，即苦使、还俗。《令集解》卷八引《道僧格》："有犯苦使者，三纲立案锁闭。放一空院内，令其写经。日课五纸，日满检纸，数足放出。若不解书者，遣执土木，作修营功德等使也。其老小临时量耳。不合赎也。"③ 日本学者秋月观暎、二叶宪香、诸户立雄以及郑显文、周奇、张径真等人在对《道僧格》"苦使"条的复原中也均以此为准。在《唐律疏议·名例》"除名比徒"条中也有关于"苦使"的相关规定与解释："若诬告道士、女冠应还俗者，比徒一年；其应苦使者，十日比笞十。官司出入者，罪亦如之。疏议曰：依格，道士等辄着俗服者，还俗。假有人告道士等辄着俗服，若实，并须还俗；既虚，反坐比徒一年。其应苦使者，十日比笞十，依格，道士等有历门教化者，百日苦使。若实不教化，枉被诬告，反坐者诬告苦使十日，比笞十，百日杖一百。官司出入者，谓应断还俗及苦使，官司判放，或不应还俗及苦使，官司枉入，各依此反坐徒、杖之法，故云亦如之。失者，各从本法"④。根据《唐律疏议·名例》"称道士女官"条，"诸称道士、女冠者，僧、尼同"⑤ 的规定可以得知这一条法律规定也同样适用于僧尼。由此我们可以看出："苦使十日"相对应"笞十"、"还俗"相对应"徒一年"的刑罚。而"日课五纸"大概是什么样的一个劳动量呢？我们也可以从史料的记载中作出比较。《唐会要·杂录》载："（开

---

① 《天一阁明钞本天圣令校证（附唐令复原研究）》，中华书局2006年版，第342页。
② （宋）王溥撰：《唐会要》卷五〇《尊崇道教》，上海古籍出版社1991年版，第1013页。
③ ［日］黑板勝美编：《令集解》卷八《僧尼令》，吉川弘文馆1989年版，第235页。
④ 岳纯之点校：《唐律疏议》卷三《名例》，上海古籍出版社2013年版，第50页。
⑤ 岳纯之点校：《唐律疏议》卷六《名例》，上海古籍出版社2013年版，第117页。

元）十二年（公元724年）六月二十六日敕有司，试天下僧尼年六十已下者，限诵二百纸经，每一年限诵七十三纸。三年一试，落者还俗。不得以坐禅对策义试。诸寺三纲统，宜入大寺院。"① 以开元年间"一年七十三纸"来计算，一个僧人在平时大概需要每两天诵一纸，那么"日课五纸"就是一天要承受平时大概十天的工作量，并且是"写经"而不仅仅是"诵经"②，由此可见苦使并不是一个轻松的替代刑。此外唐代宗时还曾明确下诏不准对僧尼实施"笞""杖"类肉刑，"僧之徒侣，虽有脏奸畜乱，败毁相继，而代宗信心不易，乃诏令天下官吏不得箠曳僧尼"③。

张径真曾复原《道僧格》中的"外国寺条"，"凡道士、女冠、僧尼有犯百日苦使，经三度者，改配异州寺"④，并对"外国寺"进行了具体的分析论证，认为这是一种类似流刑的"遣往他寺"的刑罚。首先其列举了《魏书·释老志》中的两段材料，"若有辄造者，处以违敕之罪，其寺僧众摈出外州"，"统及维那移五百里外异州为僧"⑤。认为《僧尼令》中的"外国寺"和《魏书》中的"外州"寺、"异州"寺同义，都是指地处边远、级别较低的寺院。其次引张弓、宿白等学者的观点，认为唐代的寺庙有具体的等级之分，"魏、梁至唐末数百年间，寺等分化的历史演进显示，以唐初武德贞观为分界，此前划分寺等，名分本位是主导，此后，政区本位是主导"⑥。再次以《旧唐书》和《唐会要》中的两段材料为例，"诸僧、尼、道士、女冠等，有精勤炼行，遵戒律者，并令就大寺居住"⑦，"三年一试，落者还俗。不得以坐禅对策义试。诸寺三纲统，宜入大寺院"⑧，认为当时对入住京都大寺院的僧尼资历是有较高要求的，而犯法僧尼移隶偏远地区中小寺院，是一种类似"贬官""降级"的惩罚

---

① （宋）王溥撰：《唐会要》卷四九《杂录》，上海古籍出版社1991年版，第1008页。
② 事实上"诵经"本身就是一个不轻松的劳动，如美国学者斯坦利·威斯坦因指出根据唐代的《开元释教录》，完整的汉译《妙法莲华经》就有152页。详见［美］斯坦利·威斯坦因《唐代佛教》，张煜译，上海古籍出版社2010年版，第125页。
③ （后晋）刘昫等撰：《旧唐书》卷一一八《王缙传》，中华书局1975年版，第3417页。
④ 张径真：《法律视角下的隋唐佛教管理研究》，博士学位论文，中国社会科学院研究生院，2012年。
⑤ （北齐）魏收撰：《魏书》卷一一四《释老志》，中华书局1975年版，第3041—3043页。
⑥ 张弓：《汉唐佛寺文化史》，中国社会科学出版社1997年版，第221页。
⑦ （后晋）刘昫等撰：《旧唐书》卷一《高祖本纪》，中华书局1975年版，第17页。
⑧ （宋）王溥撰：《唐会要》卷四九《杂录》，上海古籍出版社1991年版，第1008页。

性措施①，对此赵晶认为"这些复原及猜测，基本没有直接证据支持，恐怕难以令人信服"②。

对《道僧格》中是否有"外国寺"条确实难以考证，但唐代在对僧人的处罚当中确实有流放边远地区寺院的情形。如太宗时，也就是《道僧格》刚刚制定之初，在针对高僧法琳《辩正论》案的处理中就对其"遂不加罪，有敕徙于益部僧寺"③。再如玄宗朝在处理僧怀照妖言罪时，"怀照讹言，信无凭据，量其情状，终合微惩。宜遣播州安置，到彼勿许东西。冯待征等事，已经恩赦，特从释放"④，这里对怀照采取了"安置"的处罚。近年来有学者曾提及唐代的安置刑问题，如张春海以长孙无忌为例，认为安置刑主要是针对政治犯而设置，并且于开元、天宝时期已基本完成。⑤彭炳金也持类似意见，认为安置是流刑的一种特殊形式，主要适用于犯罪的宗室诸王、驸马等皇亲国戚。⑥针对僧人的安置又有一些特别之处，即安置的地点多为佛教寺院。聂顺新在研究中曾提到，接纳并监控国内谴谪僧人是朝廷赋予官寺⑦的特殊功能之一。⑧如同是玄宗朝的僧人利涉"晚节遭其谴谪汉东，寻属宽宥，移徙南阳龙兴寺"⑨，禅宗"定祖之争"中的重要人物高僧神会也曾因被卢弈诬告而被"敕徙荆州开

---

① 张径真：《法律视角下的隋唐佛教管理研究》，博士学位论文，中国社会科学院研究生院，2012年。

② 赵晶：《唐代〈道僧格〉再探——兼论〈天圣令·狱官令〉"僧道科法"条》，《华东政法大学学报》2013年第6期。

③ （唐）道宣撰：《续高僧传》卷二五《唐终南山龙田寺释法琳传》，郭绍林点校，中华书局2014年版，第958页。

④ （清）董诰等编：《全唐文》卷三四《流僧人怀照敕》，孙映达等点校，山西教育出版社2002年版，第227页。

⑤ 张春海：《论唐代的安置刑》，《史学集刊》2011年第4期。

⑥ 彭炳金：《唐宋时期安置刑的发展变化》，《晋阳学刊》2011年第4期。

⑦ 唐代曾先后四次诏令天下诸州设立官寺，分别为高宗乾封元年（公元666年）设景星寺、武则天天授元年（公元690年）设大云寺、神龙元年（公元705年）中宗设中兴寺（后改为龙兴寺）以及玄宗开元二十六年（公元738年）设开元寺。详见聂顺新《唐代佛教官寺制度研究》，博士学位论文，复旦大学，2012年。

⑧ 聂顺新：《唐代佛教官寺制度研究》，博士学位论文，复旦大学，2012年。

⑨ （宋）赞宁撰：《宋高僧传》卷一七《唐京兆大安国寺利涉传》，范祥雍点校，中华书局1987年版，第421页。

元寺般若院住焉"①。彭炳金、张春海等学者均认为安置与流刑的一个重大区别即安置是不居作的,从神会被"敕徙荆州开元寺般若院住焉"的字眼来看似乎对僧人的"安置"与两位学者提出的安置刑非常符合。但需要提出的是,对僧人"流放"的刑罚似乎又不仅仅只有安置一种,如"僧尼道士移隶者,罪人已亡殁,家口未许归者,一切放归,如自情愿住者,勿抑令归。如先有敕云纵逢恩赦不在放还之限者,及别敕安置者,并宜放还"②,这里使用的便是"移隶",并且与"别敕安置"相对比,可见移隶与安置是针对僧人不同的两种处置方式。张春海还曾提到过唐代的配隶刑,认为配隶也是流刑的一个变种,并且配隶是要长期服苦役的。配隶、流刑、安置三者之间的关系即配隶最重、流刑为中,安置较轻。③ 此处对僧人的移隶应该就类似张春海所言的配隶,前文提到的怀照是玄宗专门下诏处置的,利涉、神会也都是当时著名的高僧,所以对此三人采取的可能是"安置",但如果是针对普通僧人的话可能便是"移隶"了。虽然对僧人此类处理的依据在史料中并没有说明具体是基于何种规定,但事实证明这种流放他寺,或者叫作安置、移隶的这种做法确实存在,并且这种安置、流放、移隶又与世俗民众有着明确的不同。④

此外唐代一般将僧籍严格控制在具体的寺院之内,不允许僧人随意流动寺院。在一般僧传中关于僧人基本情况的介绍里均有配名某寺的记载,

---

① (宋)赞宁撰:《宋高僧传》卷八《唐洛京菏泽寺神会传》,范祥雍点校,中华书局1987年版,第180页。

② (清)董诰等编:《全唐文》卷五五《即位赦文》,孙映达等点校,山西教育出版社2002年版,第365页。

③ 张春海:《论唐代的配隶刑》,《史学月刊》2010年第8期。

④ 需要指出,流刑作为唐律中刑罚的一种本身在唐朝前后就有较大变化,如日本学者辻正博提到,执行刑罚(流刑)的实际情况往往脱离了《律》的规定。理念上的流刑是:把免于死刑的犯人驱逐到"共同体外"的刑罚;而实际上则为令犯人在边境作为戍卒服劳役(北魏至唐)。应当永久性被驱逐的流人,后来成了被恩赦的对象,其归还得到允许(7世纪以后)。应当被处以重刑的流人中,甚至还出现了作为藩帅的属僚享受移动自由的人(9世纪初)。这样一来,流刑作为六年有期追放刑勉得以保留,但实际上已经完全脱离了原先的理念,只保住次于死刑的地位而已。详见[日]辻正博《唐律中刑罚的理念与现实——作为"礼教性刑罚"的流刑》,《中古时代的礼仪、宗教与制度》,上海古籍出版社2012年版,第82页。

如释潜真,"开元二十六年(公元 738 年)隶名于本城灵觉寺"①,再如释智藏,"大历三年(公元 768 年),游豫章,因隶名天宫寺,众恳命临坛秉度"②。玄宗还曾颁布《禁僧道掩匿诏》:"如闻道士僧尼多有虚挂名籍,或权隶他寺,或侍养私门,托以为词,避其所管,互相掩匿,共成奸诈,甚非清净之意也。自今已后,更不得于州县权隶,侍养师主父母。此色者并宜括还本寺观。"③ 有时候帝王甚至会干涉寺庙内部具体院所的安排,如"敕诸寺三阶院并令除去隔障,使与大院相通,众僧错居不得别住"④。所以说政府不会没有意义地去让僧人在不同的寺院之间流动。僧人想要移名也是需要经过申请才可以,如释齐翰,"至天宝八载(公元 749 年)八月五日奉制度,配名永定寺。九载十月,跻五分坛纳形俱戒,移名开元。大历中转隶武丘,皆两州道俗所请从命也"⑤。白文固还曾根据宋代僧传中关于僧官调动的记载提出,僧传的作者根据他们迁转的具体情况,严格使用了"迁""升""移""徙""诏""旨""补""除"等字眼。一般来说,从州府大寺转而驻车所谓的五山十刹,或者由十刹主持五山者,可冠以"升""迁"。如果属于同级寺院间的调任,多用"徙""移""转"等字眼。⑥ 可见僧人在不同寺院之间的移动是一件比较重要的活动,其背后往往具有一定的政治法律层面的意义。也就是说,除了"苦使"和"还俗"这两种已知的佛教僧人专属"刑罚"之外,很有可能还存在着张径真所说的"改配异州寺"的第三种僧人专属的刑罚类型,但这种刑罚类型到底名称为何,以及是否被收入《道僧格》,目前而言还无法确认。

---

① (宋)赞宁撰:《宋高僧传》卷五《唐京师兴善寺潜真传》,范祥雍点校,中华书局 1987 年版,第 103 页。

② (宋)赞宁撰:《宋高僧传》卷六《唐越州暨阳杭乌山智藏传》,范祥雍点校,中华书局 1987 年版,第 120 页。

③ (清)董诰等编:《全唐文》卷二八《禁僧尼掩匿诏》,孙映达等点校,山西教育出版社 2002 年版,第 192 页。

④ (唐)智昇撰:《开元释教录》卷一八,《大正藏》第 55 册,CBETA 电子佛典集成,T55n2154。

⑤ (宋)赞宁撰:《宋高僧传》卷一五《唐吴郡东虎丘寺齐翰传》,范祥雍点校,中华书局 1987 年版,第 360 页。

⑥ 谢重光、白文固:《中国僧官制度史》,青海人民出版社 1990 年版,第 178 页。

四 《天圣令》"唐11"条中的"僧道法"与《道僧格》

黄正建在谈及《天圣令》狱官令之"唐11"条"诸道士、女冠、僧、尼犯罪徒以上及奸、盗、诈脱法服，依律科断，余犯依僧道法"[①]时提到此条令文所提为"僧道法"而不是"道僧格"，且置"僧"于"道"前，这是什么原因呢？它是否与《天圣唐令》的年代有关，或者也和《道僧格》完成与变化的历史相关？值得我们进一步探讨。[②]《天圣令》所附唐令的年代问题曾引发学界轰轰烈烈的大讨论[③]，争议的焦点就在于《天圣令》所附唐令是否为开元二十五年令，而"唐11"条中的"僧道法"是否能为该问题提供一定的线索，确实十分值得关注。唐前期的僧道排位问题经历了一个由道先释后到释道并行的历史转变，但据目前的史料来看，唐代最后一次明文规定僧道排位是在睿宗时期，即景云二年（公元708年）四月的"诏以释典玄宗，理均迹异，拯人化俗，教别功齐。自今每缘法事集会，僧尼、道士、女冠等宜齐行道集"[④]。自此之后虽然历任帝王的宗教倾向略有不同，但未再见以诏敕的形式规定僧道排位的记载，玄宗朝也是如此。玄宗前期在宗教态度上确实较为倾向道教[⑤]，这已经被学界所认同，但其并没有重新明文规定僧道的排位顺序。因此正如张国刚所

---

① 《天一阁藏明钞本天圣令校证（附唐令复原研究）》，中华书局2006年版，第342页。

② 黄正建：《〈天圣令〉中的律令格式敕》，《唐研究》第14卷，北京大学出版社2008年版，第46页。

③ 涉及此问题的论文较多，其中具有代表性的有：黄正建《〈天圣令〉附〈唐令〉是开元二十五年令吗？》，《中国史研究》2007年第4期；卢向前、熊伟《〈天圣令〉所附〈唐令〉是开元二十五年令吗？》，《历史文献整理研究与史学方法论》，黄山书社2008年版；戴建国《〈天圣令〉所附唐令为开元二十五年令考》；[日]坂上康俊《〈天圣令〉蓝本唐令的年代推定》，《唐研究》第14卷，北京大学出版社2008年版；[日]坂上康俊《再论〈天圣令〉蓝本唐令〈开元二十五年令〉说》，《新史料·新观点·新视角：天圣令论集》，台湾元照出版有限公司2011年版。

④ （后晋）刘昫等撰：《旧唐书》卷七《睿宗本纪》，中华书局1975年版，第157页。

⑤ 可参见龙晦《敦煌文献所见唐玄宗的宗教活动》，《扬州大学学报》1997年第1期；薛平拴《论唐玄宗的宗教政策》，《兰州大学学报》2001年第4期；刑学敏、王洪军《论唐玄宗时期的宗教政策》，《北方论丛》2006年第1期；张践《中国古代政教关系史》，中国社会科学出版社2012年版，第695—698页；池建华《道法互动：唐代道教与法律的关系研究》，硕士学位论文，上海师范大学，2015年。

言，此时僧道排位至少在法律层面应该还是"两教并重"①。此外玄宗时期涉及佛道二教的诏敕较多，但每到诏敕中的用语并不统一，兹列举部分如下：

  1. 开元二年（公元714年）《令僧尼道士女冠拜父母敕》："道士女冠、僧尼等……"②

  2. 开元二年（公元714年）《禁百官与僧道往还制》："以僧尼道士等……"③

  3. 开元五年（公元717年）诏："僧尼道士等……"④

  4. 开元十年（公元722年）《禁僧道掩匿诏》："释道二门……"⑤

  5. 开元十九年（公元731年）《禁僧俗往还诏》："惟彼释道……"⑥

  6. 开元二十一年（公元733年）《令僧尼无拜父母诏》："道教、释教……"⑦

  7. 开元二十五年（公元737年）诏："道释二教……"⑧

由此可见，可能是因为玄宗朝并未新下诏敕规定僧道排位，所以玄宗

---

① 张国刚：《佛学与隋唐社会》，河北人民出版社2002年版，第150页。
② （宋）宋敏求谟，洪丕谟、张伯元、沈敖大点校：《唐大诏令集》卷一一三《令僧尼道士女冠拜父母敕》，学林出版社1992年版，第539页。
③ （清）董诰等编，孙映达等点校：《全唐文》卷二一《禁百官与僧道往返制》，山西教育出版社2002年版，第144页。
④ （宋）王钦若等编：《册府元龟》卷六三《帝王部·发号令》，中华书局1960年版，第708页。
⑤ （清）董诰等编，孙映达等点校：《全唐文》卷二八《禁僧道掩匿诏》，山西教育出版社2002年版，第192页。
⑥ （清）董诰等编，孙映达等点校：《全唐文》卷三〇《禁僧俗往还诏》，山西教育出版社2002年版，第203页。
⑦ （清）董诰等编，孙映达等点校：《全唐文》卷三〇《令僧尼无拜父母诏》，山西教育出版社2002年版，第204页。
⑧ （宋）王钦若等编：《册府元龟》卷一五九《帝王部·革弊》，中华书局1960年版，第1925页。

朝涉及僧道问题的诏敕中关于僧道孰前孰后并不统一，甚至有在一道诏书中就包含两种情况的现象，如《禁僧道不守戒律诏》中"缁黄二法……迩闻道僧……"①因此，《天圣令》"唐11"条中的"僧道法"可能并不能解决《天圣令》到底是开元三年令、开元七年令还是开元二十五年令的问题。至于《天圣令》中为何使用的是"僧道法"而非《道僧格》，赵晶认为"僧道法"乃指《道僧格》与宗教内律，其举《僧尼令》第21条称将被科处徒以上之外刑罚的犯罪，所适用的法源不但有《僧尼令》，还有佛法，这或许便是《狱令》不称"僧尼令"而用"僧尼法"的原因所在②。但是无论是《僧尼令》还是就目前所复原的《道僧格》来看，其中不乏以佛教戒律为根据的法律条文，也就是说，如果按照"僧道法"乃指《道僧格》与宗教内律的解释，那么佛教内律就完全可以依照该条唐令的规定而被直接适用，何必又有选择性地将有的戒律上升为格，而有的却不呢？况且太宗在颁布《佛遗教经》时就交代清楚，当僧人违背戒律时"宜公私劝勉，必使遵行"③，但绝对没有称要"按律治罪"，恐怕这就是佛教戒律与法律规定的本质区别。前文在对《道僧格》与《祠部格》之间关系的介绍时也曾提到，"以尚书省诸曹为之目"的可能并不是《贞观格》，而是《神龙格》或《开元格》。也就是说，时至开元二十五年《道僧格》应该已经被合并收入了《祠部格》而不再独立成篇。那么《天圣令》"唐11"条自然不会再使用《道僧格》这一旧名，这里的"僧道法"很有可能是对《祠部格》中原来《道僧格》部分的一种指代，这与开元二十九年（公元741年）齐澣所奏的"望准道格处分"④应该是同一种含义。

---

① （清）董诰等编：《全唐文》卷二九《禁僧道不守戒律诏》，孙映达等点校，山西教育出版社2002年版，第195页。

② 赵晶：《唐代〈道僧格〉再探——兼论〈天圣令·狱官令〉"僧道科法"条》，《华东政法大学学报》2013年第6期。

③ （清）董诰等编：《全唐文》卷九《佛遗教经施行敕》，孙映达等点校，山西教育出版社2002年版，第63页。

④ （宋）王溥撰：《唐会要》卷五〇《尊崇道教》，上海古籍出版社1991年版，第1013页。《佛祖统纪》中对此则载为"欲望一准僧道格处分"，此处也可见玄宗时期对《道僧格》名称的不统一问题。详见（宋）志磐撰《佛祖统纪校注》卷四一《法运通塞志》，释道法校注，上海古籍出版社2012年版，第952页。

第二章

唐代涉僧行政法规定与实践

第一节 佛教事务管理与"任僧纲"条

一 佛教事务管理机构的沿革

关于唐代佛教管理机构的设置及沿革,《新唐书·百官志》中有一段比较集中的记载:"初,天下僧、尼、道士、女官,皆隶鸿胪寺,武后延载元年(公元694年),以僧、尼隶祠部。开元二十四年(公元736年),道士、女官隶宗正寺,天宝二载(公元743年),以道士隶司封。贞元四年(公元788年),崇玄馆罢大学士,后复置左右街大功德使、东都功德使、修功德使,总僧、尼之籍及功役。元和二年(公元807年),以道士、女官隶左右街功德使。会昌二年(公元842年),以僧、尼隶主客,太清宫置玄元馆,亦有学士,至六年废,而僧、尼复隶两街功德使。"① 这段记载相对清晰地展现了有唐一代佛教管理机构的沿革。唐承隋制,最初佛教事务管理隶属于崇玄署,"皇朝又为崇玄署令。又置诸寺、观监,隶鸿胪寺,每寺、观各监一人。贞观中省"②。武则天于延载元年(公元694年)下令"天下僧尼,隶祠部,不须属司宾",正式确立祠部为佛教事务的主管部门。但在开元二十四年(公元736年)佛教事务又曾短暂割属鸿胪寺,"开元二十四年(公元736年)七月二十八日,中书门下奏:'臣等商量,缘老子至流沙,化胡成佛法。本西方兴教,使同客礼,割属鸿胪。自尔已久,因循积久。圣心以玄元本系,移就宗正。

---

① (宋)欧阳修、宋祁撰:《新唐书》卷四八《百官志》,中华书局1975年版,第1253页。
② (唐)李林甫等撰:《唐六典》卷一六,陈仲夫点校,中华书局1992年版,第467页。

诚如天旨，非愚虑所及。伏望过元日后，承春令便宜，其道僧等既缘改革，亦望此时同处分。'从之"。这里的"圣心以玄元本系"指的是高宗于乾封元年（公元666年）追号老子的"玄元皇帝"之称，这一称号在武则天时期被罢黜，中宗时又予以恢复，到了玄宗朝曾不断地给老子加尊号，这一奏疏可能与此有关。但"至二十五年七月七日，制：'道士、女冠宜隶宗正寺，僧、尼祠部检校'"，到了德宗贞元四年（公元788年），功德使成为常设机构，"总僧尼之籍及功役"。宪宗元和二年（公元807年）二月，"诏僧、尼、道士同隶左街右街功德使，自是祠部、司封不复关奏"。武宗时期，为了打击佛教、降低佛教的政治地位，曾将佛教事务短暂改归主管外事的"主客郎中"管辖，"会昌五年（公元845年）七月，中书门下奏：'奉宣，僧尼不隶祠部，合系属主客，与复合令鸿胪寺收管，宜分析奏来者。天下僧尼，国朝已来，并隶鸿胪寺，至天宝二年（公元743年），隶祠部。臣等据《大唐六典》，祠部掌天下宗庙大祭，与僧事殊不相及，当务根本，不合归尚书省，属鸿胪寺亦未允当。又据《六典》，主客掌朝贡之国七十余番，五天竺国并在数内。释氏出自天竺国，今陛下以其非中国之教，已有厘革。僧、尼名籍便令系主客，不隶祠部及鸿胪寺，至为允当。'从之"。但仅仅一年之后，随即登基的宣宗又恢复了旧制[①]，"六年五月制：'僧尼依前令，两街功德使收管，不要更隶主客。所度僧、尼，令祠部给牒'"[②]。这种情况又维持了很长时间，直到昭宗时崔甘奏诛宦官，"内诸司使一切停罢，皆归省寺，功德使宰执带之"[③]。

谢重光在日本学者山崎宏的研究基础上曾将唐代佛教事务管理机构的沿革做成图表，为论述方便，兹引用如下[④]：

[①] 关于武宗灭佛与宣宗复佛的原因学界已有较多论述，可参见张箭《三武一宗灭佛研究》，博士学位论文，四川大学，2001年；黄楼《唐宣宗大中政局研究》，天津古籍出版社2012年版，第60—65页；李谷乔《试析"会昌法难"与唐末禅宗的勃兴——基于塔铭文献的视角》，《古籍整理研究学刊》2015年第4期。

[②] （宋）王溥撰：《唐会要》卷四九《僧尼所隶》，上海古籍出版社1991年版，第1006—1007页。

[③] （宋）赞宁撰：《大宋僧史略校注》卷中《管属僧尼》，富世平校注，中华书局2015年版，第127页。

[④] 谢重光：《中古佛教僧官制度和社会生活》，商务印书馆2009年版，第110—111页。也有其他学者曾制作类似表格，详见白文固、赵春娥《中国古代僧尼名籍制度》，青海人民出版社2002年版，第48—49页；陈艳玲《唐代城市居民的宗教生活：以佛教为中心》，博士学位论文，华东师范大学，2008年。

唐初	鸿胪寺（崇玄署）
武则天延载元年（694）	祠部
玄宗开元二十四年（736）	鸿胪寺（宗玄署）
玄宗开元二十五年（737）	暂归祠部检校
玄宗天宝二年（743）	正式归祠部掌管
玄宗天宝末年（约754）	修功德使分掌僧务（祠部仍掌僧籍和度僧权）
德宗大历十四年（780，其时德宗已即位未改元）	废止修功德使
德宗贞元四年（788）	两街、东都三功德使（与祠部共管）
宪宗元和二年（807）	两街功德使（与祠部共管）
武宗会昌五年（845）八月	主客
宣宗会昌六年（846）六月	两街功德使（与祠部共管）

从上可以明确看出，佛教事务的管理权大体上是掌握在祠部手中的。赵和平还根据《唐前期尚书省礼部报都省批复下行公文程序》[①] 推断，即使是在佛教事务归崇玄署管理时期，祠部已经"上承君相之制令，而总其政令"了[②]。周奇也持类似观点，认为祠部其实很早就介入管理佛道事务了，不过当时祠部可能并不负责管理具体事务，仅限于要求事务性机构上呈公文备案。[③]

在唐中期还出现过"威仪使"，开元二十五年（公元737年）有诏："道、释二教，必在护持，须制威仪，令自整肃。徒众既广，统摄尤难，互相是非，却成烦弊。自今已后京都简较道僧威仪事并停。或恐怕先有猜嫌，因此妄相纠告，所由不烦为理。"[④] "威仪使"一职本来是要维护佛道教内法纪的官职，但在实行过程中却出现了很多"妄相纠告"的现象，因此最终遭到罢停。随着"威仪使"的罢停紧接而来的是"功德使"的设立，汤一介认为功德使初设于神龙二年（公元706年），玄宗朝也有人充任，但并非常设官职，而是因某项功德而设，并由僧人充任。代宗朝由

---

① 赵和平辑校：《敦煌表状笺启书仪辑校》，江苏古籍出版社1997年版，第404—406页。
② 同上书，第419页。
③ 周奇：《唐代宗教管理研究》，博士学位论文，复旦大学，2005年。
④ （宋）王钦若等编：《册府元龟》卷一五九《帝王部·革弊》，中华书局1960年版，第1925页。

李元琮等禁军统领充任了这个职务,而渐渐代替了祠部管理僧尼的事务,但仍非正式的常设官职,其于大历十四年(公元779年)废止,最终于贞元四年(公元788年)复置,成为常设的"总僧尼之籍及功役"的正式官职。①《新唐书·百官志三》:"贞元四年(公元788年),崇玄馆罢大学士,后复置左右街大功德使、东都功德使、修功德使,总僧、尼之籍及功役。"② 至于为何功德使逐步参与到了佛教事务管理当中,宁志新曾提到安史之乱之后,使职在国家政权中的地位逐渐上升,以至出现"为使则重,为官则轻"的局面。唐后期随着部分使职逐渐常设化、固定化和系统化,使职在国家政权中的地位也逐渐提高,一方面使职有利于提高办事效率;另一方面使职多直接对皇帝负责,有利于加强中央集权。使职本身所具有的激动灵活、快速高效等优点,使得唐朝统治者尤其是皇帝特别乐于设置,以之去处理最重要的事情,而唐朝政治、经济、军事形势的深刻变化,则使得使职的设置越来越多,所以唐代中后期的使职差遣愈加普遍和制度化。③ 由功德使管理佛教事务,其实对佛教发展有很大的促进作用,日本学者塚本善隆与台湾学者刘淑芬等都曾对此有较为深入的研究,在佛教典籍中"黄门"也就是阉割过的男性是因为前世中犯了恶业,所以才产生的"业报",但是佛教在中国传播期间,出现了很多阉人因为信奉佛教而恢复男儿身的灵验故事,如《续高僧传》载:"所将内侍刘谦之,于此寺中七日行道,祈请文殊,既遇圣者,奄复丈夫,晓悟花严经义,乃造花严论六百卷。"④ 这对宦官来说无疑具有很大的鼓舞作用,因此唐代大多数宦官都崇信佛教⑤,担任"功德使"的宦官们自然也不例外,这就对当时佛教的发展起到了巨大的推动作用,如首任功德使李元琮就是高僧不空的弟子,对不空极为尊敬。《宋高僧传》载:天宝十三年(公元754年)高僧不空"至武威,住开元寺,节度使洎宾从皆愿受灌顶,士庶数千人咸登道场,弟子含光等亦受五部法。别为功德使开府李元琮受法,别

---

① 汤一介:《功德使考——读〈资治通鉴〉札记》,《文献》1985年第2期。
② (宋)欧阳修、宋祁撰:《新唐书》卷四八《百官志三》,中华书局1975年版,第1253页。
③ 宁志新:《唐朝使职若干问题研究》,《历史研究》1999年第2期。
④ (唐)道宣撰:《续高僧传》卷二七《唐代州五台山释明隐传》,郭绍林点校,中华书局2014年版,第1075页。
⑤ 可参见周一良《唐代密宗》,钱文忠译,上海远东出版社1996年版,第112页。

授金刚界大曼荼罗"①，因为李元琮对不空和佛教的虔诚，故由他出任功德使一职，能对佛教——特别是密宗的发展有相当大的助益②，因此佛教僧人与宦官群体两者在政治上密切配合，形成一股势力。③

接下来的问题就是，祠部与功德使共管佛教事务期间两者之间的职能如何分配。太和四年（公元 830 年）时祠部曾上《请申禁僧尼奏》，"当司准赦书节文，缁黄之众，蚕食生人，规避王徭，凋耗物力"，"臣等伏以当司公事，废阙多年，名额空存，事皆去本。因起请再举旧规，比类参详依格"④。周奇据此认为此时祠部管理佛教事务的职能已被功德使剥夺，对此他还提到关于祠部与功德使职权的消长关系，与唐后期宦官集团的崛起不无关系。⑤ 从玄宗后期，宦官权势转重，到了中、晚唐，上层宦官不但干预朝政，更手握禁军操纵皇帝废立大权，成为决定朝廷大政的举足轻重的力量。⑥ 查明昊也提出功德使一职的兴衰与唐五代宦官势力的兴衰紧密相连⑦，张海峰则认为功德使的职权主要集中在造像、建寺、译经、举办法会等功德事业，僧尼的剃度、名籍管理类仍然由祠部负责。⑧ 笔者比较倾向于将两种观点结合，祠部与功德使之间对佛教事务的管理权无疑是有所争夺的，在这种争夺中也确实是功德使占了上风，但祠部似乎仍然负责僧人名籍最终的登记与发放，虽然这只是一道行政手续而已。问题的关键就在于元和二年（公元 807 年）"自是祠部、司封不复关奏"⑨ 到会昌六年（公元 846 年）"所度僧、尼，令祠部给牒"之间的这段时间里祠部是否真的完全不参与佛教事务管理了。从会昌五年（公元 845 年）废佛

---

① （宋）赞宁撰：《宋高僧传》卷一《唐京兆大兴善寺不空传》，范祥雍点校，中华书局 1987 年版，第 8 页。

② 刘淑芬：《中古的佛教与社会》，上海古籍出版社 2008 年版，第 65 页。

③ 严耀中：《唐代内侍省宦官奉佛因果补说》，《唐研究》第 10 卷，北京大学出版社 2004 年版，第 66 页。

④ （清）董诰等编：《全唐文》卷九六六《请申禁僧尼奏》，孙映达等点校，山西教育出版社 2002 年版，第 5929 页。

⑤ 可参见王寿南《唐代宦官权势之研究》，台湾正中书局 1971 年版，第 19—144 页。

⑥ 周奇：《唐代宗教管理研究》，博士学位论文，复旦大学，2005 年。

⑦ 查明昊：《从唐五代功德使一职的变迁看宦官势力的消涨》，《宗教学研究》2009 年第 3 期。

⑧ 张海峰：《唐代佛教与法律》，上海人民出版社 2014 年版，第 217 页。

⑨ （宋）王溥撰：《唐会要》卷四九《僧尼所隶》，上海古籍出版社 1991 年版，第 1006 页。

规定中或许可以提供一些线索，"天下僧尼五十已上，无祠部牒者，尽勒还俗，递归本贯；有祠部牒者，委当州县磨勘，差殊者，尽勒还俗，递归本贯。城中僧尼，委功德使准此例条流者"①。虽然自元和二年（公元807年）之后，度僧权、伪滥僧尼的处理权已然在功德使手中，但时至近四十年后度牒仍然被称作"祠部牒"。白文固也曾提到，两街功德使只是控制祠部，并不能取代祠部职能，应为祠部衙司掌管全国僧尼籍帐及度牒的运作机制，非一使所能取代。②由此可见在这段时间里，度牒的发放与登记之类的基础性行政工作应该仍然是由祠部完成的。

唐代后期佛教事务管理权背后所体现的宦官集团与士大夫阶层之间的政治博弈上文已有提及，陈登武也曾详细分析过发生于德宗贞元十三年（公元797年）的玄法寺释法凑案③，根据其分析这本是一件关于争取主持或者为寺院财物而起的纷争，但却成为唐代以三司审判模式处理的唯一一件民事讼诉，此外御史台和刑部的官员都以疾病或告假方式回避审理该案，由此陈登武推断，法凑背后的力量，就是来自宦官集团。④除了这种政治斗争外还有一点需要明确，即祠部与功德使在对待佛教事务的态度上是不同的。祠部在上奏当中列举了大量的佛教僧人违法行为，"其僧尼有不依典教，兴贩经济，行船驾车，擅离本寺，于公衙论竞，及在俗家，夜结戒坛，书符禁咒，阴阳术数，占相吉凶，妄陈祸福，既亏释教，与俗无殊"⑤。不难看出祠部更多的是从政府管理的角度出发，佛教的这些问题的确给官府统治带来了很多弊端，所以祠部大声疾呼希望能够一改之前"公事废阙多年"的现状，这与上文中所说的功德使对佛教的天然好感形成了强烈反差，如《因话录》中载"近日庸僧以名系功德使，不惧台省府县"⑥。也就是说，祠部与功德使之间的权力之争其实在一定程度上也

---

① ［日］圆仁：《入唐求法巡礼行记校注》卷四，白化文、李鼎霞、徐德楠校注，花山文艺出版社2007年版，第455页。

② 白文固、赵春娥：《中国古代僧尼名籍制度》，青海人民出版社2002年版，第51页。

③（宋）王钦若等编：《册府元龟》卷六一九《刑法部·案鞫》，中华书局1960年版，第7438页。

④ 陈登武：《从内律到王法：唐代僧人的法律规范》，《政大法学评论》2009年第111期。

⑤（清）董诰等编：《全唐文》卷九六六《请申禁僧尼奏》，孙映达等点校，山西教育出版社2002年版，第5929页。

⑥（唐）赵璘撰：《因话录》卷四《角部》，曹中孚校点，《唐五代笔记小说大观》，上海古籍出版社2000年版，第856页。

体现了国家对佛教管理政策的分歧。

二 唐代的僧官设置

日本学者镰田茂雄称所谓僧官，就是国家从僧侣中选拔任命，以管理监督佛教教团为目的，统管僧尼进行法事的官吏。① 唐代的僧官分为中央僧官与基层僧官两个层面。最早的中央僧官是高祖时期设置的"十大德"，《续高僧传》载："武德之初，僧过繁结，置十大德纲维法务，宛从物议，居其一焉。"② 从"纲维法务"的描述来看，唐初的十大德应该拥有一定的实权。《续高僧传》载："大唐受禅，情存护法，置十大德，用清朝寄。时大集僧众，标名序位，侃仪止肃然，挺超莫拟，既德充僧望，遂之斯任，恂恂善诱，弘悟繁焉。"③ 出任十大德的僧人一般都是在佛教僧团当中享有极高声誉的名僧，但是皇帝也是可以跳过此类程序而直接任命。《续高僧传》载：武德二年（公元619年），"及举十德统摄僧尼，京辇诸僧慑惮威严，遂不登及。高祖闻之，曰：'恭禅师志行清澄，可为纲纪，朕独举之。'既位斯任，诸无与对，遂居大德之右。专当剖断，平恕衷诣，众无怨焉"④。不过十大德的存在时间很短，根据谢重光的分析，十大德制仅实行于武德年间，至贞观时就废止了。⑤ 但是在唐朝中后期出现了很多类似于十大德的称号，如引驾大德、内供奉大德、三教谈论大德之类，不过这些称谓大多是一种礼仪性的称谓，而不能算作是僧官的一种。还有在唐中宗到唐代宗时期又出现了临坛十大德，《佛祖统纪》载：永泰元年（公元765年）九月，"敕大兴善寺建方等戒坛，立临坛大德十人"⑥，《大宋僧史略》载：代宗大历六年（公元771年）"敕京城僧尼临坛大德各置十人，以为

---

① ［日］镰田茂雄：《简明中国佛教史》，郑彭年译，上海译文出版社1986年版，第131页。
② （唐）道宣撰：《续高僧传》卷一一《唐京师延兴寺释吉藏传》，郭绍林点校，中华书局2014年版，第394页。
③ （唐）道宣撰：《续高僧传》卷一一《唐京师大兴善寺释法侃传》，郭绍林点校，中华书局2014年版，第391页。
④ （唐）道宣撰：《续高僧传》卷一一《唐京师大庄严寺释保恭传》，郭绍林点校，中华书局2014年版，第388页。
⑤ 谢重光：《中古佛教僧官制度和社会生活》，商务印书馆2009年版，第104页。
⑥ （宋）志磐撰：《佛祖统纪校注》卷四二《法运通塞志》，释道法校注，上海古籍出版社2012年版，第959—960页。

常式，有阙即填"①。按照湛如法师的分析，临坛大德又可分为四类：（1）京城临坛大德：主持京城戒坛的传戒事宜。（2）内临坛大德：在宫内设坛主持传戒事宜。（3）京城内外临坛大德：可在京城内外主持传戒羯磨。（4）京城内外临坛供奉大德：可在京城内外接受官府的供养。② 虽然此时的临坛十大德可能仍然拥有一定的僧团管理权，但学界普遍认为其也不属于僧官系统了，而更倾向是一种荣誉称号，如下文中将要提到的地方性僧官僧正与临坛大德是可以由同一人兼任的，晚唐与杜牧交好的敦煌管内释门都监察僧正僧慧菀，被宣宗敕"京城临坛大德"③。与此类似还有赐紫与赐师号，也都属于对僧人的荣誉性奖励，而有别于僧官制度。④

日僧圆仁在其《入唐求法巡礼行记》中载："凡此唐国有僧录、僧正、监寺三种色；僧录统领天下诸寺，整理佛法；僧正唯在一都督管内；监寺限在一寺。自外方有三纲并库司等。"⑤ 也就是说，在唐代中后期僧官制度上又出现了中央僧官僧录、地方僧官僧正等职。根据谢重光的考证，他认为正式设立僧录的时间为元和二年（公元807年），僧录有右街僧录、左街僧录、左右街僧录等明目，其中左街僧录管京城长安朱雀大街以东街区的僧务，右街管朱雀大街以西街区的僧务，左右街僧录则统管京城僧务，名义上还是全国的最高僧官。⑥ 此外，谢重光引唐代僧人神清"今国家罢统立两录，而司于京邑。僧录掌京城，外州别立僧正。其三纲特以德望求人也"⑦ 的记载而认为僧录实际上的统领仅限于京城地区。虽

---

① （宋）赞宁撰：《大宋僧史略校注》卷下《赐师号》，富世平校注，中华书局2015年版，第173页。
② 湛如：《敦煌佛教律仪制度研究》，中华书局2003年版，第120页。
③ （唐）杜牧：《樊川文集》卷二《敦煌郡僧正慧菀除临坛大德制》，陈允吉校点，上海古籍出版社1978年版，第305—306页。
④ 周奇曾将唐代的赐紫和赐师号行为进行了汇总，对此类研究有很大帮助，详见周奇《唐代宗教管理研究》，博士学位论文，复旦大学，2005年。
⑤ ［日］圆仁：《入唐求法巡礼行记校注》卷一，白化文、李鼎霞、徐德楠校注，花山文艺出版社2007年版，第100—101页。
⑥ 谢重光：《中古佛教僧官制度和社会生活》，商务印书馆2009年版，第122—123页。周奇曾详细统计了唐代历任僧录的任职情况，详见周奇《唐代宗教管理研究》，博士学位论文，复旦大学，2005年。
⑦ 王闰吉：《北山录校释》卷八《住持行》，中国社会科学出版社2014年版，第267页。

然说僧录的行政职权究竟有多大很难下定语,不过有时僧录会参与到京郊地区的一些僧务当中确为事实,"蓝田县(开元后隶属于京兆府)从八日至十五日设无碍茶饭。十方僧俗尽来吃。左街僧录体虚法师为会主,诸寺赴集。各设珍供:百种药食,珍妙果花,众香严备,供养佛牙及供养楼廊下敷设不可胜计。佛牙在楼中庭。城中大德尽在楼上,随喜赞叹。举城赴来,礼拜供养"①。王永会认为,其时虽有僧录之设,其实僧务管理权仍有祠部和功德使分掌,僧录不过是功德使的属员而已。② 笔者认为此说比较准确,如《大宋僧史略》载:"左右街自起,置功德使所属。及置僧录,还用左右街也。僧置僧录以录之,功德使又各辖焉"③。

至于地方僧官僧正最早的记载则是在大历二年(公元767年),《宋高僧传》载:释严峻"二年春,宜春太守俾僧正驰疏请召"④。谢重光提出此处的宜春太守乃沿用天宝年间的习惯,准确地说应是袁州刺史。⑤ 在此之后关于地方僧正的记载频见于史籍,如释昙玼"大历初乃归栖霞,其莅坛传戒一十五会,讲训经律三十七座。州牧兰陵萧公高其人,谓标望风度,讵独邺卫松柏耶?乃命为僧正,纪纲大振"⑥,再如释明远"通《四分律》、《俱舍论》,乃升讲座,乃登戒坛。元和元年(公元806年),众请充当寺上座。明年,官补为本州僧正,统十二部"⑦。除此之外还出现了一些特殊地区的地方僧官,如五台山地区的释智頵"为十寺僧长兼山门都修造供养主"⑧,

---

① [日]圆仁:《入唐求法巡礼行记校注》卷三,白化文、李鼎霞、徐德楠校注,花山文艺出版社2007年版,第370页。
② 王永会:《中国佛教僧团发展及其管理研究》,巴蜀书社2003年版,第96—97页。
③ (宋)赞宁撰:《大宋僧史略校注》卷中《左右街僧录》,富世平校注,中华书局2015年版,第103页。
④ (宋)赞宁撰:《宋高僧传》卷一四《唐洪州大明寺严峻传》,范祥雍点校,中华书局1987年版,第351页。
⑤ 谢重光:《中古佛教僧官制度和社会生活》,商务印书馆2009年版,第116页。
⑥ (清)董诰等编:《全唐文》卷七四二《栖霞寺故大德玼律师碑》,孙映达等点校,山西教育出版社2002年版,第4526页。
⑦ (清)董诰等编:《全唐文》卷六七八《大唐泗州开元寺临坛律德徐泗濠三州僧正明远大师碑铭并序》,孙映达等点校,山西教育出版社2002年版,第4093页。
⑧ (宋)赞宁撰:《宋高僧传》卷二七《唐五台山智頵传》,范祥雍点校,中华书局1987年版,第684页。

以及名为僧统的地方僧官①。王永会对此指出，唐代在地方僧官的建制上，起初与中央僧官制度的演变方向和步调基本一致，但自安史之乱后，在中央权力衰落、地方权力增强的背景下，地方僧官制度重建起来，所以才出现了如五台山、天台山那样佛教极盛区域的僧官系统。②

　　唐代的基层僧官方面的设置主要是寺观三纲，日本学者塚本善隆曾整理北京郝氏私人所藏的敦煌写本《教团规制》，并基本确认该卷本反映的是西魏至隋唐之际西北地区的教制制度，"凡置上座、寺主、维那之法，必集及檀越议论，和同推举/律师、禅师、法师，堪辩僧业，众所乐者，立为三纲。即为纲/维，理需严勒僧徒，勤修三业，威仪翔厚，动成物则，为世/所钦。设有过非，善言慰喻，教忏悔，称悦众情，令无违诤/自今以后，诸有僧尼，有要/缘事，出至周界之外者，必令白僧和许，然后听去。在寺三纲/宜给手牒"③。《唐六典·祠部郎中》载："每寺上座一人，寺主一人，都维那一人，共纲统众事。而僧持行者有三品：其一曰禅，二曰法，三曰律。大抵皆以清净慈悲为宗"④，这一寺院基层设置时至唐代应该是得到了普遍的执行，如僧人慧超在安西大云寺见到的三纲即是如此。⑤ 不过唐后期三纲的具体设置似乎有了新的变化，如《佛祖统纪》载代宗大历十一年（公元776年）"敕问崇圣寺三纲老宿（寺主、知事、维那为三）"⑥。黄运喜认为这可能是维那事多转分二职，而将上座取消之故。⑦ 根据王永会对《百丈清规》的研究，上座一职在后

---

① 有学者认为这时的僧统可能是一种荣誉称号，并非是实职，详见［日］中富敏治《唐代の僧统》，《大谷学报》第40卷第3号，1960年；王永会则认为唐初地方之最高僧官即僧统，与宪宗元和初年增设的僧正职位相同，二者共相辅佐相当于"知事"之都督、节度使、刺史等官员治理教团，详见王永会《中国佛教僧团发展及其管理研究》，巴蜀书社2003年版，第97页。

② 王永会：《中国佛教僧团发展及其管理研究》，巴蜀书社2003年版，第97页。

③ 转引自湛如《敦煌佛教律仪制度研究》，中华书局2003年版，第39页。

④ （唐）李林甫等撰：《唐六典》卷四《祠部郎中》，陈仲夫点校，中华书局1992年版，第125页。

⑤ （唐）慧超：《往五天竺国传笺释》，张毅笺释，中华书局2000年版，第176页。

⑥ （宋）志磐撰：《佛祖统纪校注》卷四二《法运通塞志》，释道法校注，上海古籍出版社2012年版，第963页。

⑦ 黄运喜：《唐代中期的僧伽制度——兼论与其当代文化之互动关系》，博士学位论文，（台湾）中国文化大学，1997年。

世当中确实慢慢被取缔。① 此外维那在三纲之中的主要责任即维护僧团纲纪，"或有假号窃行混于清众别致喧挠之事，即当维那检举抽下本位挂褡，摈令出院者，责安清众也。或彼有所犯即以柱杖杖之，集众烧衣钵道具，遣逐从偏门而出者，示耻辱也"②，其拥有明确的寺内司法权力，并且能够执行一定程度的强制性刑罚，贞观十四年（公元 640 年）"有僧犯过，下敕普责京寺大德纲维"③ 也能说明这点。唐后期现实中三纲的设置在各寺之间并不是很统一，这在日僧圆仁的记载中有较多例证，如他在文宗开成三年（公元 838 年）见到的三纲是上座、寺主和都师④，此外有的小寺院并没有完整的三纲，如他在莱州龙兴寺见到的就仅有寺主和典座二职⑤，而在北海县观法寺就只有典座而已⑥。无论三纲在不同的寺院当中的具体设置为何，其所具有的"初级管辖权"是没有疑问的，这在《道僧格》"苦使"条中能得以证明。李可认为在唐代三纲的职责基本上是"上行下达、内外兼通"，即对上传达和执行朝廷所颁发的法令与政策，对下实行僧团内部的管理和规制，同时还要将管辖范围内僧人的相关情况汇报给官府。正如李可所言，三纲实游走于僧众与官府之间，成为沟通僧情与国法的中介。三纲的纠纷解决自治权最典型地体现在其对内部纠纷的"初级管辖权"上，即凡是僧众之间有纠纷发生，得先向三纲陈述，而不得越过三纲，将纠纷诉至官府。⑦ 除了三纲之外在唐初还继承了隋炀帝时设置的寺监一职，只不过在文献当中记载该职"贞观中省"，但后来在日僧圆仁的记载中又再次出现。对此谢重光解释道，杜佑所记是以俗人担任寺、观监的情况，其制到贞观时确已停废；但后来出于加强寺院监督的需要，又把监寺制度恢复了。不过，或许原来的以俗人担任的寺监处在寺中

---

① 王永会：《中国佛教僧团发展及其管理研究》，巴蜀书社 2003 年版，第 129—139 页。
② （元）德辉重编：《敕修百丈清规》卷八《古清规序》，《大正藏》第 48 册，CBETA 电子佛典集成，T48n2025。
③ （唐）道宣撰：《续高僧传》卷一五《唐京师普光寺释法常传》，郭绍林点校，中华书局 2014 年版，第 519—520 页。
④ ［日］圆仁：《入唐求法巡礼行记校注》卷一，白化文、李鼎霞、徐德楠校注，花山文艺出版社 2007 年版，第 35 页。
⑤ ［日］圆仁：《入唐求法巡礼行记校注》卷二，白化文、李鼎霞、徐德楠校注，花山文艺出版社 2007 年版，第 232 页。
⑥ 同上书，第 234 页。
⑦ 李可：《宗教社会纠纷解决机制：唐和宋的专题研究》，法律出版社 2010 年版，第 49 页。

不太和谐，与三纲和僧众的矛盾太大，故恢复监寺制度时对之作了调整，改由能忠实对官府负责的僧人担任监寺，其代表官府监护一寺僧政的职能不变。①

对于寺观三纲而言目前存疑的是，三纲在选任过程中政府的干预究竟有多大？一般来说三纲要"道德高妙""为众所推"，如《旧唐书·职官志三》："凡天下寺观三纲，及京都大德，皆取其道德高妙、为众所推者补充，申尚书祠部。"② 似乎三纲的选任是一件僧团内部的问题，北京郝氏所藏敦煌写本《教团规制》所载内容也是如此。但三纲享有"初级司法管辖权"，如果完全没有官方的介入而只需要在祠部备案即可，似乎有点不切实际。官派三纲的现象是肯定存在的，如显庆二年（公元657年），"及西明寺初就，诏宣充上座"③，再如大历二年（公元767年）的《会善寺敕戒坛牒》载："望抽前件奉律僧七人住/持洒扫，□有关□填□□建方等道/场，常讲戒律，庶□□圣□国土安/宁"④。孙昌武还曾根据高宗《谕普光寺僧众令》⑤和僧人慧净《辞谢皇储令知普光寺任启》⑥两道文书推测大概当时僧众间有不同的意见，所以要由朝廷加以裁决。⑦此外如果前文中谢重光对寺监的推断无误，也能在一定程度上说明寺院三纲的选拔应该不仅仅是"为众所推"而已。郑显文、张径真复原的《道僧格》"任僧纲条"中"若有勾合朋党、浪举无德者，皆还俗"，"若有阿党朋扇、浪举无德者，百日苦使。若取非人，刺史为首，以违旨论。县令、纲维，节级连坐"确有很大的可能性。S.5422V号《坚意请处分普光寺尼光显状》也非常具有代表性，"普光寺尼光显/右前件尼光显，近日出家舍俗，得入释门。在寺律仪不存长幼，但行/粗率，触突所

---

① 谢重光：《中古佛教僧官制度和社会生活》，商务印书馆2009年版，第100页。
② （后晋）刘昫等撰：《旧唐书》卷四四《职官志三》，中华书局1975年版，第1885页。
③ （宋）赞宁撰：《宋高僧传》卷一四《唐京兆西明寺道宣传》，范祥雍点校，中华书局1987年版，第328页。
④ （明）叶井叔：《嵩阳石刻记》，《隋唐五代石刻文献全编》第3册，北京图书馆出版社2003年版，第579页。
⑤ （清）董诰等编：《全唐文》卷一一《谕普光寺僧众令》，孙映达等点校，山西教育出版社2002年版，第79页。
⑥ （清）董诰等编：《全唐文》卷九〇四《辞谢皇储令知普光寺任启》，孙映达等点校，山西教育出版社2002年版，第5562页。
⑦ 孙昌武：《唐长安佛寺考》，《唐研究》第2卷，北京大学出版社1996年版，第23页。

由。坚意虽无所识，揽处纪刚，在寺事宜，须存公道。昨因尼光显修舍，于寺院内开水道修治，因兹余尼取水，光显便即相净。坚意忝为所由，不可不断。遂即语光显，一种水渠，余人亦得合用。因兹便即罗职（织）所由，种种轻毁，三言无损。既于所由，不依条式，徒众数广，难已伏从，请依条式科断。梵宇纪刚无乱，徒众清肃僧仪。伏望详察，免有欺负，请处分。[后缺]"[1]。提出申诉的坚意"揽处纪刚"，并且还对光显进行批评教育，明显属于寺院三纲，但光显却并不买账，因此坚意才请求官府"依条式科断"。郑炳林和陈登武均认为此处的"条式"应该是指佛教内律[2]，那么寺院三纲请求官府允许三纲依照"内律"处理寺院内部纠纷，这无疑表明了寺院三纲与官府之间的某种层级关系。此外晚唐五代敦煌地区有许多僧众上书请准补充上座、寺主的文书，如 P.3100 号《唐景福二年（公元 893 年）徒众供英等请律师善才充寺主状及都僧统悟真判辞》[3]、S.1073 号《唐光化三年年（公元 900 年）四月徒众绍净等请某乙为寺主牒稿》[4]、S.2575 号《唐天复五年（公元 905 年）八月灵图寺徒众上座义深等请大行充寺主状并都僧统判辞》[5] 等。虽然这并不能直接证明唐代中原地区的三纲选任也存在同样程序，但至少表明基层三纲的选任应该并不是完全自主确立的。对于教权与政权之间的关系，湛然法师以敦煌临坛大德选任为例有一段十分精彩的分析，特转引如下："敦煌临坛大德的设置普遍，同时均为地方政权所任命。如果说由官府任命临坛大德是为了对戒坛及受戒人数控制的话，那么敦煌的临坛大德设立十分普遍，除了临坛传戒之外，也是官府给予戒德清净僧尼的一种荣誉称号。临坛大德的任命，虽决定于官府，也应与敦煌的都司有关。都司作为敦煌佛教教团的最高权力机关，不可能对任命临坛大德之事莫不相关，或者由寺院三纲推荐给都司，由都司呈报地方官府，由节度使最后审批任命。自唐代宗

---

[1] 唐耕耦、陆宏基编：《敦煌社会经济文献真迹释录》第 4 辑，全国图书馆文献缩微复制中心 1990 年版，第 116 页。

[2] 详见郑炳林、魏迎春《晚唐五代敦煌佛教教团的戒律和清规》，《敦煌学辑刊》2004 年第 2 期；陈登武《从内律到王法：唐代僧人的法律规范》，《政大法学评论》2009 年第 111 期。

[3] 唐耕耦、陆宏基编：《敦煌社会经济文献真迹释录》第 4 辑，全国图书馆文献缩微复制中心 1990 年版，第 46—47 页。

[4] 同上书，第 50 页。

[5] 同上书，第 51 页。

始,临坛大德由官方委任,是官府控制度僧权的直接表现,也是对私度僧尼所采取的对治措施。关于临坛大德的具体人数,仍严格按内律的规定实行。京城的僧尼临坛大德人数为 20 人,即说明整个京城逢戒坛的设立,均由被任命的大德临坛主持传戒。临坛大德由官方委任,而不是由僧尼的羯磨行事选出,这一变化亦说明佛教律仪与王朝礼制的结合,反映出国家礼制对佛教戒律的直接影响,也是国家政权对佛教教团行事的直接干预。"①

敦煌地区的僧官制度学界已经有了非常深入的研究②,并且从已有的研究来看,晚唐时期的敦煌佛教僧官制度与唐代中原地区的佛教僧官制度之间有着较大的差异,所以在此不再展开陈述。

第二节 僧籍、度牒与"私度"条

一 僧籍与度牒

在讨论唐代僧籍制度之前,必须明确僧籍与度牒是两个紧密联系、但并不相同的概念。度牒是封建王朝颁发给僧、尼剃度的批准书和身份证明。想出家的人首先要向封建政府提出申请,呈明自己的基本情况。封建政府如果认可,就为申请人登记、造册并汇总,这就是僧籍,有国家管理。③

对僧道进行籍帐管理,其实就是把他们纳入编户齐民体制。④ 唐初统治者曾试图把僧尼的名籍与普通民户作同等对待,如武德七年(公元 624 年)房玄龄奏令江表僧尼归于编户,"入贼诸州,僧尼极广。可依关东旧格,州别一寺,置三十人,余有遣归编户"。这一政策引起了僧人们的强烈反感,为此僧人法融"入京陈理",当时的御史韦挺还出面调停。⑤ 白

---

① 湛如:《敦煌佛教律仪制度研究》,中华书局 2003 年版,第 127—128 页。
② 详见李锦绣《唐代僧官制度研究的回顾与展望》,《隋唐辽宋金元史论丛》第 3 辑,上海古籍出版社 2013 年版,第 91—104 页。
③ 杨健:《清王朝佛教事务管理》,社会科学文献出版社 2008 年版,第 87 页。
④ 孟宪实:《论唐朝的佛教管理——以僧籍的编造为中心》,《北京大学学报》2009 年第 3 期。
⑤ (唐)道宣撰:《续高僧传》卷二一《唐润州牛头沙门释法融传》,郭绍林点校,中华书局 2014 年版,第 801 页。

文固认为专门设置僧籍的时间大概在玄宗朝①，但如果《道僧格》中就有关于僧籍的规定的话，可能这一时间要大大提前。如高祖曾于武德九年（公元626年）下诏"诸僧、尼、道士、女冠等"，"其不能精进、戒行有阙、不堪供养者，并令罢遣，各还桑梓"②，再如太宗于贞观九年（公元635年）下诏专门对僧人人数进行规定，"其天下诸州有寺之处，宜令度人为僧尼，总数以三千为限。其州有大小，地有华夷，当处所度多少，委有司量定"③。虽然这里没有明确提到专门设立僧籍，但如果没有的话恐怕"有司"也很难"量定"。④唐后期的僧籍管理则明确以寺院为单位，如代宗大历八年（公元773年）"敕天下寺观，僧尼道士不满七人者，宜度满七人。三十以上者更度一七人，二七以下者更度三人"⑤。日本学者那波利贞也曾根据P.2879号《八应管一十七寺僧尼籍》⑥论证敦煌龙兴寺作为沙州的指导寺院，有负责保管一州僧尼籍之责。⑦

对于僧籍的管理，《新唐书·百官志》有这样的记载，"每三岁州、县为籍，一以留县，一以留州；僧、尼，一以上祠部，道士、女冠，一以上宗正，一以上司封"⑧。《唐六典》卷四之"尚书礼部"条载："凡道士、女道士，僧尼之簿籍亦三年一造。（其籍一本送祠部，一本送鸿胪，一本留于州、县）"⑨。唐前期因为佛教事务管理机构曾出现过频繁的变动，所以在不同史籍当中僧籍的上报机构出现了一些偏差，但是其他基本信息是一致的。仁井田陞曾据此对相关唐令进行辑佚，《唐令拾遗》之杂令二十七："诸道士女道士、僧尼之簿籍，亦三年一造（其籍一本送祠

---

① 白文固、赵春娥：《中国古代僧尼名籍制度》，青海人民出版社2002年版，第55—56页。
② （后晋）刘昫等撰：《旧唐书》卷一《高祖本纪》，中华书局1975年版，第17页。
③ （清）董诰等编：《全唐文》卷五《度僧于天下诏》，孙映达等点校，山西教育出版社2002年版，第38页。
④ 严耀中也认为官掌僧籍其实早在高祖时期就已经出现，详见严耀中《佛教戒律与中国社会》，上海古籍出版社2007年版，第132页。
⑤ （宋）王钦若等编：《册府元龟》卷五四《帝王部·尚黄老二》，中华书局1960年版，第606页。
⑥ 《法藏敦煌西域文献》第19册，上海古籍出版社2001年版，第247页。
⑦ ［日］那波利贞：《唐代社會文化史研究》，创文社1974年版，第45—46页。
⑧ （宋）欧阳修、宋祁撰：《新唐书》卷四八《百官志》，中华书局1975年版，第1252页。
⑨ （唐）李林甫等撰：《唐六典》卷四，陈仲夫点校，中华书局1992年版，第126页。

部，一本送鸿胪，一本留于州县）。"① 此外之后发现的《天圣令》"宋39"条②中有着更清晰的规定，不同学者分别据此讨论复原了相关唐令。③ 不过后来僧籍的管理似乎有所松弛，如"准天宝八年十一月十八日敕：'诸州府僧尼籍帐等，每十年一造，永为常式'者"④，这似乎也与私入道屡禁不止的现象有关。

具体的僧籍是什么形式以及有什么内容，吐鲁番出土的《唐龙朔二年（公元662年）西州高昌县思恩寺僧籍》为我们提供了一份宝贵的资料，"［前缺］叁岁，廿一夏，高昌县顺义乡敦孝里，户主张延伯弟，伪延和十三年四月十五日度，［后缺］/诵《法华》五卷《药师》一卷《佛名》一卷/僧崇道，年叁拾伍岁，十五夏，高昌县宁昌乡正道里，户主张延相男，伪延寿十四年四月十五日度，计至今廿五年。/诵《法华》五卷/僧显觉，年柒拾壹岁，五十一夏，高昌县宁泰乡仁义里，户绝，俗姓张，伪延昌卅一年正月十五日度，计至今六十二年。［后缺］"⑤。孟宪实根据此文献提出在僧籍中每位僧人要先记录他的法号，然后是年龄，然后小字注明夏腊，俗家关系（县乡里名称与亲人关系），出家年月日，并且还有一条出家至今的年限，最后是学业状况即所诵佛经名数。显然，实用的僧籍要比唐令的规定更丰富具体。此外孟宪实还根据《唐神龙三年（公元707年）正月高昌县开觉等寺手实》⑥认定僧籍的编制与民户户籍的编制一样，都有手实作为依据，只不过僧籍的记载要比手实更为简洁。并且僧籍

---

① ［日］仁井田陞：《唐令拾遗》，栗劲、霍存福等编译，长春出版社1989年版，第795页。
② 《天一阁藏明钞本天圣令校证（附唐令复原研究）》，中华书局2006年版，第431页。
③ 戴建国复原版本详见《唐〈开元二十五年令·杂令〉复原研究》，《文史》2006年第3辑，第121页；黄正建复原版本详见《天一阁藏明钞本天圣令校证（附唐令复原研究）》，中华书局2006年版，第746页。孟宪实在此基础上对两种复原版本进行了详细的对比分析，并提出了自己的一些意见，详见孟宪实《唐令中关于僧籍内容的复原问题》，《唐研究》第14卷，北京大学出版社2008年版，第69—84页。
④ （清）董诰等编：《全唐文》卷九六六《请申禁僧尼奏》，孙映达等点校，山西教育出版社2002年版，第5929页。
⑤ 荣新江、李肖、孟宪实主编：《新获吐鲁番出土文献》，中华书局2008年版，第60—61页。
⑥ 同上书，第53页。

也好尼籍也好，都是以寺院为单位的，就如同民户以户为单位一样。① 周奇也持相同观点，各州县编制僧尼籍帐，须首先具明辖境所管寺院总数，然后分寺开列名籍，在各寺名籍之前又要具清本寺应管僧尼人数，分总有序，环环相扣。② 需要注意的是在吐鲁番出土文书当中出现了一些僧俗合籍的现象，如《唐大中四年（公元850年）十月沙州令狐进达申请户口牒》③ 等，对此郝春文的解释是因为官府免除或征发僧人徭役和兵役的依据是其户内有无兄弟或侄男眷属，而僧尼名籍又不记载这方面的情况，所以，只有将僧人编入户籍，才能清楚地了解每个人应否免役和可免役的程度。④ 也就是说，官府征发僧人兵役和徭役依据的是户籍而不是僧尼籍，这才是僧尼被编入户籍的最重要原因，当然，为了便于僧团、寺院对僧尼进行管理和役使，单独的僧尼籍也是必不可少的。⑤

此外唐代法律中还有专门对外籍僧人的管理规定，《唐会要·僧籍》载，"新罗、日本僧入朝学问，九年不还者编诸籍"⑥。关于外籍僧人的具体管理规定，日僧圆仁的《入唐求法巡礼行记》中保留了大量的与外籍僧人相关的法律文书，黄心川曾考证过隋唐时期新罗来华僧人的一些情况，根据他的考证，在这一时期仅新罗来华的僧人就有117人之多，黄心川还详细地列举了这117名新罗来华僧人的法名、入隋唐年月、活动情况以及著译等基本情况。⑦ 其中以僧人圆胜为例，其于公元627年入唐，于公元649年与僧人慈藏同返本国，在唐时间长达22年之久⑧，该僧人无疑就是这一法律条文的适用人群之一，由此可见符合该条规定的外籍僧人群体

---

① 孟宪实：《论唐朝的佛教管理——以僧籍的编造为中心》，《北京大学学报》2009年第3期。

② 周奇：《唐代宗教管理》，博士学位论文，复旦大学，2005年。

③ ［日］池田温：《中国古代籍帐研究》，龚泽铣译，中华书局2007年版，第422页。

④ 此外苏金花认为除增强生产劳动力，"合户"的根本目的还在于通过僧人同世俗百姓一样受田纳税，减轻世俗政权的财政负担。详见苏金花《唐后期五代宋初敦煌僧人的社会经济生活》，《中国经济史研究》2003年第2期。

⑤ 郝春文：《唐后期五代宋初敦煌僧尼的社会生活》，中国社会科学出版社1998年版，第109页。

⑥ （宋）王溥撰：《唐会要》卷四九《僧籍》，上海古籍出版社1991年版，第1011页。

⑦ 黄心川：《隋唐时期中国与朝鲜佛教的交流》，《隋唐佛教研究论文集》，三秦出版社1990年版，第154—185页。

⑧ 同上书，第162页。

应并不少见。至于僧籍的注销也有着明确的规定，"僧尼身死及还俗者，其告牒勒本寺纲维当日封送祠部，其余诸州府，勒本州申送，以凭注毁"①，再如《佛祖统纪》载兴元元年（公元784年）"敕僧尼有事故者仰三纲，申州纳符告注毁，在京于祠部纳告"②。郑显文、周奇、张径真等学者也据此分别还原了《道僧格》中的"自还俗"条和"身死"条。

有关度牒的初授年代，赞宁在《大宋僧史略》中提到的天宝六年（公元747年）说一直被历代史学家采用。祖秀的《隆兴佛教编年通论》卷一六、志磐的《佛祖统纪》卷四〇、本觉的《释氏通览》卷九、念常的《佛祖历代通载》卷一七、觉岸的《释氏稽古略》卷三均直接继承了赞宁的观点。③不过日本学者对此提出异议，山崎宏在《中国中世佛教的展开》一书中，对赞宁的说法首先提出质疑，认为赞宁误读了原始资料。其提出从延载元年（公元694年）僧尼隶属于祠部时便应该已经出现度牒制度，故祠部牒不是《大宋僧史略》所载是从天宝六年（公元747年）开始。④诸户立雄在《中国佛教制度史研究》中对山崎宏的观点作出了进一步的补充，认为度牒出现其时至迟在贞观十一年（公元637年）以前。⑤《道僧格》中已经出现了有关告牒的相关规定，如果《道僧格》制定于贞观十一年（公元637年）的推测无误的话，那么度牒制度确实应该要更早一些。但同时这也就产生了一些问题，如果度牒早在

---

① （清）董诰等编：《全唐文》卷九六六《请申禁僧尼奏》，孙映达等点校，山西教育出版社2002年版，第5929页。

② （宋）志磐撰：《佛祖统纪校注》卷四二《法运通塞志》，释道法校注，上海古籍出版社2012年版，第964页。

③ 对于初授度牒的时间国内学者也存有较大争议，如汤用彤同意"出家须领官家度牒，始于唐玄宗时"，详见汤用彤《隋唐佛教史稿》，武汉大学出版社2008年版，第55、285页；曹旅宁认为"给牒之制始于玄宗朝的说法也是不确切的"，但没有提出确切的时间，详见曹旅宁《唐代度牒考略》，《陕西师范大学学报》1990年第2期；白文固则认为始行度牒的时间为天宝五年（公元746年），详见白文固、赵春娥《中国古代僧尼名籍制度》，青海人民出版社2002年版，第62—64页；郭绍林认为官府发放度牒始于唐宣宗大中十年（公元856年），详见郭绍林《唐代士大夫与佛教》，三秦出版社2006年版，第369页。叶珠红认为从中宗时已举办试经度僧的情形来看，朝廷授度牒的年代至迟应在中宗前就有，详见叶珠红《唐代僧俗交涉之研究——以僧人世俗化为主》，台湾花木兰文化出版社2010年版，第28页。

④ ［日］山崎宏：《支那中世佛教の展开》，清水书店1942年版，第571—572页。

⑤ ［日］诸户立雄：《中国仏教制度史の研究》，平河出版社1990年版，第227页。

贞观十一年（公元637年）之间就已经出现，那么当时的度牒是由什么机关审核发布的呢？或许正如赵和平的推断，祠部其实很早就介入佛道事务管理了，即使当时的祠部并不负责具体事务，但公文备案类的事务性工作确实需要祠部的介入。① 如果按照这个推测来看，或许有唐一代虽然佛教事务管理的机构一直有所变动，但度牒颁发这类的基础工作始终是由祠部负责的。

至于唐代僧尼度牒的具体样式目前还没有明确结论②，按照周奇的推定，度牒上主要有三部分内容：一是载明出家人的相关情况；二是载明出家的事由；三是载有日期和官署关系者的连署，其据此还对度牒的样式作出了初步的复原。③ 此外与度牒类似的还有僧尼的戒牒，一般来说要先有度牒才能申请戒牒，虽然戒牒也需要有官方批准，但明显比度牒管理要松弛得多。郝春文曾指出敦煌地区各寺的受戒仪程和内容可能并不完全一样，有的是三皈依后受十戒，有的是三皈依后问遮难，然后受五戒，受五戒以后才受十戒。④ 对于僧人受戒的问题，现实生活中确实并没有严格统一的标准，如敦煌文书S.330号中一名为程氏的女子在公元982年、984年、985年不同的时间内四次受八戒，其中在984年一年中就接连两次受八戒⑤，由此可见，度牒是一种法律意义上的公文，而戒牒更像是一种在佛教教理教义上的荣誉性证明。度牒制度发展到宋朝之后越来越完善，其已经不仅仅代表僧尼的身份证明而已，还包含资本、赈灾、表彰甚至货币等多种功能⑥，这与唐代的度僧有着明显的不同，董春林也指出在唐代度

---

① 赵和平辑校：《敦煌表状笺启书仪辑校》，江苏古籍出版社1997年版，第419页。
② 对此问题许多学者都有所涉及，详见［日］中村裕一《唐代公文書研究》，汲古书院1996年版，第431页；郝春文《唐五代宋初敦煌僧尼的社会生活》，中国社会科学出版社1998年版，第9页；［法］谢和耐《中国5—10世纪的寺院经济》，耿昇译，上海古籍出版社2004年版，第76—77页；侯冲《中国佛教仪式研究——以斋供仪式为中心》，博士学位论文，上海师范大学，2009年。需要注意的是，晚唐敦煌地区的公文样式可能与唐代中原地区有较大差异。
③ 周奇：《唐代宗教管理研究》，博士学位论文，复旦大学，2005年。
④ 郝春文：《唐后期五代宋初敦煌僧尼的社会生活》，中国社会科学出版社1998年版，第20页。
⑤ 唐耕耦、陆宏基编：《敦煌社会经济文献真迹释录》第4辑，全国图书馆文献缩微复制中心1990年版，第84—97页。
⑥ 夏金华：《中国佛教的制度与仪轨》，上海社会科学院出版社2010年版，第41—53页。

牒除了表明道释身份之外，其作用并不太明显。①

二　试经制度

唐代官方承认的合法度僧途径主要有三种，分别是试经、恩度和进纳，也有学者采取常度与特度的二分法。但无论采取何种分类方法，这几种度僧途径并不是孤立的，而是有很多的交叉，这里提到的试经制度不仅仅指试经度僧，也包含对已经取得度牒僧人的审查。此外试经制度中还隐含着一个较为重要的意义，即试经中包含着试律，而唐代《四分律》的独尊地位在很大程度上是源于帝王的抉择，中宗、代宗都曾下发诏敕推动《四分律》的发展。② 也就是说，试经制度中所试之经律实际上是官定之经律，这与唐初太宗颁布《佛遗教经》在意义上可以说是相通的。

根据白文固的研究，试经制度成为一种制度性的政策，最早实行于唐高宗时，到唐中宗时已臻完善。③ 史料记载试经制度出现的最早时间应该是在显庆三年（公元658年），《大唐大慈恩寺三藏法师传》卷十载显庆三年（公元658年）"敕先委所司简大德五十人，侍者各一人，后更令诠试业行童子一百五十人拟度。至其月十三日，于寺建斋度僧，命法师看度"。不过《佛祖统纪》与《释氏稽古略》的记载与此稍异，《佛祖统纪》载神龙元年（公元705年）"诏天下试经度人，山阴灵隐僧童大义，年十二，诵法华经，试中第一"④。《宋高僧传》也载释大义"年十二，请诣山阴灵隐寺求师，因习内法，开卷必通，人咸叹之。属中宗正位，恩制度人，都督胡元礼考试经义，格中第一，削染，配昭玄寺"⑤，此外《释氏稽古略》卷三载神龙二年（公元706年）"诏天下试童形经义，挑通无滞者度之为僧。试经度僧从此而始"⑥。不过无论试经制度具体始于哪年，

---

① 董春林：《论唐宋僧道法之演变》，《江西社会科学》2010年第10期。
② 严耀中：《佛教戒律与中国社会》，上海古籍出版社2007年版，第59—60页。
③ 白文固、赵春娥：《中国古代僧尼名籍制度》，青海人民出版社2002年版，第68页。
④ （宋）志磐撰：《佛祖统纪校注》卷四一《法运通塞志》，释道法校注，上海古籍出版社2012年版，第936页。
⑤ （宋）赞宁撰：《宋高僧传》卷一五《唐越州称心寺大义传》，范祥雍点校，中华书局1987年版，第362页。
⑥ （元）觉岸编：《释氏稽古略》卷三，《大正藏》第49册，CBETA电子佛典集成，T49n2037。

白文固得出的结论是完全没有问题的。试经制度虽然在中宗时已经较为完备，但之后并不是没有变化，这尤其体现在试经数量上。根据明杰法师的考证，玄宗朝时期试经的数量大概在二百纸左右，而到了肃宗时期则需要五百纸，"释真乘，姓沈氏，德清人也"，"父观其宿习，果请出家，属颜鲁公许试经得度，时已暗诵五百纸。比令口讽，一无差跌，大见褒异。落发配住八圣道寺得戒"①。在至德二年（公元757年）甚至还有七百纸的记载，"释道标，富阳人也"，"诏白衣通佛经七百纸者，命为比丘。标首中其选，即日得度，蒙配天竺寺焉"②。到了代宗年间，不仅仅试经数量再次上涨，还增加了试经的科目，"大历八年（公元773年），制悬经、论、律三科，策试天下出家者，中等第方度。凑应是选，诏配九江兴果精舍"③，"于时敕条严峻，出家者限念经千纸，方许落发。清即诵《法华》、《维摩》、《楞伽》、《佛顶》等经，有同再理"④。为何在肃宗、代宗、德宗年间试经的数量突然猛涨，这与安史之乱之后相当长一段时间的财政危机有很大关联，如肃宗时期出现的空名度牒即是例证，"肃宗至凤翔，明年，郑叔清议以天下用度不充，诸道得召人纳钱，给空名度僧道。则是空名度牒，自唐肃宗始也"⑤。周奇也曾提到，唐代为了使"进纳度僧"得到更多的钱，故意调整试经度僧的难度，加大难度使得想出家的人只能通过进纳的方式得到度牒。⑥"十四年，范阳安禄山举兵内向，两京版荡，驾幸巴蜀。副元帅郭子仪率兵平殄，然于飞輓索然。用右仆射裴冕权计，大府各置戒坛度僧，僧税缗谓之香水钱，聚是以助军须。初洛都先陷，会越在草莽，时卢弈为贼所戮，群议乃请会主其坛度。于时寺宇宫观，鞠为灰烬，乃权创一院，悉资苫盖，而中筑方坛，所获财帛顿支军费。代宗、

---

① （宋）赞宁撰：《宋高僧传》卷一五《唐湖州八圣道寺真乘传》，范祥雍点校，中华书局1987年版，第372—373页。

② （宋）赞宁撰：《宋高僧传》卷一五《唐杭州灵隐山道标传》，范祥雍点校，中华书局1987年版，第374页。

③ （宋）赞宁撰：《宋高僧传》卷一六《唐江州兴果寺神凑传》，范祥雍点校，中华书局1987年版，第391页。

④ （宋）赞宁撰：《宋高僧传》卷六《唐梓州慧义寺神清传》，范祥雍点校，中华书局1987年版，第121页。

⑤ （宋）高承撰，（明）李果订：《事物纪原》卷七《道释科教部·空名》，金圆、许沛藻点校，中华书局1989年版，第388页。

⑥ 周奇：《唐代宗教管理研究》，博士学位论文，复旦大学，2005年。

郭子仪收复两京，会之济用颇有力焉。"① 这种情况到了敬宗宝历元年（公元825年）出现了转折，试经数量又恢复到了玄宗时期的标准，"仍令两街功德使各选择有戒行僧谓之大德者，考试僧尼等经，僧能暗诵一百五十纸，尼一百纸，即令与度"②。明杰法师认为唐代度僧试经所背诵经典多少的变化，与当时佛教僧团的发展形式有着密切关联，敬宗宝历元年（公元825年）颁布试经者须背诵一百五十纸者，正是佛教度僧制度的低迷时期。③ 湛然法师也持有类似的观点，其认为由于唐武宗会昌法难，使许多寺庙被毁，僧尼还俗。宣宗时期，在佛教复兴过程中，对度僧制度问题上采取了新的措施，放宽了僧尼来源的界限，并使已还俗的僧尼，有重新得度的机会。④

如前文所述，除了正规的试经度僧之外还存在着特恩度僧与进纳度僧。周奇曾归纳特恩度僧的原因大致有三种：一是为了祈福追福；二是为封禅、即位或改元等重大事件；三是为特殊目的，如皇帝诞辰、皇族忌辰等。⑤ 但是特恩度僧并不意味着就完全可以不经过试经，如前文所提到了释大义，"属中宗正位，恩制度人，都督胡元礼考试经义，格中第一，削染，配昭玄寺"，虽然也属于特恩度僧的行列，但也经过了试经这一环节。张海峰也认为在大规模的特恩度僧和进纳度僧中，仍然是要辅以试经制度，但是条件可能会有所降低。其举例不空的五位行者、童子的特恩度僧的奏文，其中要求"讽诵真言"而没有强调具体的试经数量。⑥ 此外还有一条材料或许能够进一步说明这一问题，《白孔六帖》卷八九引用《祠部格》"度人条"："王公以下薨，别敕许度人者，亲王二十，三品以上三人，并须亡者子孙及妻媵，并通取周亲，妻媵不须试业，若数不足，唯见在度，如有假冒，不在原首之限也。"⑦ 这里特别提到了"妻媵不须试业"，也就是说如果没有相关的规定，似乎其他

---

① （宋）赞宁撰：《宋高僧传》卷八《唐洛京菏泽寺神会传》，范祥雍点校，中华书局1987年版，第180页。
② （宋）赞宁撰：《宋高僧传》卷二九《唐京师保寿寺法真传》，范祥雍点校，中华书局1987年版，第736页。
③ 明杰：《唐代佛教度僧制度探讨》，《佛学研究》2003年。
④ 湛如：《敦煌佛教律仪制度研究》，中华书局2003年版，第106页。
⑤ 周奇：《唐代宗教管理研究》，博士学位论文，复旦大学，2005年。
⑥ 张海峰：《唐代佛教与法律》，上海人民出版社2014年版，第236—237页。
⑦ （唐）白居易、（宋）孔传撰：《白孔六帖》卷八九《僧》，《四库全书·子部》第892册，上海古籍出版社1989年版，第456页。

的特恩度僧也需要经过试经环节。

至于进纳度僧，在中宗时曾有相关记载，"安乐、长宁公主及皇后妹郕国夫人、上官婕妤、婕妤母沛国夫人郑氏、尚宫柴氏、贺娄氏、女巫第五英儿、陇西夫人赵氏，皆依势用事，请谒受赇"，"钱三万则度为僧尼"①，但此时的进纳度僧更像是一种贿赂行为，还不是一项正式制度，进纳度僧成为"合法"行为是安史之乱之时的天宝十四年（公元755年）出现的，"杨国忠设计，称不可耗正库之物，乃使御史崔众于河东纳钱度僧尼道士，旬日间得钱百万"②。再如敦煌文书 P. 4072—3《请准乾元元年（公元758年）敕假授新度僧道张嘉礼等度牒状》，"［前缺］合管内六军州，新度未度得祠部告牒僧尼道士女道士，已奏未□□□/陆佰陆拾陆人计率得写告牒钱共壹仟肆佰陆拾伍贯□□□□/叁佰贰拾柒人僧，壹佰陆拾玖人尼，壹佰叁拾柒人道士，叁拾叁人女道士□□/张嘉礼年拾伍法名□□沙州 敦煌县 神沙乡 灵里□□/兄庆为户［后缺］"③。拟度僧尼需要缴纳一笔明确的"度牒费"才能够正式地得到度牒。但唐代的进纳度僧还并未像宋代那样成为常制，而只是国家财政困难时的一种特殊措施。国家对纯粹出于敛财目的的进纳度僧还是有所限制的，如《旧唐书·李德裕传》记载官僚王智兴为了敛财，"以敬宗诞月，请于泗州置僧坛，度人资福，以邀厚利。江、淮之民，皆群党渡淮"，"户有三丁必令一丁落发"④。《佛祖统纪》也记载了该事件，穆宗长庆四年（公元824年）"中书令王智兴请于泗州建方等戒坛，遇圣诞之日，许以度僧，制可"⑤，时任浙西观察使李德裕对此坚决反对，"自正月以来，落发者无虑数万。臣今于蒜山渡点其过者，一日一百余人。勘问惟十四人是旧人沙弥，余是苏常百姓，亦无本州文凭，寻已勒还本贯"⑥。

---

① （宋）司马光编著，（元）胡三省音注：《资治通鉴》卷二〇九《唐纪·中宗景龙二年》，中华书局1956年版，第6623页。

② （后晋）刘昫等撰：《旧唐书》卷四八《食货志》，中华书局1975年版，第2087页。

③ 湛如：《汉地佛教度僧制度辨析——以唐—五代的童行为中心》，《法音》1998年第12期。

④ （后晋）刘昫等撰：《旧唐书》卷一七四《李德裕撰》，中华书局1975年版，第4514页。

⑤ （宋）志磐撰：《佛祖统纪校注》卷四三《法运通塞志》，释道法校注，上海古籍出版社2012年版，第982页。

⑥ （清）董诰等编：《全唐文》卷七〇六《王智兴度僧尼状》，孙映达等点校，山西教育出版社2002年版，第4273页。

除了度僧需要进行试经，已经取得度牒的僧人也要接受类似考试制度的试经，《唐会要》载：开元十二年（公元724年）六月二十六日"敕有司，试天下僧尼年六十已下者，限诵二百纸经，每一年限诵七十三纸。三年一试，落者还俗。不得以坐禅对策义试。诸寺三纲统，宜入大寺院"①。再如文宗曾下诏："其僧尼，在城委功德使，其诸州府委本任长吏试经。僧尼并须读得五百纸，文字通流，免有舛误；兼数内念得三百纸，则为及格。京城敕下后，诸州府敕到后，许三个月温习，然后试练，如不及格，便勒还俗"，当然这种试经也存在例外，"其有年过五十以上，筋力既衰，及年齿未至，风婴瘤疾，并喑聋跛躄不能自存者，并不在试经限。若有戒律清高，修持坚苦，风尘不杂，徒众共知者，亦不在试经限"②。试经制度的出现与完善，从积极意义上讲对甄别精良僧尼，防止、清理僧尼队伍中的滥竽充数现象产生了一定的积极作用，但也意味着无论是从佛教内部对经典教义的阐释，还是从国家权力对僧团教务的干涉，佛教都已经被纳入了国家统治管理的正当范围之内。不过从当时国家整体的宗教环境来看，虽然试经制度已为定制，但其执行情况却有很大弹性，如"唐太和末，敕僧尼试经若干纸，不通者，勒还俗。章武时为成都少尹，有山僧来谒云：'禅观有年，未常念经，今被追试，前业弃矣，愿长者念之。'章武赠诗曰：'南宗向许通方便，何处心中更有经。好去苾蒭云水畔，何山松柏不青青。'主者免之"③。

三 "私入道"的相关规定与实践

既然有合法的度僧方式，那么除此之外即为非法，唐代法律对于非法的度僧予以严厉的打击，这主要体现在《唐律疏议·户婚》中的"私入道"条上。郑显文、张径真等人以此复原了《道僧格》中的"私度"条，但赵晶对此提出异议，其认为就《道僧格》的性质及规范位阶而言，若抛开所谓的刑法与行政法之类的定性，其与《唐律疏议》属于特别法与

---

① （宋）王溥撰：《唐会要》卷四九《杂录》，上海古籍出版社1991年版，第1008页。
② （清）董诰等编：《全唐文》卷七四《条流僧尼敕》，孙映达等点校，山西教育出版社2002年版，第472页。
③ （宋）李昉等编：《太平广记》卷四九六《李章武》，汪绍楹点校，中华书局1961年版，第4073页。

一般法的关系，也就是说《道僧格》内不应该出现《唐律》本身的条款。①

《唐律疏议·户婚》"私入道"条："诸私入道及度之者，杖一百（若由家长，家长当罪）；已除贯者，徒一年。本贯主司及观、寺三纲知情者，与同罪。若犯法合出观、寺，经断不还俗者，从私度法。即监临之官私辄度人者，一人杖一百，二人加一等。疏议曰：私入道，谓为道士、女冠、僧、尼等，非是官度而私入道及度之者，各杖一百。注云：若由家长，家长当罪。既罪家长，即私入道者不坐。已除贯者，徒一年；及度之者，亦徒一年。本贯主司，谓私入道人所属州县官司及所住观、寺三纲，知情者，各与入道人及家长同罪。若犯法还俗，合出观、寺，官人断讫，牒观、寺知，仍不还俗者，从私度法。断后陈诉，须着俗衣，仍披法服者，从私度法，科杖一百。即监临之官，不依官法，私辄度人者，一人杖一百，二人加一等，罪止流三千里。若州县官司所度人免课、役多者，当条虽有罪名，所为重者，自从重论，并依上条妄增减出入课、役科之。其官司私度人，被度者知私度情，而受度者为从坐；若不知私度情者，而受度人无罪。"②《唐律疏议·名例》"会赦改正征收"条也提到"私入道，谓道士、女冠、僧、尼同，不因官度者，是名私入道"③。虽然唐律中对私入道行为的处罚有着明确的规定，但事实上有唐一代对于"私入道"的处罚并不全然一致，如唐太宗贞观初年时曾申令"有私度者处以极刑"④，"贞观三年（公元629年），天下大括义宁私度，不出者斩"⑤。为何唐初对私度现象的管控如此严厉；周东平分析认为是唐王朝面临的解决税收和兵役问题，要优先于佛教发展的问题，不得不对僧侣的人数进行限制，故在刑法中规定"私入道"的罪名并科以刑事责任。法体现统治阶

---

① 赵晶：《唐代〈道僧格〉再探——兼论〈天圣令·狱官令〉"僧道科法"条》，《华东政法大学学报》2013年第6期。

② 岳纯之点校：《唐律疏议》卷一二《户婚》，上海古籍出版社2013年版，第197—198页。

③ 岳纯之点校：《唐律疏议》卷四《名例》，上海古籍出版社2013年版，第77页。

④ （唐）道宣撰：《续高僧传》卷二七《唐兖州法集寺释法冲传》，郭绍林点校，中华书局2014年版，第1078页。

⑤ （唐）道宣撰：《续高僧传》卷二一《唐扬州海陵正见寺释法向传》，郭绍林点校，中华书局2014年版，第806页。

级的意志，而佛教的规模与税制、兵役的冲突关系又影响着这个意志。① 此外张海峰还提出除了经济利益的考虑之外，提高僧尼素质的考虑，也可能是唐政府严格规范私入道考虑的一个重要因素，毕竟僧尼素质低下、人员泛滥会给政府的管理造成很大的压力。② 到了唐中后期似乎私入道的现象要比之前更为严重，如《请申禁僧尼奏》载："其僧尼童子，自今已后，不得令私度，如有此色，勒当寺纲维申报本管长吏。其与剃头师长及专擅出家者，当便科决勒还俗；其纲维不申报，十日以上勒停解，便令出寺；其所在长吏不为纠举者，具名衔奏听进止。"③ 再如《唐会要·杂录》载："天宝五载（公元746年）二月二十五日，京兆尹萧炅奏：'私度僧尼等，自今已后有犯，请委臣府司，男夫并一房家口，移隶碛西。'"④ 这种处罚建议可要比唐律中的规定严厉的多。不过并不是全部私度的僧尼都会受到法律的严厉制裁，有运气好的甚至还会有机会成为有编制的正式僧尼。以《降诞日请度七僧祠部敕牒》为例，"无名僧慧通年五十五，绛州曲沃县，俗姓王，无籍，请住千福寺。/慧云年二十三，京兆府长安县，俗姓段，无籍，请住大兴善寺。/僧慧琳年三十……/僧慧珍年卅三……/僧法雄年廿八……/僧法满年十八……/僧慧璀年四十/右兴善寺三藏沙门不空奏。上件僧等自出家来，常寻法教不阙师资。戒行精修实堪为器。比虽离俗迹昌私名。今因陛下开降诞之辰，朝贺欢欣之日，伏请官名以为正度。用资皇祚以福无疆。如天恩允许请宣付所司"⑤。在高僧不空的上表下，这几位本属于私度的僧人如愿以偿地获得了正式的僧籍⑥，再如广德元年（公元763年）七月"制河南河北伪度僧尼、道士、女冠并与正度"⑦，可见对于僧尼私度罪的执行情况与当朝帝王的宗教政

---

① 周东平：《论佛教礼仪对中国古代法制的影响》，《厦门大学学报》2010年第3期。
② 张海峰：《唐代佛教与法律》，上海人民出版社2014年版，第257页。
③ （清）董诰等编：《全唐文》卷九六六《请申禁僧尼奏》，孙映达等点校，山西教育出版社2002年版，第5929页。
④ （宋）王溥撰：《唐会要》卷四九《杂录》，上海古籍出版社1991年版，第1008页。
⑤ （唐）圆照集：《代宗朝赠司空大辨正广智三藏和上表制集》卷一，《大正藏》第52册，CBETA电子佛典集成，T52n2120。
⑥ 白文固认为请度文当中的"僧"应该是沙弥，而不是比丘。详见白文固、赵春娥《中国古代僧尼名籍制度》，青海人民出版社2002年版，第66页。
⑦ （宋）王钦若等编：《册府元龟》卷五二《帝王部·崇释氏二》，中华书局1960年版，第576页。

策态度有着非常重要的关联。

  王洪军曾提出相对于唐前期而言,中唐以后对于度僧是严加控制的。自德宗大历十四年（公元779年）六月下诏,"自今更不得奏置寺观及度人"①后,除了顺宗永贞元年（公元805年）三月"出宫女三百人于安国寺"②、宪宗元和十年（公元815年）十二月"出宫人七十二人置京城寺观"③和文宗开成三年（公元838年）六月"出宫人四百八十,送两街寺观安置"④之外,几乎没有什么大规模的度僧活动。朝廷虽然一再诏敕不得度人为僧尼,且有"度牒"一类的控制程序,但私自度僧尼者,依然有之,这从有关诏令的行文中均可看到。⑤从历朝沙汰伪滥僧的数量上也得以窥见唐代私度僧尼情况的演变,如中宗时沙汰伪滥僧尼,还农者万二千余人。⑥玄宗开元二年（公元714年）,诏天下僧尼伪滥者,各令还俗,达二万余人。⑦太和四年（公元830年）,"祠部请令天下僧尼非正度者,许具名申省给牒,时入申者七十万人"⑧。正如法国学者谢和耐在分析历代政府统计的官方僧尼人数时提到的,就一般情况而言,具有合法地位的僧侣数目与无贯僧侣数目不成比例。不同时代的普查登记所反映出的变化形式中,很可能掩饰着僧侣全部数目的非常不明显和难以令人发觉的差异。⑨以上的这些分析一方面表现出国家对私入道严厉打击,但在另一方面也凸显了唐后期私度僧尼现象的普遍性与不可量化,当然这也与唐后期地方割据、中央政权衰败有着很大的关系。

---

  ① （后晋）刘昫等撰:《旧唐书》卷一二《德宗本纪上》,中华书局1975年版,第321页。
  ② （后晋）刘昫等撰:《旧唐书》卷一四《顺宗本纪》,中华书局1975年版,第406页。
  ③ （后晋）刘昫等撰:《旧唐书》卷一五《宪宗本纪下》,中华书局1975年版,第455页。
  ④ （后晋）刘昫等撰:《旧唐书》卷一七下《文宗本纪下》,中华书局1975年版,第574页。
  ⑤ 王洪军:《中古时期儒释道整合研究》,天津人民出版社2009年版,第181—182页。
  ⑥ （宋）欧阳修、宋祁撰:《新唐书》卷一二四《姚崇传》,中华书局1975年版,第4384页。
  ⑦ （后晋）刘昫等撰:《旧唐书》卷八《玄宗本纪上》,中华书局1975年版,第172页。
  ⑧ （宋）志磐撰:《佛祖统纪校注》卷四三《法运通塞志》,释道法校注,上海古籍出版社2012年版,第984页。
  ⑨ ［法］谢和耐:《中国5—10世纪的寺院经济》,耿昇译,上海古籍出版社2004年版,第26页。

第三章

唐代涉僧刑法规定与实践

第一节 僧俗往来与"非寺院"条

一 禁止僧俗往来聚众的法律规定

佛教僧人作为有别于世俗民众的"方外之宾",其在参与社会生活时自然应当与普通的俗家人士有所区分,但与此同时佛教僧人毕竟也是社会成员之一,其仍然摆脱不了"吃穿住行"这些作为"社会人"的基本生理需求,那么他们在必需的社会交往之中是否存在着一些特别的约束,就非常值得关注。日本学者塚本善隆曾整理北京郝氏私人所藏的敦煌写本《教团规制》,并基本确认该卷本反映的是西魏至隋唐之际西北地区的教制制度,虽然不能完全确定该卷本的实际年代,但其内容反映出至迟时至隋唐,官方对僧人的流动性已经有了明确的法律限制,"凡置上座、寺主、维那之法,必集及檀越议论,和同推举/律师、禅师、法师,堪辩僧业,众所乐者,立为三纲。即为纲/维,理需严勒僧徒,勤修三业,威仪翔厚,动成物则,为世/所钦。设有过非,善言慰喻,教谶悔,称悦众情,令无违诤/自今以后,诸有僧尼,有要/缘事,出至周界之外者,必令白僧和许,然后听去。在寺三纲/宜给手牒"①。唐前期的格文中也确有相关记载,如 P.3078 号、S.4673 号《唐神龙散颁刑部格》中有"宿霄行道,男女交杂,因此聚会,并宜禁断。/其邻保徒一年,里正决杖一百"②,唐长孺指出宿霄即为佛教夜晚举行斋会之名词③。此外唐代有多道诏令明确

---

① 转引自湛如《敦煌佛教律仪制度研究》,中华书局 2003 年版,第 39 页。
② 刘俊文:《敦煌吐鲁番唐代法制文书考释》,中华书局 1989 年版,第 253 页。
③ 唐长孺:《敦煌所出唐代法律文书两种跋》,《中华文史论丛》第 5 辑,1964 年。

禁止僧俗聚众往来，如玄宗曾于开元二年（公元714年）下《禁百官与僧道往还制》，"如闻百官家多以僧尼道士等为门徒往还，妻子等无所避忌。或诡托禅观，妄陈祸福，事涉左道，深戮大猷。自今已后，百官家不得辄容僧尼道士等。至家缘吉凶，要须设斋，皆于州县陈牒寺观，然后依数听去。仍令御史金吾明加捉搦"①。《册府元龟》载开元五年（公元717年）三月诏："僧尼道士等，先有处分，不许与百姓家还往。闻近日仍有犯者，宜令州县捉溺，勿使更然。"②开元十九年（公元731年）六月二十八日又下《禁僧俗往还诏》："惟彼释道，同归凝寂。各有寺观，自合住持。或寓迹幽间，潜行闾里，陷于非辟，有足伤嗟。如闻远就山林，别写兰若，兼亦聚众，公然往来；或妄托生缘，辄有俗家居止，即宜一切禁断。"③《唐会要·杂录》对此也有记载。④再如宝应元年（公元762年）八月《条贯僧尼敕》："道释二教，用存善诱，至于像设，必在尊崇。如闻州县公私，多借寺观居止，因致亵渎，切宜禁断，务令整肃。其寺观除三纲并老病不能支待者，余并俾每日二时行道礼拜，如有弛慢，并量加科罚。又崇敬清净，礼避嫌疑，其僧尼道士，非本师教主及斋会礼谒，不得妄托事故，辄有往来，非时聚会。并委所由长官句当，所有犯者，准法处分，亦不得因兹搅扰。分明告示，咸使知悉。"⑤敦煌地区僧团也是如此，统治者要求僧人的夏安居期间禁止外出流动，否则主管僧官就要受到相应的惩处，如P.6005号《释门帖诸寺纲管令夏安居帖》记载："诸寺僧尼，夏中各须进业。三时礼忏，不得间断。/如有故违，重招科罚。纲

---

① （清）董诰等编：《全唐文》卷二一《禁百官与僧道往返制》，孙映达等点校，山西教育出版社2002年版，第144页。

② （宋）王钦若等编：《册府元龟》卷六三《帝王部·发号令》，中华书局1960年版，第708页。

③ （清）董诰等编：《全唐文》卷三〇《禁僧俗往还诏》，孙映达等点校，山西教育出版社2002年版，第203页。

④ （宋）王溥撰：《唐会要》卷四九《杂录》，上海古籍出版社1991年版，第1008页。刘淑芬曾总结归纳玄宗朝对僧尼在宗教修持传习方面的限定主要有四个方面：一是僧尼至俗人家中参与斋会的限制；二是以寺院作为主要的礼拜场所，并且提供经典供俗人取用；三是僧尼仅能讲律；四是禁止僧尼占相卜筮。详见刘淑芬《中古佛教政策与社邑的转型》，《唐研究》第13卷，北京大学出版社2007年版，第267页。

⑤ （宋）宋敏求编：《唐大诏令集》卷一一三《条贯僧尼敕》，洪丕谟、张伯元、沈敖大点校，学林出版社1992年版，第541页。

管仍须钳辖散众,如/慢公者,纲管罚五十人一席。"① 唐代不仅严格限制僧人的流动,有时甚至会限制僧人午后外出,如《新唐书·韩愈传》:"时又有贾岛、刘义,皆韩门弟子","岛字浪仙,范阳人,初为浮屠,名无本。来东都,时洛阳令禁僧午后不得出,岛为诗自伤"②。郑显文等学者也是依据这些材料复原了《道僧格》中的"非寺院"条。此外李丰楙还曾以张籍的《玉真观》为例,"台殿曾为贵主家,春风吹尽竹窗纱。院中仙女修香火,不许闲人入看花"③,证明中唐时期宫观确有防闲的规定,并称这与《道僧格》中的规定有关。④

二 佛教俗讲及寺院娱乐生活

尽管唐代在法律层面一再强调禁止僧尼往来,但在现实生活中却有着另一番图景。提及僧俗往来聚众就必须介绍一下俗讲,俗讲与变文都是唐代说唱文学形式的重要内容,又直接源于佛教。⑤ 俗讲是僧徒根据佛经的教义,用俚语宣讲佛教故事,或者采取民间故事进行"改编",加入佛经"轮回""因果报应"之说。⑥ 变文则是在俗讲的基

---

① 唐耕耦、陆宏基编:《敦煌社会经济文献真迹释录》第 4 辑,全国图书馆文献缩微复制中心 1990 年版,第 121 页。不同学者对该帖纪年存有争议,详见郝春文《唐后期五代宋初敦煌僧尼的社会生活》,中国社会科学出版社 1998 年版,第 203 页。

② (宋)欧阳修、宋祁撰:《新唐书》卷一七六《韩愈传》,中华书局 1975 年版,第 5268 页。刘淑芬对此指出僧人午后不出院,当不是指离开所隶属的佛寺,而是指其所居的僧院,且该规定的执行也非常严格。详见刘淑芬《中古佛教政策与社邑的转型》,《唐研究》第 13 卷,北京大学出版社 2007 年版,第 263—264 页。

③ 《全唐诗》卷三八六《张籍·玉真观》,中华书局 1960 年版,第 4361 页。

④ 李丰楙:《唐代公主入道与送宫人入道诗》,《第一届国际唐代学术会议论文集》,台湾学生书局 1989 年版,第 173 页。

⑤ 杨宝玉提出除了俗讲之外还存在"说因缘""转变"等佛教讲唱伎艺形式,并对三者之间的联系与区别进行了详细论述,详见黄正建主编《中晚唐社会与政治研究》,中国社会科学出版社 2006 年版,第 594—599 页。

⑥ 路工:《唐代的说话与变文》,《敦煌变文论文录》,上海古籍出版社 1982 年版,第 399 页。学界对俗讲到底是"通俗的讲经"还是"面向俗人的讲经"存有争议,陈祚龙还指出在唐初"俗讲"原指由儒家师所主持的那种传统的"讲经"。详见陈祚龙《唐代敦煌寺讲经之真象》,《第二届国际唐代学术会议论文集》,台湾文津出版社 1993 年版,第 582—583 页;李小荣《关于唐代的俗讲和转变》,《九江师专学报》2000 年第 4 期;向达《唐代长安与西域文明》,河北教育出版社 2001 年版,第 286—324 页;王景琳《中国古代寺院生活》,陕西人民出(转下页)

础上①又汲取了古代中国说唱文学长期发展的表现艺术而形成的说唱文学形式,从佛教的角度讲,俗讲与变文的形式生动活泼,有唱有说,很能吸引人。变文的语言又多为唐代的俗语,通俗易懂,在当时来说很容易被广大的听众与读者接受,从而达到宣扬佛教的目的。②现实生活中某些僧人"世俗"地传教往往会起到很好的效果,毕竟更多的社会底层民众是不能理解佛教烦琐的教理教义的。如敦煌文献004737号《净名经关中疏》载:"己巳年四月廿三日,京福寿寺沙门维秘于沙州/报恩寺为僧尼道俗敷演此《净名经》,已传/来学之徒,愿秘藏不绝者矣。/龙兴寺僧明真写,故记之也。"③再如《因话录》中载:"有文溆僧者,公为聚众谈说,假托经论所言,无非淫秽鄙亵之事。不逞之徒,转相鼓扇扶树,愚夫冶妇,乐闻其说,听者嗔咽。寺塔瞻礼崇拜,呼为和尚。"④与专业的僧讲相比,

---

(接上页)版社2002年版,第174—179页;侯冲《俗讲新考》,《敦煌研究》2010年第4期;于志刚《唐代的僧人、寺院与社会生活——以〈太平广记〉为中心》,硕士学位论文,郑州大学,2013年。

① 对于俗讲与变文之间的承继关系学界存有争议,如曲金良认为"变文大大早于讲经文及其讲经之举的出现",详见曲金良《敦煌佛教文学研究》,台湾文津出版社1995年版,第233页。

② 梁晓虹:《华化佛教》,北京语言学院出版社1996年版,第156—157页。

③ 郝春文:《唐后期五代宋初敦煌僧尼的社会生活》,中国社会科学出版社1998年版,第211页。

④ (唐)赵璘撰:《因话录》卷四《角部》,《唐五代笔记小说大观》,曹中孚校点,上海古籍出版社2000年版,第856页。此处的僧人文溆在史籍中有多处记载,如《资治通鉴》卷二四三、《册府元龟》卷一五三、《酉阳杂俎》续集卷五、《历代名画记》卷三、《太平广记》卷二〇四引《卢氏杂说》等,记载中的文溆似乎生平际遇落差很大,如《资治通鉴》中载宪宗曾亲自观其俗讲,《卢氏杂说》载其于文宗时被召为入内大德,《因话录》中却又称其"前后杖背,流在边地数矣",后世对这些记载中的文溆是否为同一人持不同意见,如"敬、文相继年祀极近,岂有二文溆哉?",详见(宋)王灼《碧鸡漫志》卷五,古典文学出版社1957年版,第91页。当代学者对此也存有较大争议,可参见陈引驰《隋唐佛学与中国文学》,百花洲文艺出版社2001年版,第345—346页。曲金良认为文溆等僧确被流放,并且是被流放到了敦煌地区,详见曲金良《敦煌佛教文学研究》,台湾文津出版社1995年版,第24页。陈俊强则以《册府元龟》的记载为依据认为文溆在宪宗朝被流放到了天德军,即唐初的安北都护、燕然都护,天宝年间更名天德军,辖区包括丰州、三受降城等所谓的河套地带,属关内道。详见陈俊强《唐代的流行——法律虚与实的一个考察》,《兴大历史学报》2007年第18期。叶珠红则认为其之所以被严惩正是因为其触犯了"三长斋月外禁断俗讲"之令,详见叶珠红《唐代僧俗交涉之研究——以僧人世俗化为主》,台湾花木兰文化出版社2010年版,第338页。如果仅是触犯"禁断俗讲"不应会有如此严重的处罚。即使这种记载属实,恐怕也有着其他原因,而非单纯是触犯"禁断俗讲"所致。

俗讲更容易被底层的社会民众所接受和认可，这对于佛教的发展以及吸收更为广泛的群众都有着重要意义，因此俗讲在唐代是较为常见的一种社会活动形式。俗讲虽然对于佛教传播来讲具有极大的促进意义，但对于政府管理而言却同时还具有一定的不可控性，因此唐代先后多次有明确诏敕禁止这种聚众俗讲，如开元十九年（公元731年）四月《诫励僧尼敕》载："近日僧道，此风犹甚，因依讲说，煽惑闾阎，溪壑无厌，惟财是敛。津梁自坏，其教安施？无益于人，有蠹于俗。或出入州县，假托威权；或巡历村乡，恣行教化。因其聚会，便有宿宵，左道不常，异端斯起。自今以后，僧尼除讲律之外，一切禁断。六时礼忏，须依律仪，午夜不行，宜守俗制。如有犯者，先断还俗，仍依法科罪。所在州县不能捉搦，并官吏辄与往还，各量事科贬。"[1] 再如元和十年（公元815年），"京城寺观讲，宜准兴元元年（公元784年）九月一日敕处分；诸畿县俗讲，宜勒停；其观察使节度州，每三长斋月，任一寺一观置讲，余州系停"。不过正如诏敕中提到的，官府真正要禁止的是俗讲引起的聚众，而非俗讲这种形式，即"恶其聚众，且虞变也"[2]。刘正平也曾提到过这一点，其根据唐诗等资料[3]分析到俗讲寺院听众多如浮萍，以致人们的日常生产活动都停下来了，平时热热闹闹的酒坊、鱼市也空无一人，可见俗讲的吸引力。正因如此官府禁止俗讲的实质在于俗讲在民间影响过大，聚众讲说，有虑生民变之嫌，这也是唐代历史上数次禁断俗讲的主要原因。[4] 不过同样因为俗讲在民间有如此大的影响力，所以统治者对俗讲的态度也是起起落落，如禁俗讲之诏十年之后的宝历二年（公元826年），宪宗以帝王之尊"幸

---

[1] （宋）宋敏求编：《唐大诏令集》卷一一三《诫励僧尼敕》，洪丕谟、张伯元、沈敖大点校，学林出版社1992年版，第539—540页。

[2] （宋）王钦若等编：《册府元龟》卷五二《帝王部·崇释氏二》，中华书局1960年版，第579页。

[3] 如韩愈《华山女》载"街东街西讲佛经，撞钟吹螺闹宫廷。广张罪福资诱胁，听众狎恰排浮萍"，《全唐诗》卷三四一《韩愈·华山女》，中华书局1960年版，第3823页。

[4] 刘正平、王志鹏：《唐代俗讲与佛教八关斋戒之关系》，《敦煌研究》2005年第2期。陈艺方也曾以唐代笔记小说为研究对象，提及唐代俗讲之热闹场面，此外其还将《太平广记》中所涉及的唐代俗讲统计汇总列表，详见陈艺方《唐人小说里的佛教寺院——以俗众的宗教生活为中心》，硕士学位论文，台湾中央大学，2011年。

兴福寺，观沙门文淑俗讲"①。事实上此时的讲经活动已经不只是一种传教活动，也不只是一种佛教教育，而可视为古代社会上的社会教育行为与百姓的社交活动。② 因此在会昌元年（公元 841 年）法难之前俗讲仍曾频繁进行，"正月九日"，"又敕于左右街七寺开俗讲"，"从大和九年以来废讲，今上新开。正月十五日起首，至二月十五日罢"③，"五月一日敕开讲。两街十寺讲佛教，两观讲道教"④，"九月一日敕两街诸寺开俗讲"⑤。

除了俗讲之外，寺院还有许多吸引民众的娱乐活动，如书画活动："吴生画兴善寺中门内神圆光时，长安市肆老幼士庶竟至，观者如堵。其圆光立笔挥扫，势若风旋，人皆谓之神助"⑥；赏花活动："长安三月十五日，两街看牡丹，奔走车马。慈恩寺元果院牡丹，先于诸牡丹半月开；太真院牡丹，后诸牡丹半月开"⑦；节庆活动："当寺佛殿前建灯楼。砌下、庭中及行廊侧皆燃油。其灯盏不遑计知。街里男女不惮深夜入寺看事"⑧；伎乐百戏活动："章仇兼琼镇蜀日，佛寺设大会，百戏在庭。有十岁童儿，舞于竿杪"⑨，"（皇甫）政大设斋，富商来集，政又择日，率军吏州民，大陈伎乐"⑩，等等。敦煌地区的寺庙也是如此，如陈大为以敦煌龙兴寺为例提到，无论是建福建斋、丧葬法事的佛事活动，还是春秋局席的

---

① （宋）司马光编著，（元）胡三省音注：《资治通鉴》卷二四三《唐纪·敬宗宝历二年》，中华书局 1956 年版，第 7850 页。

② 丁敏：《方外的世界——佛教的宗教与社会活动》，《中国文化新论·宗教礼俗篇·敬天与亲人》，联合报文化基金会 1983 年版，第 154 页。

③ ［日］圆仁：《入唐求法巡礼行记校注》卷三，白化文、李鼎霞、徐德楠校注，花山文艺出版社 2007 年版，第 365 页。

④ 同上书，第 386 页。

⑤ 同上书，第 390 页。

⑥ （唐）朱景玄撰：《唐朝名画录·神品上·吴道玄》，《南朝唐五代人画学论著》，台湾世界书局 1967 年版，第 16 页。

⑦ （宋）钱易撰：《南部新书》卷丁，黄寿成点校，中华书局 2002 年版，第 49 页。

⑧ ［日］圆仁：《入唐求法巡礼行记校注》卷一，白化文、李鼎霞、徐德楠校注，花山文艺出版社 2007 年版，第 96 页。

⑨ （唐）李绰撰：《尚书故实》，《唐五代笔记小说大观》，萧逸校点，上海古籍出版社 2000 年版，第 1169 页。

⑩ （宋）李昉等编：《太平广记》卷四一《黑叟》，汪绍楹点校，中华书局 1961 年版，第 259 页。

欢聚畅饮都在龙兴寺举行，龙兴寺与信众团体日常生活关系之密切可见一斑。① 也就是说，设在寺院的这些休闲娱乐活动都聚集了大量前来观赏的群众，这与俗讲同样都对政府管理造成了一定的不便，但与此同时这些设在寺院的娱乐活动已然成为民众社会生活的一部分，想要完全取缔恐怕不再现实。

三 政治生活中的佛教参与

僧俗往来还有一个非常独特的方式，那就是唐代的寺院有时还充当着"旅店"或者"度假村"的社会功能，张弓就曾提到在逆旅业还没有充分发展的中古时代，寺院停客便于官民寓宿②，李艳茹以及叶珠红也认为唐代俗人寄居寺院已是非常普遍的现象③，如"酒徒鲍生，家富畜妓，开成初，行历阳道中，止定山寺，遇外弟韦生下第东归，同憩水阁"④，再如"唐盈州令将之任，夜止属邑古寺"⑤。并且中唐时期还出现了专门作为简便旅社的佛寺——"普通院"⑥，"长有饭粥。不论僧俗，来集便僧宿，有饭即与，无饭不与。不妨僧俗赴宿，故曰普通院"⑦。唐政府对这一现象曾多次下令禁止，除了前文提到宝应元年（公元762年）八月的《条贯僧尼敕》外，贞元五年（公元789年）也曾下诏"自今州府寺观，不得

---

① 陈大为：《唐后期五代宋初敦煌僧寺研究》，上海古籍出版社2014年版，第122页。

② 张弓：《汉唐佛寺文化史》，中国社会科学出版社1997年版，第1018页。

③ 详见李艳茹《唐代小说呈现的佛教寺院社会生活图景》，香港大学饶宗颐学术馆2011年版，第84页；叶珠红《唐代僧俗交涉之研究——以僧人世俗化为主》，台湾花木兰文化出版社2010年版，第195—198页。

④ （宋）李昉等编：《太平广记》卷三四九《韦鲍生妓》，汪绍楹点校，中华书局1961年版，第2764页。

⑤ （宋）李昉等编：《太平广记》卷一二八《荥阳氏》，汪绍楹点校，中华书局1961年版，第909页。

⑥ 学界多认为普通院的设置与佛教的平等观、慈悲观有着很大关联，可参见［日］那波利贞《唐代寺院对俗人开放为简便投宿处》，《日本学者研究中国史论著选译》，中华书局1993年版，第315页；李艳茹《唐代小说呈现的佛教寺院社会生活图景》，香港大学饶宗颐学术馆2011年版，第86—87页；于志刚《唐代的僧人、寺院与社会生活——以〈太平广记〉为中心》，硕士学位论文，郑州大学，2013年。

⑦ ［日］圆仁：《入唐求法巡礼行记校注》卷二，白化文、李鼎霞、徐德楠校注，花山文艺出版社2007年版，第257页。

俗客居住"①，但似乎执行效果并不好，黄敏枝也认为这些禁令只是徒具形式，并没有多大成效可言。② 所以在此之后唐代政府在法律上转而对这种现象又进行了承认与鼓励，如宣宗大中年间曾规定"其诸县有户口繁盛，商旅辐辏，愿依香火，以济津梁，亦任量事各置院一所，于州下抽三五人住持。其有山谷险难，道途危苦，羸车重负，须暂憩留，亦任因依旧基却置兰若，并须是有力人自发心营造，不得令奸党因此遂抑敛乡间"③。唐代学子也非常愿意选择寺院作为其安心读书修习之地④，如"进士杨祯，家于渭桥，以居处繁杂，颇妨肄业。乃诣昭应县，长借石瓮寺文殊院"⑤。从这条记载来看，如果长期居住于寺院似乎确实要向官府登记。但叶珠红提到中晚唐诗人多有与僧同宿之作，以及笔记小说中未曾有过官府到寺"撵客"的记载⑥，可见上述代宗二诏的执行效果确实不好。此外许多唐代寺院之于文人雅士信众还往往是公认的避暑胜地，如皮日休曾作诗，"烦暑虽难避，僧家自有期。泉甘于马乳，苔滑似龙漦"⑦。

这些现象本是佛教促进社会福利的极好体现，但却也暗藏着一些对政府统治而言的不利因素，如吴智勇就曾提到回避政争、逃避制裁以及遭遇祸乱⑧也常常导致唐代僧人出家或政客藏身寺院。以武则天时期的徐敬业、骆宾王为例，"当徐敬业之败，与宾王俱逃，捕之不获。将帅虑失大魁，得不测罪。时死者数万人，因求类二人者函首以献，后虽知不死，不敢捕送。故敬

---

① （宋）王钦若等编：《册府元龟》卷五四《帝王部·尚黄老二》，中华书局1960年版，第606页。

② 黄敏枝：《唐代寺院经济的研究》，台湾大学文学院1971年版，第130页。

③ （宋）王溥撰：《唐会要》卷四八《议释教下》，上海古籍出版社1991年版，第987—988页。

④ 可参见黄敏枝《唐代寺院经济的研究》，台湾大学文学院1971年版，第127—131页；严耕望《唐人习业山林寺院之风尚》，《唐代研究论集》第2辑，台湾新文丰出版股份有限公司1992年版，第1—11页；李芳民《佛宫南院独游频——唐代诗人游居寺院习尚探赜》，《文学遗产》2002年第3期。

⑤ （宋）李昉等编：《太平广记》卷三七三《杨祯》，汪绍楹点校，中华书局1961年版，第2963页。

⑥ 叶珠红：《唐代僧俗交涉之研究——以僧人世俗化为主》，台湾花木兰文化出版社2010年版，第210页。

⑦ 《全唐诗》卷七九三《联句·皮日休·独在开元寺避暑颇怀鲁望因飞笔联句》，中华书局1960年版，第8928页。

⑧ 吴智勇：《唐代僧尼出家的非信仰因素》，《中华文化论坛》2011年第1期。

业得为衡山僧，年九十余乃卒"①，再如玄宗朝的徐安贞，"徐侍郎安贞，久居中书省。常参李右丞议论，恐其罪累，乃逃隐衡山岳寺，为东林掇蔬行者，而喑哑不言者数年"②。文宗时甘露之变的当事人李训也曾试图逃亡寺院，"时宰臣李训酷重于密，及开成中伪甘露发，中宫率禁兵五百人出阁，所遇者一皆屠戮。时王涯、贾𫗧、舒元舆方在中书会食，闻难作，奔入终南投密。唯李训欲求剪发，匿之，从者止之，训改图趋凤翔"③。在这些事例当中最为引人注意的还是宪宗元和十年（公元 315 年）发生的一场叛乱，"缁青节度使李师道阴与嵩山僧圆净谋反"④，而这场叛乱的主要参与者僧人圆净曾是史思明的故将，"中岳寺僧圆净，故尝为史思明将，勇悍过人"⑤，陈登武称"此事正好坐实唐朝政府对于寺院可能潜藏异议分子的疑虑"⑥，可见唐代官府对僧俗往来聚众的真正担忧所在。

至于到底有没有僧人仅因"往来聚众"而获罪的情形呢？笔记小说中有几则记载得以一窥，晚唐乾宁年间有一名为怀濬的僧人，"刺史于公以其惑众，系而诘之。乃以诗代逌状曰：'家在闽川西复西，其中岁岁有莺啼。如今不在莺啼处，莺在旧时啼处啼。'又诘之，复有诗曰：'家住闽川东复东，其中岁岁有花红。而今不在花红处，花在旧时红处红。'郡牧异而释之"⑦。这段记载与其说是官吏对僧人的判处，倒不如说是僧人对官吏的教导。再如"唐咸通中，西川僧法进刺血写经，聚众教化寺，所司申报高燕公，判云：'断臂既是凶人，刺血必非善事。贝多叶上，不许尘埃；俗子身中，岂堪腥腻。宜令出境，无得惑人。与一绳递出东界。'

---

① （宋）李昉等编：《太平广记》卷九一《骆宾王》，汪绍楹点校，中华书局 1961 年版，第 605 页。

② （唐）范摅撰：《云溪友议》卷中《衡阳遁》，《唐五代笔记小说大观》，阳羡生校点，上海古籍出版社 2000 年版，第 1286 页。

③ （宋）赞宁撰：《宋高僧传》卷六《唐圭峰草堂寺宗密传》，范祥雍点校，中华书局 1987 年版，第 125—126 页。

④ （后晋）刘昫等撰：《旧唐书》卷一五《宪宗本纪下》，中华书局 1975 年版，第 454 页。

⑤ （宋）司马光编，（元）胡三省音注：《资治通鉴》卷二三九《唐纪·宪宗元和十年》，中华书局 1956 年版，第 7716 页。

⑥ 陈登武：《从内律到王法：唐代僧人的法律规范》，《政大法学评论》2009 年第 111 期。

⑦ （五代）孙光宪：《北梦琐言·逸文》卷一《僧怀濬书吉凶》，林艾园校点，《唐五代笔记小说大观》，上海古籍出版社 2000 年版，第 1966—1967 页。

所司不喻绳绞，赐钱一千，送出东郭"①，从"所司不喻绳绞，赐钱一千"就可以看出，这类判决十分罕见，以至于被理解为截然相反的意思。由此可见，《道僧格》中关于禁止僧俗往来聚众的规定是有一定的社会背景的，但问题是唐代中后期佛教已经深入到民众的日常生活当中，统治者虽然极力想要禁止僧俗往来聚众，但在更多的时候却也是无可奈何，最终只能因人因事处理。

现实中唐代士大夫阶层与佛教僧人多有着非常亲密的接触[②]，甚至这种接触中有很多是以家族形式进行的，萧瑀、王维等自不必细说，如石刻史料《故上柱国庞府君金刚经颂》[③] 中就详细记载了庞德相为其父庞怀伯举办佛教法事而举家参与的情形。叶珠红也提到饭僧邀福在唐代有经济能力的官吏心中是普遍流行的崇佛行为[④]，虽然统治者明确下令不允许僧人与官员频繁来往，但僧人参与政治活动的事例在有唐一代从未间断，严耀中同样认为佛教在包括政治方面在内的各种有为，不管是佛教整体还是一些僧尼个人，都是需要的和不可避免的。[⑤] 唐前半期的法藏、慧范、神会等自不待言，其他如陈岵因供奉僧进《注维摩经》而得濠州刺史，被谏

---

① （五代）孙光宪：《北梦琐言》卷九《刺血写经僧》，林艾园校点，《唐五代笔记小说大观》，上海古籍出版社2000年版，第1811页。

② 可参见王景琳《中国古代寺院生活》，陕西人民出版社2002年版，第238—240页；郭绍林：《唐代士大夫与佛教》，三秦出版社2006年版，第8—34页；刘淑芬《中古佛教政策与社邑的转型》，《唐研究》第13卷，北京大学出版社2007年版，第265页；李志强《论中唐政治文化主导阶层与佛教之关系》，《上海商学院学报》2007年第4期；陈艳玲《唐代城市居民的宗教生活：以佛教为中心》，博士学位论文，华东师范大学，2008年；王栋梁、纪倩倩《论唐代士僧交游的政治动因》，《甘肃社会科学》2009年第2期；季爱民《唐初密教佛经的翻译与贵族供养》，《唐研究》第15卷，北京大学出版社2009年版，第533—543页；季爱民《会昌六年寺院存毁与改名史事》，载陈金华、孙英刚编《神圣空间：中古宗教中的空间因素》，复旦大学出版社2014年版，第137—140页；王智辉《唐代前期佛教对社会不同阶层的影响之比较研究》，硕士学位论文，南京师范大学，2010年；于志刚《唐代的僧人、寺院与社会生活——以〈太平广记〉为中心》，硕士学位论文，郑州大学，2013年；黄阳兴《咒语·图像·法术：密教与中晚唐文学研究》，海天出版社2015年版，第30—94页。

③ 《房山石经题记汇编》，书目文献出版社1987年版，第4—5页。

④ 叶珠红：《唐代僧俗交涉之研究——以僧人世俗化为主》，台湾花木兰文化出版社2010年版，第119页。

⑤ 严耀中：《佛教戒律与中国社会》，上海古籍出版社2007年版，第402页。

官论奏，敬宗对此反而发怒说"陈岵不因僧得郡，谏官安得此言"①，再如代宗永泰年间的《大唐渠州渠江县冲相寺破贼碑》载"有僧澄海祷于神，偕兵护百姓刘获，因以足粮，遂大破贼众"②，还如"太尉韦昭度，旧族名人，位非忝窃，而沙门僧澈潜荐之中禁，一二时相皆因之大拜。悟达国师知玄乃澈之师，世常鄙之。诸相在西川行在，每谒悟达，皆申跪礼，国师揖之，请于僧澈处吃茶"③。此外张议潮沙州起义击退吐蕃也有僧人的帮助与参与④，再如孙昌武曾介绍过著名诗僧贯休在晚唐动乱中的政治奔走⑤。

一些学者在研究碑刻史料时分析认为在唐代长吏立碑活动中，历来提出呈请者以"耆老"最为常见，但至晚唐时期，僧道"缁黄"多与"耆老"并列⑥，可见在某些地方，佛教徒已成为不可忽视的社会力量⑦。关于僧道与官员交往的弊端，晚唐懿宗时期有这样一个事例很值得参考，"翁彦枢，苏州人也，应进士举。有僧与彦枢同乡，出入故相国裴公坦门下，以年老优恤之，虽中门内，亦不禁其出入。手持贯珠，闭目以诵经，非寝食，未尝辍也。坦主文柄入贡院，子勋、质日议榜于私室，僧多处其间，二子不之虞也。拟议名氏，迨与夺径路，僧悉熟之，归寺而彦枢诣焉。僧问彦枢将来得失之耗，彦枢具对以无有成遂状。僧曰：'公成名须第几人？'彦枢谓僧戏己，答曰：'第八人足矣。'即复往裴氏家。二子所议如初，僧忽张目谓之曰：'侍郎知举耶？郎君知举耶？夫科第国家重事，朝廷委之侍郎，意者欲侍郎划革前弊，孤平得路。今之与夺，悉由郎君，侍郎宁偶人耶？且郎君所与者，不过权豪子弟，未尝以一平人艺士议之，郎君可乎？'即屈其指，自首及末，不差一人。其豪族私仇曲折，必

---

① （后晋）刘昫等撰：《旧唐书》卷一五三《刘迺传》，中华书局1975年版，第4086页。
② 龙显昭主编：《巴蜀佛教碑文集成》，巴蜀书社2004年版，第38页。
③ （宋）王谠撰：《唐语林校证》卷七《补遗》，周勋初校证，中华书局1987年版，第673页。郭绍林考证这里的僧澈即是由唐懿宗赐号净光大师的僧彻，详见郭绍林《唐代士大夫与佛教》，三秦出版社2006年版，第18—19页。
④ 对此问题可参见刘进宝《敦煌学通论》，甘肃教育出版社2002年版，第67页；冯培红《P.3249背〈军籍残卷〉与归义军初期的僧兵武装》，《敦煌研究》1998年第2期。
⑤ 孙昌武：《唐代文学与佛教》，陕西人民出版社1985年版，第135页。
⑥ 详见刘馨珺《唐代"生祠立碑"——论地方信息法制化》，《文书·政令·信息沟通：以唐宋时期为主》，北京大学出版社2012年版，第463—516页。
⑦ 李雪梅：《法制"镂之金石"传统与明清碑禁体系》，中华书局2015年版，第114页。

中二子所讳。勋等大惧，即问僧所欲，且以金帛啖之。僧曰：'贫道老矣，何用金帛为？有乡人翁彦枢者，陡要及第耳。'勋等即列丙科，僧曰：'非第八人不可也。'勋不得已许之。僧曰：'与贫道一文书来。'彦枢其年及第，竟如其言，一无差忒"①，老僧为同乡解决贡举问题，其出家人的身份无疑在其中起到了极大的作用，如果不是出家人的身份可能也就不能得知此类的"内部消息"。当然老僧的言论并没有什么不对，但这种以出家人的身份干预社会俗务的行为，确实是社会管理中一个很大的问题。

第二节 妖言谋反犯罪与"准格律"条

一 唐代妖言谋反罪的法律规定

唐代法律在许多方面给予了僧道群体一定的法律特权，然而对于危及皇权和国家安全的重大犯罪实际上是严惩不贷，僧道只要犯下危及皇权的罪行，一律按照唐律治罪，而没有特别法可遵。《天圣令》狱官令之"唐11"条载"诸道士、女冠、僧、尼犯罪徒以上及奸、盗、诈脱法服，依律科断，余犯依僧道法"②，也就是说僧人一旦触犯了量刑为徒罪及其以上的犯罪，以及奸、盗、诈脱法服之罪，就不再适用《道僧格》了。③ 众

---

① （唐）阙名撰：《玉泉子》，载《唐五代笔记小说大观》，阳羡生校点，上海古籍出版社2000年版，第1429—1430页。

② 《天一阁藏明钞本天圣令校证（附唐令复原研究）》，中华书局2006年版，第342页。

③ 唐代律令中，计数、计等级凡云"以上""以下"者，皆包含本书、本等在内，可参见戴建国《〈天圣令〉所附唐令为开元二十五年令考》，《唐研究》第14卷，北京大学出版社2008年版，第15页。此外关于"诈脱法服"的断句有学者疑为"诈、脱法服"。此处存疑，僧尼如果犯奸罪是要比常人加重处罚的；如果犯盗罪，"弟子若盗师主物及师主盗弟子物等，亦同凡盗之法"，而常人卑幼盗尊亲属财是减等处罚，所以僧尼犯盗罪也比常人更重。但是僧道如果辄着俗服，则还俗。也就是说，当僧尼面临着奸、盗犯罪的指控时，是有可能通过脱掉法服失去僧道身份从而减轻处罚的，这种情况则应当是被法律禁止的。而如果将诈、脱法服视为两种犯罪情况，那"脱法服"被明确规定为还俗，依律还是依"僧道法"并没有什么显著的不同。详见张径真《法律视角下的隋唐佛教管理研究》，博士学位论文，中国社会科学院研究生院，2012年；赵晶《唐代〈道僧格〉再探——兼论〈天圣令·狱官令〉"僧道科法"条》，《华东政法大学学报》2013年第6期；池建华《道法互动：唐代道教与法律的关系研究》，硕士学位论文，上海师范大学，2015年。

学者在此基础上也对《道僧格》中的"准格律"条进行了相对比较统一的复原，在不适用特别法而直接适用唐律的诸多罪名中最具有代表性的便是妖言谋反类犯罪。

《唐律疏议·贼盗》"谋反大逆"条："诸谋反及大逆者，皆斩；父子年十六以上，皆绞；十五以下及母女、妻妾（子妻妾亦同）、祖孙、兄弟、姊妹若部曲、资财、田宅，并没官；男夫年八十及笃疾、妇人年六十及废疾者，并免（余条妇人应缘坐者，准此）；伯叔父、兄弟之子，皆流三千里，不限籍之同异。"唐代对谋反罪的法律规定大概可以分为三个层级，第一种是谋反未行，但在处理上即同真反，"人君者，与天地合德，与日月齐明，上祇宝命，下临率土。而有狡竖凶徒，谋危社稷，始兴狂计，其事未行，将而必诛，即同真反"；第二种是已行谋反但行而未果，"即虽谋反，词理不能动众、威力不足率人者，亦皆斩"，但这种谋反未果的情形当中还有一些例外处理方法，如"谓结谋真实而不能为害者。若自述休征、假托灵异、妄称兵马、虚说反由，传惑众人而无真状可验者，自从袄法"① 即按妖言罪处理；第三种是《唐律疏议·贼盗》"口陈欲反之言"条，"诸口陈欲反之言，心无真实之计，而无状可寻者"，即口头上有造反的言辞，但是没有确切的计划。这段文字说明，对于任何谋反的行为以及任何谋反的想法，唐律都是严令禁止的，即使是这样也要"流二千里"。②

此外还有妖言类犯罪，《唐律疏议·贼盗》"诸造袄书袄言"条："诸造袄书及袄言者，绞（造，谓自造休咎及鬼神之言，妄说吉凶，涉于不顺者）。疏议曰：造袄书及袄言者，谓构成怪力之书，诈为鬼神之语。休，谓妄说他人及己身有休征。咎，谓妄言国家有咎恶。观天画地，诡说灾祥，妄陈吉凶，并涉于不顺者，绞。"③ 可见对妖言罪的惩治也是比较严厉的，此外方潇曾提及，唐代对天文仪器及图书资料等通天手段都要予以保密④，如《唐六典》载"凡玄象器物，天文图书，苟非其任，不得与

---

① 岳纯之点校：《唐律疏议》卷一七《贼盗》，上海古籍出版社2013年版，第270—271页。
② 同上书，第274页。
③ 岳纯之点校：《唐律疏议》卷一八《贼盗》，上海古籍出版社2013年版，第292—293页。
④ 方潇：《"天机不可泄漏"：古代中国对天学的官方垄断和法律控制》，《甘肃政法学院学报》2009年第2期。

焉"①，再如《旧唐书·天文志下》记载开成五年（公元840年）敕，"司天台占候灾祥，理宜秘密"②。如果利用这些玄象器物"言涉不顺"，那么也同样按照妖言罪处理。《唐律疏议·职制》"玄象器物"条载："诸玄象器物、天文、图书、谶书、兵书、七曜历、《太一》、《雷公式》，私家不得有，违者徒二年"，"若将传用，言涉不顺者，自从造祆言之法"。③ 从处罚刑等可见，如果僧人触犯了谋反、妖言这类犯罪，那么就依照"准格律"条不在适用《道僧格》了。

二 唐代僧人参与的妖言谋反罪的类型与特征

为便于分析，兹将所见唐代僧人妖言谋反类犯罪的记载举例如下④：

> 案例一（昙晟案）：武德元年（公元618年），"怀戎沙门高昙晟因县令设斋，士民大集，昙晟与僧五千人拥斋众而反，杀县令及镇将，自称大乘皇帝，立尼静宣为邪输皇后，改元法轮。遣使招开道，

---

① （唐）李林甫等撰：《唐六典》卷一〇，陈仲夫点校，中华书局1992年版，第303页。
② （后晋）刘昫等撰：《旧唐书》卷三六《天文志下》，中华书局1975年版，第1336页。
③ 岳纯之点校：《唐律疏议》卷九《职制》，上海古籍出版社2013年版，第161页。
④ 已有前辈学者曾对唐代僧人妖言谋反类犯罪进行过相关介绍，详见李斌城《隋唐五代农民起义与宗教及儒家的关系》，《唐史学会论文集》，陕西人民出版社1986年版，第299—304页；[日]诸户立雄《中国仏教制度史の研究》，平河出版社1990年版，第181—192页；郑显文《唐代律令制研究》，北京大学出版社2004年版，第259—261页；王清淮、朱玫、李广仓《中国邪教史》，群众出版社2007年版，第130—132页；严耀中《佛教戒律与中国社会》，上海古籍出版社2007年版，第366—379页；刘淑芬《中古佛教政策与社邑的转型》，《唐研究》第13卷，北京大学出版社2007年版，第253—262页；陈登武《从内律到王法：唐代僧人的法律规范》，《政大法学评论》2009年第111期，第43—45页；叶珠红《唐代僧俗交涉之研究——以僧人世俗化为主》，台湾花木兰文化出版社2010年版，第51页；张海峰《唐代佛教与法律》，上海人民出版社2014年版，第264—268页。但诸位学者所提及的具体案例均有差别，如陈登武收录案例当中高宗永徽四年（公元653年）睦州陈硕贞案与开元三年（公元715年）相州崔子亸案被推测与弥勒信仰有关而被收入，但其中并无僧人参与的记载。对此学界也存有争议，如李斌城认为睦州陈硕贞是利用道教组织发动民众造反，详见李斌城《隋唐五代农民起义与宗教及儒家的关系》，《唐史学会论文集》，陕西人民出版社1986年版，第305页；《中国农民战争史·隋唐五代十国卷》，人民出版社1988年版，第134—135页。

第三章 唐代涉僧刑法规定与实践 73

立为齐王。开道帅众五千人归之,居数月,袭杀昙晟,悉并其众"①。

案例二(道澄案):武德二年(公元619年),"(刘)武周进逼介州,沙门道澄以佛幡缒之入城,遂陷介州"②。

案例三(志觉案):武德四年(公元621年),"志觉,太原人,为沙门,死经十日而苏,言多妖妄,谓总管李仲文曰:'公五色光,见有金狗自卫'。仲文答曰:'关中十五已上,并事洛阳。亢阳不雨,谷食腾涌,天意人事,表里可知。若为计,今其时也。'高祖固疑之,及唐俭使太原,又言于高祖曰:'仲文信惑妖邪,自谓应谶及言龙附己,即于汾州置龙游府;又娶陶氏之女,以应桃李之歌。'高祖追仲文赴朝,以罪伏诛"③。

案例四(法雅案):贞观三年(公元629年),"裴寂字玄真,蒲州桑泉人也","有沙门法雅,初以恩倖出入两宫,至是禁绝之,法雅怨望,出妖言,伏法。兵部尚书杜如晦鞫其狱,法雅乃称寂知其言,寂对曰:'法雅惟云时候方行疾疫,初不闻妖言。'法雅证之,坐是免官,削食邑之半,放归本邑"④。

案例五(刘龙子案):高宗年间,"有刘龙子妖言惑众,作一金龙头藏袖中,以羊肠盛蜜水,绕系之。每聚众,出龙头,言圣龙吐水,饮之百病皆差。遂转羊肠水于龙口中出,与人饮之,皆罔云病愈。施舍无数,遂起逆谋,事发逃窜,捕访擒获,斩之于市,并其党十余人"⑤。

案例六(僧人自焚案):高宗年间,"郎余令,定州新乐人也","时有客僧聚众欲自焚,长史裴照率官属欲往观之。余令曰:'好生

---

① (宋)司马光编,(元)胡三省音注:《资治通鉴》卷一八六《唐纪·高祖武德元年》,中华书局1956年版,第5833—5834页。
② (宋)司马光编,(元)胡三省音注:《资治通鉴》卷一八七《唐纪·高祖武德二年》,中华书局1956年版,第5858页。
③ (宋)王钦若等编:《册府元龟》卷九二二《总录部·妖妄》,中华书局1960年版,第10888页。
④ (后晋)刘昫等撰:《旧唐书》卷五七《裴寂传》,中华书局1975年版,第2285—2288页。
⑤ (宋)李昉等编:《太平广记》卷二三八《刘龙子》,汪绍楹点校,中华书局1961年版,第1830页。

恶死，人之性也。违越教义，不近人情。明公佐守重藩，须察其奸诈，岂得轻举，观此妖妄。'照从其言，因收僧按问，果得诈状"①。

案例七（白铁余案）：弘道元年（公元683年），"绥州步落稽白铁余，埋铜佛于地中，久之，草生其上，绐其乡人曰：'吾于此数见佛光。'择日集众掘地，果得之，因曰：'得见圣佛者，百疾皆愈。'远近赴之。铁余以杂色囊盛之数十重，得厚施，乃去一囊。数年间，归信者众，遂谋作乱。据城平县，自称光明圣皇帝，置百官，进攻绥德、大斌二县，杀官吏，焚民居。遣右武卫将军程务挺与夏州都督王方翼讨之，甲申，攻拔其城，擒铁余，余党悉平"②。

案例八（法澄案）：长寿二年（公元693年），"法师讳法澄，字元所得，俗姓孙氏，乐安人也"，"及法师将扶汝南，谋其义举，坐入官披"，"中宗和帝知名放出，中使供承，朝夕不绝"③。

案例九（理中案）：长寿三年（公元694年），"姚璹字令璋，散骑常侍思廉之孙也"，"时新都丞朱待辟坐脏至死，逮捕系狱。待辟素善沙门理中，阴结诸不逞，因待辟以杀璹为名，拟据巴蜀为乱。人密表告之者，制令璹按其狱。璹深持之，事涉疑似引而诛死者，仅以千数。则天又令洛州长史宋元爽、御史中丞霍献可等重加详覆，亦无所发明。逮系狱数百人，不胜酷毒，递相附会，以就反状。因此籍没者复五十余家，其余称知反配流者亦十八九，道路冤之"④。

案例十（贺玄景案）：景云二年（公元711年），"有长发贺玄景，自称五戒贤者。同为妖者十余人。于陆浑山中结草舍，幻惑愚人子女，倾家产事之。绐云至心求者必得成佛。玄景为金簿袈裟，独坐暗室，令愚者窃视，云佛放光，众皆慴伏。缘于悬崖下烧火，遣数人于半崖间披红碧纱为仙衣，随风飞飏。令众观之，诳曰：'此仙也。'各令着仙衣以飞就之，即得成道。克日设斋，饮中置莨菪子，与众餐

---

① （后晋）刘昫等撰：《旧唐书》卷一三九《郎余令传》，中华书局1975年版，第4961—4962页。

② （宋）司马光编，（元）胡三省音注：《资治通鉴》卷二〇三《唐纪·高宗弘道元年》，中华书局1956年版，第6413—6414页。

③ 周绍良主编：《唐代墓志汇编》，上海古籍出版社1992年版，第1362页。

④ （后晋）刘昫等撰：《旧唐书》卷八九《姚璹传》，中华书局1975年版，第2902—2904页。

之。女子好发者，截取为剃头，串仙衣，临崖下视，眼花恍忽，推崖底，一时烧杀，没取资财。事败，官司来检，灰中得焦拳尸骸数百余人。敕决杀玄景，县官左降"①。

案例十一（明悟案）：先天元年（公元712年），"玄宗废后王氏，同州下邽人"，"后兄守一以后无子，常惧有废立，导以符厌之事。有左道僧明悟为祭南北斗，刻霹雳木书天地字及上讳，合而佩之。且祝曰：'佩此有子，当与则天皇后为比。'事发，上亲究之，皆验"②。

案例十二（慧范案）：开元元年（公元713年），"太平公主者，高宗少女也。以则天所生，特承恩宠"③，"太平公主依上皇之势，擅权用事，与上有隙"，"及僧慧范等谋废立，又与宫人元氏谋于赤箭粉中置毒进于上"④。

案例十三（王怀古案）：开元三年（公元715年），"王怀古，玄宗开元初谓人曰：'释迦牟尼佛末，更有新佛出。李家欲末，刘家欲兴。今各当有黑雪下具州，合出银城。'敕下诸道按察使捕而戮之"⑤。

案例十四（怀照案）：开元七年（公元719年），"李尚隐，其先出赵郡，徙贯万年"，"俄出为蒲州刺史。浮屠怀照者，自言母梦日入怀生己，镂石著验，闻人冯待征等助实其言。尚隐劾处妖妄，诏流怀照播州"⑥。

案例十五（法坚案）：建中四年（公元783年），"浑瑊，皋兰州人也"，"邠宁节度使韩游瑰与庆州刺史论惟明统兵三千，自乾陵北

---

① （唐）张𬸦撰：《朝野佥载》卷五，《唐五代笔记小说大观》，恒鹤校点，上海古籍出版社2000年版，第65页。

② （后晋）刘昫等撰：《旧唐书》卷五一《后妃传上》，中华书局1975年版，第2177页。

③ （后晋）刘昫等撰：《旧唐书》卷一八三《太平公主传》，中华书局1975年版，第4738页。

④ （宋）司马光编，（元）胡三省音注：《资治通鉴》卷二一〇《唐纪·玄宗开元元年》，中华书局1956年版，第6681—6682页。

⑤ （宋）王钦若等编：《册府元龟》卷九二二《总录部·妖妄》，中华书局1960年版，第10889页。

⑥ （宋）欧阳修、宋祁撰：《新唐书》卷一三〇《李尚隐传》，中华书局1975年版，第4498—4499页。

过，赴醴泉以拒朱泚。会谍报泚已出兵，帝遽令追游瑰兵，才至奉天，贼军果至"，"贼大修攻具，以僧法坚为匠师，毁佛寺房宇以为梯橹。是月，贼自丁未至辛未，四面攻城，昼夜矢石不绝，瑊随机应敌，仅能自固"①。

案例十六（惟晓案）：大历年间，"自信安洪光、东阳捍狼山僧惟晓等，结连数郡，荧惑愚甿。破其巢窟，伏戎自殪，山越一清"②。

案例十七（李广弘案）：贞元三年（公元787年），"李广弘者，或云宗室亲王之胤。落发为僧，自云见五岳、四渎神，已当为人主。贞元三年，自邠州至京师，有市人董昌者，通导广弘，舍于资敬寺尼智因之室。智因本宫人。董昌以酒食结殿前射生将韩钦绪、李政谏、南珍霞，神策将魏修、李傪，前越州参军刘昉、陆缓、陆绛、陆充、徐纲等，同谋为逆。广弘言岳渎神言，可以十月十日举事，必捷。自钦绪已下，皆有署置为宰相，以智因尼为后。谋于举事日夜令钦绪击鼓于凌霄门，焚飞龙厩舍草积；又令珍霞盗击街鼓，集城中人；又令政谏、修、傪等领射生、神策兵内应；事克，纵剽五日，朝官悉杀之。事未发，魏修、李傪上变，令内官王希迁等捕其党与斩之，德宗因禁止诸色人不得辄入寺观"③。

案例十八（圆净案）：元和十年（公元815年），"缁青节度使李师道阴与嵩山僧圆净谋反，勇士数百人伏于东都进奏院，乘洛城无兵，欲窃发焚烧宫殿而肆行剽掠。小将杨进、李再兴告变，留守吕元膺乃出兵围之，贼突围而出，入嵩岳，山棚尽擒之。讯其首，僧圆净主谋也。僧临刑叹曰：'误我事，不得使洛城流血'"④。

案例十九（道恋案）：元和年间，"僧道恋属火于顶，加钳于颈，以苦行惑民，人心大迷，信脱衣辍食，竭产施与，甚为民病，公付史以鞠之，果验奸秽，遂杖杀以释民惑"⑤。

---

① （后晋）刘昫等撰：《旧唐书》卷一三四《浑瑊传》，中华书局1975年版，第3703—3705页。
② （清）董诰等编：《全唐文》卷五三〇《检校尚书左仆射同中书门下平章事上柱国晋国公赠太傅韩公行状》，孙映达等点校，山西教育出版社2002年版，第3184页。
③ （后晋）刘昫等撰：《旧唐书》卷一四四《韩游瑰传》，中华书局1975年版，第3920页。
④ （后晋）刘昫等撰：《旧唐书》卷一五《宪宗本纪下》，中华书局1975年版，第454页。
⑤ 吴刚主编：《全唐文补遗》第4辑，三秦出版社1997年版，第133页。

案例二十（欢欢案）：长庆二年（公元822年），"欢欢，景公寺僧也，穆宗长庆二年，以妖言惑众，下伏内鞫之，多引中人无验竟杖杀之，其坐死者数人"①。

案例二十一（亳州妖僧案）：宝历二年（公元826年），"李德裕字文饶，赵郡人"，"亳州言出圣水，饮之者愈疾。德裕奏曰：'臣访闻此水，本因妖僧诳惑，狡计丐钱。数月已来，江南之人，奔走塞路。每三二十家，都顾一人取水。拟取之时，疾者断食荤血，既饮之后，又二七日蔬飧，危疾之人，俟之愈病。其水斗价三贯，而取这益之他水，沿路转以市人，老疾饮之，多至危笃'"②。

案例二十二（沙门改塔案）：文宗年间，"文宗时，有沙门能改塔，履险若平。换塔杪一柱，人以为神。上闻之曰：'塔固当人功所建，然当时匠者岂亦有神？'沙门后果以妖妄伏法"③。

案例二十三（贺兰进兴案）：开成四年（公元839年），"先是蓝田县百姓贺兰进兴，聚集乡村百姓为念佛会，因之妄有妖语，军镇捕捉，横及无辜，以要财贿，贫者多至自诬。及付台之后，皆望有所申明"④。

案例二十四（大慈寺僧案）：乾符元年（公元874年），"高燕公镇蜀日，大慈寺僧申报堂佛光见。燕公判曰：'付马步使捉佛光过。'所司密察之，诱其童子，具云：'僧辈以镜承隙日中影，闪于佛上。'由此乖露，擒而罪之"⑤。

案例二十五（弥勒会妖人案）：僖宗年间，"青城县弥勒会妖人窥此声势，乃伪作陈仆射行李，云山东盗起，车驾必谋幸蜀，先以陈

---

① （宋）王钦若等编：《册府元龟》卷九二二《总录部·妖妄》，中华书局1960年版，第10891页。

② （后晋）刘昫等撰：《旧唐书》卷一七四《李德裕传》，中华书局1975年版，第4509—4516页。

③ （宋）王谠撰：《唐语林校证》卷六《补遗》，周勋初校证，中华书局1987年版，第607页。

④ （宋）王钦若等编：《册府元龟》卷五四七《谏诤部·直谏》，中华书局1960年版，第6566页。

⑤ （五代）孙光宪：《北梦琐言·逸文》卷三《大慈寺佛光》，《唐五代笔记小说大观》，林艾园校点，上海古籍出版社2000年版，第1983页。

公走马赴任。乃树一魁妖，共翼佐之。军府未喻，亦差迎候。至近驿，有指挥索白马四匹，察事者觉其非常，乃羁縻之。未供承间，而真陈仆射亦连辔而至，其妖人等悉擒缚，而俟命颍川，俾隐而诛之。识者曰：'陈仆射由阉官之力，无涓尘之效。盗处方镇，始为妖物所凭，终以自贻诛灭，非不幸也'"。①

案例二十六（功德山案）：僖宗年间，"汴中有妖僧功德山，远近桑门皆归之。至于士庶，无不降附者。能于纸上画神寇，放入人家，令作祸祟。幻惑居人。""又滑州亦有一僧，颇善妖术，与功德山无异，公私颇患之，时中书令王铎镇滑台，遂下令曰：南燕地分有灾，宜善禳之。遂自公衙至于诸军营，开启道场，延僧数千人。僧数不足，遂牒汴州，请功德山一行徒众悉赴之","洎入营，悉键门而坑之，方袍而死者数千人。衙中只留功德山已下酋长，讯之，并是巢贼之党。将欲自二州相应而起，咸命诛之"②。

结合以上二十六则案例可以总结出唐代僧人妖言谋反类犯罪主要有三个方面的特征。

（一）僧人妖言谋反类犯罪大多是以个人身份实施，而非僧团集体为之

在得出这一结论之前首先得对昙晟案进行特别说明，在以上所有案例中，只有昙晟案中存有"昙晟与僧五千人拥斋众而反"的字眼③，也就是说只有昙晟案是以僧团集体的形式参与谋反犯罪的。但需要注意到昙晟案发生的时间为武德元年（公元618年）。唐朝建立之初其影响力仅限于长安周围的关中地区，此时李渊虽然在长安建立唐朝，但东都洛阳方面却是立越王侗为皇帝。之后洛阳的隋政权又将帝位禅让给了王世充，建立郑

---

① （五代）孙光宪：《北梦琐言》卷四《妖人伪称陈仆射》，《唐五代笔记小说大观》，林艾园校点，上海古籍出版社2000年版，第1830页。
② （宋）李昉等编：《太平广记》卷二八七《功德山》，汪绍楹点校，中华书局1961年版，第2285—2286页。
③ 刘淑芬曾根据《旧唐书》《新唐书》以及《资治通鉴》中的不同记载而对昙晟案的人数提出质疑，其认为即使此斋会参与的僧人有五千人之多，这些僧众也未必完全赞同昙晟之谋，详见刘淑芬《中古佛教政策与社邑的转型》，《唐研究》第13卷，北京大学出版社2007年版，第254页。

国，年号为"开明"。后来秦王李世民在嵩山少林寺僧兵的帮助下击败了王世充，才最终进据洛阳。也就是说，唐王朝最终名副其实地统一全中国的时间是在武德四年（公元621年）左右。那么在分析唐代整体的佛教僧人犯罪问题时，武德元年（公元618年）发生的这场僧团叛乱就有必要进行特别对待，在这前后的一段时间内整个中国正处在战事集中的状态之下，一些小型的地方武装势力是难以完全消除的，如同时期的沙门慧斑就曾"统众自卫"，"大业末历，郊垒多虞，禅定一众，雅推斑善能御敌，乃揔集诸处人畜，普在昆池一庄，多设战楼，用以防拟，斑独号令，莫敢当锋"①。换一个角度来说，如果王世充的郑国最终统一了天下，那么帮助秦王的少林寺僧团无疑也就成了一个叛乱的团体。恰恰是少林寺僧兵的这种帮助让唐政府认识到了僧团的力量，因此武德四年（公元621年）刚刚平定了王世充之后便下敕"伪乱地僧，是非难识，州别一寺，留三十僧，余者从俗"②。

如上所述，如果暂时不把昙晟案计算在内的话，那么其他的所有案例都是僧人以个人的身份发起或者参与的妖言谋反类犯罪。有的案例虽然也是聚众，但所聚之众并没有说明全部是僧人，如白铁余案。再如李广弘案，李广弘本身是僧人，但在其谋反案当中除了尼僧智因之外其他的大部分参与者大多是朝中军官，而并不是佛教僧团组织。对贺兰进兴案的处理其实从反面更加说明了这一问题，贺兰进兴仅仅是组织了一个小型的民间念佛会，但却被冠以谋反的罪名，以至于"军镇捕捉，横及无辜，以要财贿，贫者多至自诬。及付台之后，皆望有所申明"，其中明显可以看到官府对佛教僧人及其信众团体聚众行事的监控及惩处力度，文宗开成四年（公元839年）的该案与武德元年（公元618年）的昙晟案之间无疑形成了鲜明的对比，此时的佛教已经成为国家行政管理当中的必然组成部分，而再也无法组成强有力的"自主"僧团了。如严耀中提到早在十六国之后，中国就基本上没有超出单个寺院规模的僧团组织③，武乾也曾提到唐朝以前对邪教的法律惩禁往往扩大为大规模的宗教迫害运动；唐以

---

① （唐）道宣撰：《续高僧传》卷二三《唐京师普光寺释慧斑传》，郭绍林点校，中华书局2014年版，第858页。

② （唐）道宣撰：《续高僧传》卷二五《唐京师胜光寺释慧乘传》，郭绍林点校，中华书局2014年版，第940页。

③ 严耀中：《佛教戒律与中国社会》，上海古籍出版社2007年版，第456页。

后，则只惩首从，而不问信众。① 这一方面反映出历朝历代国家在宗教管理政策上的变化，另一方面也可以看到，宗教团体自唐代为分界线之后再也无法像前朝一样组织强有力的教团。英国汉学家杜德桥（Glen Dudbridge）曾根据对《广异志》的研究提到，唐代对佛教控制的国家政策，竟能无远弗届的到达偏远山区，从而推向国家统治政策的落实，显然超越人们的想象。② 张践也提到隋唐时期，已不再发现佛教高僧与谋军国的记载。③ 以上这些学者的观点无疑都指向同一个事实，那就是时至唐代，宗教教权已然臣服于封建王权的统摄之下，也就是说，唐代僧人妖言谋反类犯罪并不是佛教僧团的集体意识，而一般只是个别僧人的单独行为。

（二）僧人妖言谋反类犯罪背后往往涉及政治势力的博弈

许多僧人参与的妖言谋反犯罪都涉及政治斗争，与其说他们是谋反犯罪的参与者，倒不如说他们是政治斗争的牺牲品。如慧范案，僧人慧范被认定为太平公主集团的主犯之一，"有胡僧惠范，家富于财货，善事权贵，公主与之私"，这里提到僧人慧范本来就"善事权贵"，是一个热衷参与政治活动的僧人。事实上慧范在参与太平公主谋逆案之前就早已经频繁地参与到政治斗争当中，如《资治通鉴》载"胡僧慧范以妖妄游权贵之门，与张易之兄弟善，韦后亦重之。及易之诛，复称慧范预其谋，以功加银青光禄大夫，赐爵上庸县公，出入宫掖，上数微行幸其舍"④。这段记载中有一点非常值得注意，本来慧范"与张易之兄弟善"，但在张易之兄弟失势之后却又能因为"复称慧范预其谋"而得到加官晋爵，由此可见僧人慧范的"墙头草"功夫非常高明。太平公主被赐死后，"籍其家，财货山积，珍奇宝物，侔于御府，马牧羊牧田园质库，数年征敛不尽。慧范家产亦数十万贯"⑤。所以与其说僧人慧范犯了谋反罪，倒不如说他是

---

① 武乾：《中国古代对巫术邪教的法律惩禁》，《法学》1999 年第 9 期。
② 转引自陈登武《从内律到王法：唐代僧人的法律规范》，《政大法学评论》2009 年第 111 期。
③ 张践：《中国古代政教关系史》，中国社会科学出版社 2012 年版，第 673 页。
④ （宋）司马光编，（元）胡三省音注：《资治通鉴》卷二〇八《唐纪·中宗神龙元年》，中华书局 1956 年版，第 6585 页。
⑤ （后晋）刘昫等撰：《旧唐书》卷一八三《太平公主传》，中华书局 1975 年版，第 4740 页。

在政治投机中失误而最终导致的身败名裂，武德二年（公元619年）协助刘武周攻克介州的道澄也是如此。武则天时期的尼僧法澄案更鲜明地说明了这一现象，法澄于长寿二年（公元693年）因汝南王谋反连坐才被没为宫婢，其本身并没有参与到谋反活动当中，其到中宗时被平反，后来成为绍唐寺及兴圣寺寺主。郭启瑞在分析唐前期的谋反类犯罪时也明确提出了其中的政治优先性。① 再如法雅案，法雅之所以出"妖言"是因为其本来受到恩宠，后来又被禁绝，所以才导致的"怨望"。并且在对法雅的审理当中更多的关注点在于与法雅有密切交往的裴寂是否知情，由此可见官员是否与僧人的"妖言"相结合才是统治者关注的重点所在。陈登武在分析欢欢案时也指出，其"多引中人"应该是与朝中宦官多有往来，欢欢如何妖言惑众因史料不足而无法详知，但与宦官来往当属事实，被"杖杀"甚至有同坐死者，或与"阿党"有关。② 严耀中在谈及李广弘案时也提到，这种军官与僧尼的合谋至少是在宦官与佛教结合的氛围背景下进行的。③ 再如理中案、明悟案，皆是如此。不过需要提及的是，也有僧人陷入政治事件之中而又能明哲保身的情形。如文宗时甘露之变后，当事人李训前往终南山投靠高僧宗密，"时宰臣李训酷重于密，及开成中伪甘露发，中官率禁兵五百人出阁，所遇者一皆屠戮。时王涯、贾餗、舒元舆方在中书会食，闻难作，奔入终南投密。唯李训欲求剪发，匿之，从者止之，训改图趋凤翔。时仇士良知之，遣人捕密入左军，面数其不告之罪，将害之。密怡然曰：'贫道识训年深，亦知其反叛，然本师教法，遇苦即救，不爱身命，死固甘心。'中尉鱼恒志嘉之，奏释其罪。朝士闻之，扼腕出涕焉"④。与积极参与政治斗争不同，宗密的这种"遇苦即救"的佛教慈悲确实是一个冠冕堂皇且有充分说服力的理由。

---

① 郭启瑞：《唐代前期（公元618—755年）反逆案的处置》，《第五届唐代文化学术研讨会论文集》，台湾丽文文化事业股份有限公司2001年版，第653页。

② 陈登武：《从内律到王法：唐代僧人的法律规范》，《政大法学评论》2009年第111期。

③ 严耀中：《唐代内侍省宦官奉佛因果补说》，《唐研究》第10卷，北京大学出版社2004年版，第69页。

④ （宋）赞宁撰：《宋高僧传》卷六《唐圭峰草堂寺宗密传》，范祥雍点校，中华书局1987年版，第125—126页。

那么为什么政治动乱当中经常会有佛教僧人的参与呢？安史之乱中史思明的一个举动或许能提供一个合理的解释。《资治通鉴》中引《蓟门纪乱》载："乾元二年（公元759年）四月癸酉，思明僭位于范阳，建元顺天，国号大燕，立妻辛氏为皇后，次子朝兴为皇太子，长子朝义为怀王。六月，于开元寺造塔，改寺名为顺天。"① 意大利汉学家富安敦（Antonino Forte）曾据此敏锐地观察到，史思明企图创立一个新的以当时年号（顺天）为名的官寺网络。因为他宣布新的燕国建立并企图推翻唐王朝，他同样企图以新的顺天寺的官寺网络取代此前由玄宗设立的开元官寺就显得十分自然②，官寺对于政治合法性与宗教正统性之间的关系已经不证自明③。孙昌武也曾提到，唐代有在特定寺院里举行一些政治性活动的传统。④ 除了官寺制度，国忌行香也是该问题的极佳体现，魏严坚就曾提到唐代国忌设斋行香是佛界与俗世互为拉抬，两相互利的活动⑤，有时候皇帝甚至会以行政命令的手段去干涉佛教宗派的内部传承。如前文提到的协助郭子仪主持售卖度牒的高僧神会，就被德宗钦定为禅宗七祖，"故德宗皇帝，贞元十二年（公元796年），敕皇太子，集诸禅师，楷定禅门宗旨，搜求传法傍正。遂有敕下，立菏泽大师为第七祖。内神龙寺，见在铭记。又御制七代祖师赞文，见行于世"⑥。这种做法一方面表现出了政权对教权全方位的管控⑦，另一方面也能看到教权与政权紧密结合，互为辅助的功用。韩国学者任大熙曾提到宗教组织在对一般人进行教化的同时，也是对王朝的国家支配进行正当性宣传⑧，而在各类政治活动中经常会有佛教僧人的身影出现，这或许正是一

---

① （宋）司马光编，（元）胡三省音注：《资治通鉴》卷二二一《唐纪·肃宗乾元二年》，中华书局1956年版，第6585页。

② 转引自聂顺新《唐代佛教官寺制度研究》，博士学位论文，复旦大学，2012年。

③ 同上。

④ 孙昌武：《唐长安佛寺考》，《唐研究》第2卷，北京大学出版社1996年版，第35页。

⑤ 魏严坚：《圣俗之间：唐政权运作下的长安佛事》，《"国立"台中技术学院通识教育学报》2007年第1期。关于唐代国忌行香制度还可参见梁子《唐人国忌行香述略》，《佛学研究》2005年；陈大为《唐后期五代宋初敦煌僧寺研究》，上海古籍出版社2014年版，第106—107页。

⑥ 张春波释译：《禅门师资承袭图》，台湾佛光文化出版公司1996年版，第44页。

⑦ 可参见苏金华《从"方外之宾"到"释吏"——略论汉唐五代僧侣政治地位之变化》，《敦煌学辑刊》1998年第2期。

⑧ ［韩］任大熙：《唐律中损坏的类型规定研究》，《中华法系》第8卷，法律出版社2016年版，第61页。

种试图用宗教信仰为政权构建合法性与正统性的行为。① 这其中最为人熟知的莫过于武则天与《大云经》《宝雨经》了②，孙英刚在谈及唐中宗与佛教时也提到佛法与王法总是一对不可分割的孪生兄弟，宗教要依靠王法的扶持来发扬光大；反之，王权也要利用宗教来宣扬自己统治的合法性，维护自己的统治。③ 再如垂拱四年（公元688年），越王李贞及其子琅琊王李冲起兵反武则天时曾"令道士及僧转读诸经，以祈事集"④。此外李斌城在谈及五代十国时期的佛教时，也明确指出统治者们多将佛教作为实现个人政治野心的工具。⑤ 再如志觉案，陈登武曾对该谶语进行解说，志觉告诉李仲文"有金狗自卫"，是想为李仲文塑造"金德"理论，以承唐代土德。⑥ 如曾德雄所言，"左道"在政治生活中俨然已成权利正当性的重要依据⑦，谶言本就是与政治是紧密结合的⑧，志觉的谶言只是为李仲文提供了一个假设，李仲文的种种附和绝不会简单仅因几句谶言而

---

① 需要指出，宗教与政治之间的这种紧密关系并不仅限于中国古代的佛教，许多学者都曾提到宗教的利益始终同世俗的利益和需求纠缠在一起；宗教可以成为塑造社会秩序的力量，同时也能为反抗和统治提供合法化证明。

② 学界对此问题的研究已非常深入，可参见古正美《从天王传统到佛王传统：中国中世佛教治国意识形态研究》，台湾商周出版社2003年版，第237—297页。

③ 孙英刚：《长安与荆州之间：唐中宗与佛教》，《唐代宗教信仰与社会》，上海辞书出版社2003年版，第144页。

④ （后晋）刘昫等撰：《旧唐书》卷七六《越王贞传》，中华书局1975年版，第2662页。

⑤ 李斌城：《五代十国佛教研究》，载《唐研究》第1卷，北京大学出版社1995年版，第49页。

⑥ 陈登武：《从内律到王法：唐代僧人的法律规范》，《政大法学评论》2009年第111期。

⑦ 曾德雄：《谶纬的起源》，《学术研究》2006年第7期。对谶纬与政治合法性问题的研究还可参见丁鼎、杨洪权《神秘的预言——中国古代谶语研究》，山西人民出版社1993年版，第18—19页；黄正建《敦煌占卜文书与唐五代占卜研究》，学苑出版社2001年版，第192—193页；邝向雄《唐代谶谣初探》，硕士学位论文，首都师范大学，2004年；李晓瑞《政治谣谚：中国古代社会一种重要的舆论形态》，《新闻爱好者》2007年第2期；舒大清《中国古代政治童谣与谶纬、谶语、诗谶的对比》，《求索》2008年第11期；胡展志《浅析谶与纬的区别及合流》，《安徽文学》2009年第1期；王淑荣《论唐时期的"左道"》，硕士学位论文，陕西师范大学，2010年。

⑧ 孙英刚曾论述到，所谓祥瑞与灾异往往在一线之间，除了观念和常识的影响，政治立场的向背往往决定了对这些"异象"的界定和解释。详见孙英刚《"洛阳测影"与"洛州无影"：中古知识世界与政治中心观》，《神圣空间：中古宗教中的空间因素》，复旦大学出版社2014年版，第223页。

起，也就是说如果没有李仲文的笃信与加以运用，那么志觉的谶言也就毫无效力可言，并且高祖决定诛杀李仲文的理由也不止谋反谶言这一项而已。①

（三）一些僧人妖言谋反类犯罪仅起因于谋财目的

有时候史籍中记载的僧人妖言谋反犯罪并没有一个明确的目的与缘由，如僧人自焚案、沙门改塔案、大慈寺僧案等，其动机无非是试图制造出一些人为的"灵异"，从而吸引更多的信众，当然除此之外这其中极可能还存在着敛财的因素。陈玺也提到唐代在司法实践中，妖妄惑众或聚敛资财等行为，一般可纳入广义妖妄犯罪范畴。② 以刘龙子案和亳州妖僧案为例，两者的案情有着惊人的相似，刘龙子和亳州妖僧之所以要制造出"圣水疗疾"的谎言，最根本的目的便是敛财，根据记载他们也确实达到了这样一个初衷。不同的是刘龙子案在敛财成功之后"遂起逆谋"，因此才惹上杀身之祸。再看白铁余案也是如此，白铁余煞费心机的埋铜佛、包裹铜佛无非是为了得到更多的施舍，在此之后的谋反情节想必并非是白铁余埋铜佛之初的设想。在刘龙子案与白铁余案的记述中都用到了"遂"字，由此可以推测谋反的情节应该都是在当事人依靠妖言而获得了巨大财富之后的贪得无厌所导致。与此类似的贺玄景案就显得要残忍的多，但贺玄景虽然手段极为残忍，但其目的与前述两案并没有本质上的区别。最值得玩味的是唐末的功德山案，从记载来看功德山及滑州妖僧、大慈寺僧等并没有什么本质区别，只是故弄玄虚而吸引信众而已，当然其中也可能有收敛钱财的目的。王铎用计将两伙人马集合到一起随即询问出其有要谋反叛乱的意图，实在是有些牵强。这几个案例都凸显了一个事实，那就是唐代许多僧人，或者是以佛教名义而为的许多妖言谋反案在最初都仅仅是出于谋财的目的而已。王清淮在研究中国古代邪教问题时也曾指出，依靠宗教致富，为几乎所有民间宗教教主的行教基本宗旨。③ 美国学者高士达（Blaine Gaustad）在对中国18世纪民间宗教教派的研究中也提到其聚敛和使用金钱的三种方法之一即据为己有，"一个成功的教派头目能够通过他

---

① 根据雷艳红的研究，高祖处死李仲文的原因还与并州收复后被突厥趁机霸占，李仲文处理不当，因此而被怀疑与突厥通谋有关。详见雷艳红《唐代君权与皇族地位之关系研究》，中国社会科学出版社2014年版，第21页。

② 陈玺：《唐代惩禁妖妄犯罪规则之现代省思》，《法学》2015年第4期。

③ 王清淮、朱玫、李广仓：《中国邪教史》，群众出版社2007年版，第243页。

们信徒的捐赠，维持一种相当富足的生活方式，这一点的确是很清楚的"①。刘龙子、白铁余等人算不算民间宗教教主还有待分析，但他们都想要利用宗教进行敛财是没有疑问的，陈明更是戏称亳州妖僧是历代诡言圣水可愈疾中"最具市场经济头脑，进行品牌开发"的人②。

法国学者谢和耐也曾对此问题有深入的研究，其认为民间僧侣、游方和尚、不注重伦理规则和恣意从事各种赚钱不净业的出家人与统治阶层所想象的那种佛教出家人相差甚远。有一个佛教阶层统统都是云游和尚与从事玩弄诡计和巫术的行家、占卜师、巫师、驱邪被魔者和庸医，他们都在民间以玩弄巫术为生。质言之，似乎是一些经济因素才引起了这一伪滥僧侣阶级的形成的发展。③他还列举了僧人道英，"大业九年（公元613年），尝任直岁，与俗争地，遘斗不息，便语彼云：'吾其死矣。'忽然倒仆，如死之僵。诸俗同评：'道人多诈。'以针刺甲，虽深不动，气绝色变，将欲洪脖。傍有智者，令其归命：'誓不敢诤，愿还生也。'寻言起坐，语笑如常"④，道英运用了某种"灵异"的戏法成功地解决了圣光寺的一些田产纠纷，其实这种做法与上文中的刘龙子、亳州妖僧们并没有本质的区别，问题的关键可能就在于可能刘龙子、亳州妖僧等人造成的影响太大，以至于他们自己都没能够清醒地认清局势，然后就或主动或被动地被定性成了妖言谋反犯罪。

除了以上三点，有学者还指出僧人妖言谋反类犯罪与弥勒信仰存有一定联系。弥勒在佛教中代表"未来佛"，象征末世应运而生，以济苦难众生的佛菩萨。从魏晋南北朝以来，由于时局动荡、暴乱四起、民不聊生，弥勒佛应运而生的末世思想，格外收到庶民重视，因而广泛流传。相对

---

① ［美］高士达撰：《为财神，还是为弥勒——关于中国清朝中期民间宗教各派中的钱财及其使用》，郝雪琴译，《宗教、教派与邪教——国家研讨会论文集》，广西人民出版社2004年版，第477页。

② 陈明：《沙门黄散：唐代佛教医事与社会生活》，《唐代宗教信仰与社会》，上海辞书出版社2003年版，第254页。

③ ［法］谢和耐：《中国5—10世纪的寺院经济》，耿昇译，上海古籍出版社2004年版，第300—302页。

④ （唐）道宣撰：《续高僧传》卷二六《唐蒲州普济寺释道英传》，郭绍林点校，中华书局2014年版，第1026页。

的，就有人利用弥勒佛号召群众，遂行政治抗争或革命，形成教乱。① 但需要说明的，无论是佛教僧团内部还是国家管理层面，"白衣长发"的弥勒信仰都被认为是佛教异端，如 S.1344 号《开元户部格残卷》载：咸亨五年（公元 674 年）七月十九日敕文，"长发等，宜令州县严加禁断"②，再如玄宗开元三年（公元 715 年）的《禁断妖讹等敕》更是明确提到"释氏汲引，本归正法；仁王护持，先去邪道。失其宗旨，为般若之罪人；成其诡怪，岂涅槃之信士"③，这无疑是将"白衣长发"的弥勒信仰与正统佛教作出了明确的区分④。王清淮也明确提出，从世俗的观点看，它们根本不是佛教，其"教义"和行为与佛教没有关系，只是恶意利用佛教进行暴乱行为。⑤

第三节 僧人形象与"观玄象"条、"卜相凶吉"条

一 "托于卜筮、假说灾祥"

唐代曾多次下发诏敕，禁止僧道人群"托于卜筮、假说灾祥"⑥，如太宗在贞观十二年（公元 638 年）就曾发布诏令："比闻多有僧徒溺于流俗，或假托鬼神妄传妖怪，或谬称医巫左道求利，或灼钻肤体骇俗惊愚，或造诣官曹嘱致脏贿。凡此等类大亏圣教，朕情在护持，必无宽贷，自今宜令所司依附六律。"⑦ 玄宗朝更是对此问题三令五申，如开元三年（公

---

① 陈登武详细地论证了僧人妖言谋反类犯罪与"白衣长发"的弥勒信仰之间的关系，详见陈登武《从内律到王法：唐代僧人的法律规范》，《政大法学评论》2009 年第 111 期。此外还可参见马西沙、韩秉方《中国民间宗教史》，中国社会科学出版社 2004 年版，第 51 页。
② 刘俊文：《敦煌吐鲁番唐代法制文书考释》，中华书局 1989 年版，第 277 页。
③ （宋）宋敏求编：《唐大诏令集》卷一一三《禁断妖讹等敕》，洪丕谟、张伯元、沈敖大点校，学林出版社 1992 年版，第 539 页。
④ 对弥勒信仰的研究可参见王雪梅《弥勒信仰研究综述》，《世界宗教文化》2010 年第 3 期。
⑤ 王清淮、朱玫、李广仓：《中国邪教史》，群众出版社 2007 年版，第 106 页。
⑥ （宋）宋敏求编：《唐大诏令集》卷一一三《禁僧道卜筮制》，洪丕谟、张伯元、沈敖大点校，学林出版社 1992 年版，第 542 页。
⑦ （元）念常集：《佛祖历代通载》卷一一，《大正藏》第 49 册，CBETA 电子佛典集成，T49n2036。

元715年）十一月十七日《禁断妖讹等敕》载："释氏汲引，本归正法；仁王护持，先去邪道。失其宗旨，乃般若之罪人；成其诡怪，岂涅槃之信士？不存惩革，遂废津梁，眷彼愚蒙，将陷坑阱。比有白衣长发，假托弥勒下生，因为妖讹，广集徒侣，称解禅观，妄说灾祥。或别作小经，诈云佛说；或辄蓄弟子，号为和尚。多不婚娶，眩惑闾阎，触类实繁，蠹政为甚！刺史、县令，职在亲人，拙于抚驭，是生奸宄。自今已后，宜严加捉搦，仍令按察使采访。如州县不能觉察，所由长官并量状贬降。"① 再如《禁左道诏》："如闻道俗之间，妄有占筮，诳惑士庶，假说灾祥，兼托符咒，遂行左道。先令禁断，不合更然。仍虑愚下，未能悛改，宜令所司申明格敕，严加访察。"②《禁卜筮惑人诏》："至如占相吉凶，妄谈休咎，假托卜筮，幻惑闾阎。矜彼愚蒙，多受欺诳。宜申明法令，使有司惩革。"③ 武宗法难时期对此更是严加管控，会昌二年（公元842年）十月九日，"天下所有僧尼解烧炼咒术禁气、背军身上杖痕鸟文、杂工巧，曾犯淫养妻不修戒行者，并勒还俗。若僧尼有钱物及谷斗田地庄园，收纳官。如惜钱财，情愿还俗去，亦任勒还俗，宛入两税徭役"④。与此同时，根据以上种种材料复原的《道僧格》"观玄象"条是目前《道僧格》辑佚工作中众多学者意见最为统一的条文之一。但如前"准格律"条所述，僧人如果触犯了妖言巫蛊类犯罪，就已经不再适用《道僧格》了，但为何历代帝王还屡下诏敕专门针对僧道人群禁止妖言巫蛊，以及《道僧格》在开篇就设置"观玄象"条禁止僧人的妖言、巫蛊类行为呢？

依笔者管见，其原因在于佛教僧人这一身份在民间信众中天然地带有一定的灵异色彩，法国学者谢和耐也曾提到这一点，"在平民百姓眼

---

① （宋）宋敏求编：《唐大诏令集》卷一一三《禁断妖讹等敕》，洪丕谟、张伯元、沈敖大点校，学林出版社1992年版，第539页。
② （清）董诰等编：《全唐文》卷二九《禁左道诏》，孙映达等点校，山西教育出版社2002年版，第197页。
③ （清）董诰等编：《全唐文》卷三一《禁卜筮惑人诏》，孙映达等点校，山西教育出版社2002年版，第208—209页。
④ ［日］圆仁：《入唐求法巡礼行记校注》卷三，白化文、李鼎霞、徐德楠校注，花山文艺出版社2007年版，第404页。

中的佛教僧侣都是一些拥有非凡能力的人"①。以发生在唐代成都的一个事例,"供礼之时,成都县令杨翌疑其妖惑,乃帖追至,命徒二十余人曳之。徒近相身,一皆战栗,心神俱失。顷之大风卒起,沙石飞扬,直入厅事,飘帘卷幕。杨翌叩头拜伏,喘而不敢语。忏毕风止,奉送旧所"②,再如"垂拱中,有寺主僧伏傑者,密行称独,解空无二,法云持诵,即降天花,惠风宴坐,允飞灵液,厥有甘露,泫于庭柯。都督李行裹具状以闻。中旨宣谕,赐天柱纳一条"③,僧人如果能够显示"神通",不仅不会被惩罚,反而会被褒奖。再如"景云中,西京霖雨六十余日。有一胡僧名宝严,自云有术法,能止雨。设坛场,诵经咒。其时禁屠宰,宝严用样二十口、马两匹以祭。祈请经五十余日,其雨更盛。于是斩逐胡僧,其雨遂止"④,胡僧最后被斩逐并不是因为其妄施法术,而是因为其法术不灵。由此可见,佛教僧人在当时的社会文化中本身就是"灵异"的代名词。如叶珠红所言,在唐代帝王身边的异僧,多以其异能服务帝王,满足帝王为践九五之尊,为保长治久安的是预言僧;奉命为帝王求长生延寿的是合药僧;为民求雨,举国瞩目的是祈雨僧,等等。⑤ 陈艺方也曾提到,事实上某些寺院和僧侣在社会中建立名声就是因为他们有预测的能力。⑥ 如仪光禅师"从者僧俗常数千人,迎候瞻侍,甚于卿相。禅师既证道果,常先言将来事,是以人益归之"⑦。在自然科

---

① [法] 谢和耐:《中国5—10世纪的寺院经济》,耿昇译,上海古籍出版社2004年版,第304页。

② (宋) 赞宁撰:《宋高僧传》卷一九《唐成都净众寺无相传》,范祥雍点校,中华书局1987年版,第487页。

③ (清) 董诰等编:《全唐文》卷二三八《景星寺碑铭》,孙映达等点校,山西教育出版社2002年版,第1432页。

④ (唐) 张鷟撰:《朝野佥载》卷五,《唐五代笔记小说大观》,恒鹤校点,上海古籍出版社2000年版,第66页。

⑤ 叶珠红:《唐代僧俗交涉之研究——以僧人世俗化为主》,台湾花木兰文化出版社2010年版,第73页。特别是关于密宗僧人祈雨的记载非常之多,可参见黄阳兴《咒语·图像·法术:密教与中晚唐文学研究》,海天出版社2015年版,第182—207页。

⑥ 陈艺方:《唐人小说里的佛教寺院——以俗众的宗教生活为中心》,硕士学位论文,(台湾) 中央大学,2011年。

⑦ (宋) 李昉等编:《太平广记》卷九四《仪光禅师》,汪绍楹点校,中华书局1961年版,第629页。

学不甚发达的古代，民众对巫术的相信相当笃定，也就是说他们根本无法区分什么是巫蛊、什么是神灵，巫术其实只是一种手段，能用其祈福，自然也能用其作恶。并且历代统治者们本身就不能免俗而多有迷信僧人有预卜吉凶法术之类①，因此某些惩禁巫术的法令本身就充斥着愚妄的迷信②。

二 唐代僧人"陈祸福"的目的与特点

虽然出于统治稳定的原因考量，法律一再强调僧人不可"妄陈祸福"，但如果是献媚于统治者的"陈福"恐怕不仅仅不算是违反法律，还会使得龙颜大悦而备受嘉奖。正如武乾所言，统治者一方面对不利于己的巫术与宗教宣布为违法予以惩禁，另一方面又出于各种动机，纵容、利用各种邪术与邪说为自己服务。③ 如则天朝的华严宗法藏，"神功元年（公元697年），契丹拒命，出师讨之。特诏藏依经教遏寇虐。乃奏曰：'若令摧伏怨敌，请约左道诸法。'诏从之。法师盥浴更衣，建立十一面道场，置光音像。行道始数日，羯虏觌王师无数神王之众，或瞩观音之像浮空而至，犬羊之群相次逗挠，月捷以闻"④。这段史料中的"请约左道诸法"尤其重要，通过这六个字可以得知两个层面的信息，一是在当时僧人的巫蛊行为确实是在法律层面被明令禁止的，但是对国家或者说是统治者有利的巫蛊行为却被允许，甚至大加提倡⑤；二是针对当时的社会而言，僧人的身份天然地有着灵异成分，这是一种确确实实的社会心理认知，而

---

① 李斌城：《五代十国佛教研究》，《唐研究》第1卷，北京大学出版社1995年版，第49—50页。
② 武乾：《中国古代对巫术邪教的法律惩禁》，《法学》1999年第9期。
③ 同上。
④ （唐）法藏：《华严金师子章校释》附录《唐大荐福寺故寺主翻经大德法藏和尚传》，方立天校释，中华书局1983年版，第182页。
⑤ 郭绍林曾界定巫术中的"合法"与"不合法"，其认为"古代把未经官府认可的巫蛊、方术、祈祷、厌胜等统称为'左道'"。详见郭绍林《隋唐历史文化续编》，中国文史出版社2006年版，第16页。王淑荣在此基础上延伸认为"巫术本身只是一个社会习俗，而'左道'则在一定程度上是政治概念，'左'与'不左'，关键在于是否符合统治阶层利益。'左道'概念的出现，使得巫术、法术逐渐具有了'官方'和'民间'之分"。详见王淑荣《论隋唐时期的"左道"》，硕士学位论文，陕西师范大学，2010年。

不是个别现象。① 如显庆四年（公元 659 年），"山僧智琮、惠辩，以解咒术，见追入内。语及育王塔事，年岁久远，须假弘护"，"帝曰：'能得舍利，深是善因。可前至塔所，七日行道。祈请有瑞，乃可开发。即给钱五千贯，绢五千匹，以充供养'"②；再如曾受玄宗礼遇的高僧善无畏，"天宝中，洛阳有巨蛇，高丈余，长百尺，出于芒山下。胡僧无畏见之，叹曰：'此欲决水注洛城。'即以天竺法咒之，数日蛇死。禄山陷洛之兆也"③。夏广兴还曾提及与善无畏同为"开元三大士"的密宗高僧不空也同样"法力高强"，但不空的一切宗教活动，大都以护国为中心，不论建坛作法，还是译经传持，都要看是否有益于王化。④ 再以晚唐文宗时期的僧人恒政为例："太和中，文宗皇帝酷嗜蠃蛤，沿海官吏先时递进，人亦劳止。一日，御馔中盈柈而进，有擘不张呀者，帝观其异，即焚香祝之。俄为菩萨形，梵相克全，仪容可爱，遂致于金粟檀香合，以玉帛锦覆之，赐兴善寺，令致礼之。始宣问群臣：'斯何瑞也？'相国李公德裕奏曰：'臣不足知，唯知圣德昭应。其诸佛理，闻终南山有恒政禅师，大明佛法，博闻强识。'诏入宣问，政曰：'贫道闻物无虚应，此乃启沃陛下之信心耳。故契经中应以此身得度者，即现此身而为说法也。'帝曰：'菩萨身已见，未闻说法。'政曰：'陛下睹此为常非常耶？信非信耶？'帝曰：'稀奇事朕深信焉。'政曰：'陛下已闻说法了。'皇情悦豫，得未曾有，敕天下寺院各立观音像，以答殊状"⑤，可见能够讨得帝王欢心的"陈祸福"是很难被"禁止"的。此外出于信仰及护持佛教的原因，僧人难免要进行一些"陈祸福"的行为，以睿宗时期僧人慧云为例，"太极元

---

① 与法藏事例非常类似的还有玄宗时期的不空施法得神兵相助的记载，详见（宋）赞宁撰《大宋僧史略校注》卷下《城阖天王》，富世平校注，中华书局 2015 年版，第 223 页。但张遵骝提到《宋高僧传》中记载不空当时正自南海至师子国，远在异域，与前书所载有矛盾，参见（宋）赞宁撰《宋高僧传》卷一《唐京兆大兴善寺不空传》，范祥雍点校，中华书局 1987 年版，第 7—8 页。详见范文澜著《唐代佛教》附张遵骝《隋唐五代佛教大事年表》，重庆出版社 2008 年版，第 162 页。

② （唐）释道世撰：《法苑珠林校注》卷三八《感应缘》，周叔迦、苏晋仁校注，中华书局 2003 年版，第 1212—1213 页。

③ （后晋）刘昫等撰：《旧唐书》卷三七《五行志》，中华书局 1975 年版，第 1371 页。

④ 夏广兴：《密教传持与唐代社会》，上海人民出版社 2008 年版，第 79 页。

⑤ （宋）赞宁撰：《宋高僧传》卷一一《唐京师圣寿寺恒政传》，范祥雍点校，中华书局 1987 年版，第 263 页。

年（公元712年）五月十三日改元延和，是岁刑部尚书王志愔为采访使，至浚郊宣敕，应凡寺院无名额者，并令毁撤，所有铜铁佛像收入近寺。云移所铸像，及造殿宇门廊，犹亏彩缋。遇新敕，乃辍工。云于弥勒像前，泣泪焚香，重礼重告曰：'若与此有缘，当现奇瑞，策悟群心。'少顷，像首上放金色光，照耀天地，满城士庶皆叹希有。是时谤毁者随丧两目，又有舌肿一尺许者。远近传闻，争来瞻礼，舍施如山。乃全胜概，像坐垂趺，人观稽颡。涉恶报者，云望像为其悔过，斯须失明者重视，舌卷者能言，皆愿为寺之奴，持钟扫地也。采访使王志愔、贺兰务同录祥瑞奏闻。睿宗潜符梦想，有敕改建国之榜为相国，盖取诸帝由相王龙飞故也。仍敕佛授记寺大德明干同共检校功德，勿令州府烦扰。"① 僧人的慧云的"重礼重告"与之后的"谤毁者随丧两目，又有舌肿一尺许者"是否要算厌魅类犯罪都值得考量，何况之后的"斯须失明者重视，舌卷者能言"明显属于"书符禁咒、阴阳术数、占相吉凶，妄陈祸福"的范畴。可是僧人慧云不但没有被视为罪犯之列，他的这一番"陈祸福"还使该寺被改为"相国寺"，大大提升了该寺的政治地位。当然，虽然僧人慧云的这些行为在一定程度上与法律禁止的规定相吻合，但其初衷无疑是出于护持佛法。② 与此类似，有时僧人"妄验国家之事"是一种必要且无奈之举，如"会昌法难"期间，"时京城法侣颇甚傍徨，两街僧录灵宴、辩章，同推畅为首，上表论谏。遂著《历代帝王录》，奏而弗听"。③ 虽然如今已经无法找到这篇《历代帝王录》的原文，但推测也可大概得知是一些佛法护持国家兴盛类的言论，这种"妄验国家之事"并不是僧人们的一种主观动机，而只是一种无可奈何的挣扎。不难看出，"观玄象"条的根本用意是要将佛教僧人控制在宗教领域内，要防止其以僧人的身份干预世俗生活。因为僧人们的特殊宗教身份，如果参与到世俗生活之中就难免会出现一些特殊的效应。也就是说，想要打破僧人身份中的灵异色彩，尤其是在

---

① （宋）赞宁撰：《宋高僧传》卷二六《唐今东京相国寺慧云传》，范祥雍点校，中华书局1987年版，第659页。

② 段玉明对此事曾有非常详细的分析，其认为"在慧云如此这般煞费苦心的系列打造下，一个原本凡俗的空间最终有了神圣的意义"。详见段玉明《相国寺——在唐宋帝国的神圣与凡俗之间》，巴蜀书社2004年版，第33—37页。

③ （宋）赞宁撰：《宋高僧传》卷一七《唐京兆福寿寺玄畅传》，范祥雍点校，中华书局1987年版，第430页。

古代社会当中几乎是不可能的。

　　值得注意的是，佛教僧人虽然自身形象中就带有一丝灵异色彩，但这种灵异通常都是正向的，也就是说佛教僧人通常都是正义、公平、善良、慈悲的化身。虽然通过佛教的一些特殊形式可以免除之前的恶业①，但因果报应的基本前提还是存在的②。如唐代浙西的一个事例，"浙西军校吴景者，辛酉岁，设斋于石头城僧院。其夕既陈设，忽闻妇女哭声甚哀；初远渐近，俄在斋筵中矣。景乃告院僧曰：'景顷岁从军，克豫章，获一妇人，殊有姿色。未几，其夫求赎，将军令严肃，不可相容。景即杀之，后甚以为恨。今之设斋，正为是也。'即与僧俱往，乃见妇人在焉。僧为之祈告，妇人曰：'我从吴景索命，不知其他！'遽前逐之。景急走上佛殿，大呼曰：'我还尔命！'于是颠仆而卒"③。当事人吴景设斋的原因就在于其认为佛教僧人具有灵异的力量，而在这个故事当中僧人也确实完成了这样一个身份期待，官员尚且如此更别说社会中的平民大众了。与此类似的再以唐代蜀郡的曹惟思为例，"唐蜀郡法曹参军曹惟思，当章仇兼琼之时，为西山运粮使，甚见委任。惟思白事于兼琼，琼与语毕，令还运。惟思妻生男有疾，因以情告兼琼，请留数日。兼琼大怒，叱之令出，集众斩之"，"郡有禅僧，道行至高，兼琼母师之。禅僧乃见兼琼曰：'曹法曹命且尽，请不须杀，免之。'兼琼乃赦惟思"。④ 僧人预言曹惟思"命且尽"而使其逃过了眼前的刑罚，这明显带有一种"慈悲为怀"的佛教色彩，兼琼听从了僧人的劝阻，可见僧人的身份在世俗的眼中本身就是神圣的。再以玄宗时期一行法师的一个事件为例，其时一行法师的邻居兼恩人王姥的儿子犯了杀人罪，王姥求一行法师向玄宗求情，一行法师被逼无奈，只好作法将北斗七星变作七只小猪关进瓮内，玄宗知道北斗七星不见了，以

---

① 如《太平广记》、《酉阳杂俎》等笔记小说中都存有大量的因诵《金刚经》而消灾避祸的故事，对此可参见王涛《唐宋之际城市民众的佛教信仰》，《山西师范大学学报》2007年第1期。
② 关于佛教的因果轮回与中国传统的善恶报应之间的联系可参见李四龙《中国佛教与民间社会》，大象出版社1997年版，第11—22页。
③ （宋）徐铉撰：《稽神录》卷五《吴景》，白化文点校，中华书局1996年版，第81页。
④ （宋）李昉等编：《太平广记》卷一二六《曹惟思》，汪绍楹点校，中华书局1961年版，第892页。

为是天降灾异，故大赦天下，罪犯也得以活命。① 正如前所言，僧人的这种灵异通常是一种正向的力量，所以当这种"陈祸福"是以一种正向的姿态出现时，其往往不被视为"妄陈祸福"，当然，如果涉及政治因素则需要另行考虑。②

三 唐代僧人的卜相疗疾行为

《唐会要·杂记》载："永徽四年（公元653年）四日敕：'道士、女冠、僧、尼等，不得为人疗疾及卜相。'"③ 郑显文据此复原《道僧格》"卜相吉凶"条："凡道士、僧尼等卜相吉凶，及左道、巫术、疗疾皆还俗；其依佛法持咒救疾，不在禁限。"④ 周奇对此持不同意见，其认为"其依佛法持咒救疾，不在禁限"一句没有相关史料佐证，无法确定是否出自《道僧格》⑤。张径真提出：唐代密教大规模传入，各种密教真言在皇室和社会上流行，道教符咒也同样被各阶层信徒信奉，完全禁止僧道使用符咒是难以做到的，因此这一句条文应该属于《道僧格》内容，并提出了与郑显文比较相近的复原条文："凡道士、女冠、僧尼等卜相吉凶，及以巫术疗病者，皆还俗；依佛法道术符咒救疾者，不在禁限。"⑥ 暂不论《道僧格》中的具体规定为何，但张径真提出的现象确为事实，僧人占卜与行医在唐代都是一种非常常见的社会现象。⑦ 刘伯骥称唐代至若卜筮看相，谈命运，定休咎，甚为流行⑧，巴

---

① （唐）段成式撰：《酉阳杂俎》前集卷一《天咫》，《唐五代笔记小说大观》，曹中孚校点，上海古籍出版社2000年版，第563—564页。

② 如前文所述，献媚于帝王的"陈祸福"一般是不会被认定为犯罪行为，但需要指出的是有时"陈祸福"的主观态度与客观效果并不是全然一致的。如吴智勇曾以玄奘为中宗诞生所作的"赤雀之占"为例，详述了其对高宗、武后、新旧朝臣之间复杂关系的潜在影响。详见吴智勇《六到七世纪僧人与政治：以个案研究为中心》，博士学位论文，复旦大学，2013年。

③ （宋）王溥撰：《唐会要》卷五〇《杂记》，上海古籍出版社1991年版，第1028页。

④ 郑显文：《唐代律令制研究》，北京大学出版社2004年版，第300页。

⑤ 周奇：《唐代宗教管理研究》，博士学位论文，复旦大学，2005年。

⑥ 张径真：《法律视角下的隋唐佛教管理研究》，博士学位论文，中国社会科学院研究生院，2012年。

⑦ 可参见黄阳兴《咒语·图像·法术：密教与中晚唐文学研究》，海天出版社2015年版，第208—224页。

⑧ 刘伯骥：《唐代政教史》，台湾中华书局1974年版，第99页。

宙也曾以唐诗论证唐人相信占卜与谶兆①，黄正建更是明确提到，唐代若到坊市上的卜肆中去算卦价钱是很贵的②，"是卜资之昂，为唐以前所未有也"③，因此许多人就会转向如上文所述同样具有预知吉凶的僧人们身上。而唐代不少高僧亦以习《易》占卜为常④，陈艺方也提到占梦解疑、预知休咎，本来就是很多僧人的必备之艺⑤，并且以禁咒疗疾本来带有一些佛教的色彩。如《唐六典·太医署》载"有禁咒，出于释氏"⑥，对此朱瑛石认为唐代以前佛家医术就已自成一派，著述甚众，而在佛教医术中，咒法占有很重要的地位。⑦此外唐代褒扬僧人医术高明的记载颇为多见，如"永贞年，东市百姓王布，知书，藏镪千万，商旅多宾之。有女年十四五，艳丽聪悟，鼻两孔各垂息肉如皂荚子，其根如麻线，长寸许，触之，痛入心髓。其父破钱数百万治之，不瘥。忽一日，有梵僧乞食，因问布：'知君女有异疾，可一见，吾能止之。'布被问，大喜。即见其女，僧乃取药，色正白，吹其鼻中。少顷，摘去之。出少黄水，都无所苦"⑧。再如"有龙兴寺僧智圆，善总持敕勒之术，制邪理病多著效，日有数十人候门"⑨，唐代僧人的"驱邪治病"功能可见一斑⑩。陈明还提到在唐代佛

---

① 巴宙：《论唐诗中之民间宗教信仰及佛教思想》，《第二届国际唐代学术会议论文集》，台湾文津出版社1993年版，第51—54页。

② 黄正建：《唐代的占卜》，《文史知识》2003年第6期。

③ 尚秉和：《历代社会风俗事物考》卷二七《迷信禁忌》，母庚才、刘瑞玲点校，中国书店2001年版，第318页。

④ 严耀中：《论占卜与隋唐佛教的结合》，《世界宗教研究》2002年第4期。严耀中还指出佛教与占卜的关系到了隋唐时期，除强化了原有的诸形式之外，主要体现在佛教将业力因果说系统地注入占卜中。

⑤ 陈艺方：《唐人小说里的佛教寺院——以俗众的宗教生活为中心》，硕士学位论文，（台湾）中央大学，2011年。

⑥ （唐）李林甫等撰：《唐六典》卷一四，陈仲夫点校，中华书局1992年版，第411页。

⑦ 朱瑛石：《"咒禁博士"源流考——兼论宗教对隋唐行政法的影响》，《唐研究》第5卷，北京大学出版社1999年版，第151页。

⑧ （唐）段成式撰：《酉阳杂俎》前集卷一《天咫》，《唐五代笔记小说大观》，曹中孚校点，上海古籍出版社2000年版，第564页。

⑨ （唐）段成式撰：《酉阳杂俎》前集卷一四《诺皋记上》，《唐五代笔记小说大观》，曹中孚校点，上海古籍出版社2000年版，第663页。

⑩ ［美］芮沃寿：《中国历史中的佛教》，常蕾译，北京大学出版社2009年版，第77页。

第三章 唐代涉僧刑法规定与实践

教徒的医事活动不但没有完全消除，反而还有中兴的气象①，李艳茹也谈到唐代僧人无论梵华，多数都具有高明的医术，积极从事医事活动②，于志刚更是提及佛教医事往往是以一种心理治疗与医药治疗相结合的方式进行的③，不仅在中原，敦煌地区也存在着同样的情形④。此外炮制"仙丹灵药"也并道士的专利，唐代许多僧人也都有涉足这一领域，如僧人大通就因为给宪宗提供"仙丹灵药"造成其中毒身亡而被治罪，"僧大通医方不精，药术皆妄。既延祸衅，俱是奸邪。邦国罔有常刑，人臣所宜共弃，宜并付京兆府决痛杖一顿处死"⑤。通过这些案例我们也可以看出，僧人群体进行的一些"占相吉凶""依佛法道术符咒救疾"行为在当时的社会上极为普遍。除此之外"依佛法道术符咒救疾者，不在禁限"最为明显的例证还是佛教寺院设置的"悲田养病坊"⑥，如洪昉禅师"于陕城中，选空旷地造龙光寺，又建病坊，常养病者数百人"⑦。对于"养病坊"唐代是有明确的法律规定的，《唐会要·病坊》载：开元二十二年（公元734年）"断京城乞儿，悉令病方收管，官以本钱收利给之"，正是因为"养病坊"兼具着重要的社会慈善功能，以至于其在会昌五年（公元845年）"法难"最高潮时仍得以保存，"悲田养病坊，缘僧尼还俗，无人主持，恐残疾无以取给，两京量给寺田拯济，诸州府七顷至十顷。各于本置

---

① 陈明：《沙门黄散：唐代佛教医事与社会生活》，《唐代宗教信仰与社会》，上海辞书出版社2003年版，第254页。
② 李艳茹：《唐代小说呈现的佛教寺院社会生活图景》，香港大学饶宗颐学术馆2011年版，第78页。
③ 于志刚：《唐代的僧人、寺院与社会生活——以〈太平广记〉为中心》，硕士学位论文，郑州大学，2013年。
④ 陈大为：《唐后期五代宋初敦煌僧寺研究》，上海古籍出版社2014年版，第246—252页。
⑤ （宋）王钦若等编：《册府元龟》卷九二二《总录部·妖妄》，中华书局1960年版，第10891页。
⑥ 一般来说悲田院收容孤儿、老人及穷苦的人，养病坊则收容病患，详见丁敏《方外的世界——佛教的宗教与社会活动》，《中国文化新论·宗教礼俗篇·敬天与亲人》，联合报文化基金会1983年版，第164页。对悲田养病坊的研究还可参见张志云《唐代悲田养病坊初探》，《青海社会科学》2005年第2期；綦中明《浅论唐代的悲田养病坊》，《西安文理学院学报》2006年第1期。
⑦ （宋）李昉等编：《太平广记》卷九五《洪昉禅师》，汪绍楹点校，中华书局1961年版，第633页。

选耆寿一人勾当，以充粥料"①。张国刚也曾提及，到了宣宗以后，甚至连县里的佛教寺院也都有了悲田坊，在全国形成了一个庞大的释门悲田网路。②

---

① （宋）王溥撰：《唐会要》卷四九《病坊》，上海古籍出版社 1991 年版，第 1010—1011 页。
② 张国刚：《佛学与隋唐社会》，河北人民出版社 2002 年版，第 283 页。

第四章

唐代涉僧宗教法规定与实践

第一节 "盗毁天尊佛像"条

一 "盗毁天尊佛像"条规定与沿革①

早在隋初，与佛教深有渊源的隋文帝就有相关诏敕规定道士、女官以及僧尼不许毁坏佛像、天尊像。②开皇元年（公元581年）"又置十恶之条，多采后齐之制，而颇有损益。一曰谋反，二曰谋大逆，三曰谋叛，四曰恶逆，五曰不道，六曰大不敬，七曰不孝，八曰不睦，九曰不义，十曰内乱"，"帝以年龄晚暮，尤崇尚佛道，又素信鬼神。二十年，诏沙门道士坏佛像天尊，百姓坏岳渎神像，皆以恶逆论"③，这一规定被唐朝延续了下来。《唐律疏议·贼盗》"盗毁天尊佛像"条："诸盗、毁天尊像、佛像者，徒三年。即道士、女冠盗、毁天尊像，僧、尼盗、毁佛像者，加役流。真人、菩萨，各减一等。盗而供养者，杖一百。（盗、毁不相须）。疏议曰：凡人或盗或毁天尊若佛像，各徒三年。道士、女冠盗、毁天尊像，僧、尼盗、毁佛像者，各加役流，为其盗、毁所事先圣形像，故加役流，不同俗人之法。真人、菩萨，各减一等，凡人盗、毁，徒二年半；道士、女冠盗、毁真人，僧、尼盗、毁菩萨，各徒三年。盗而供养者，杖一

---

① 需要说明，"盗毁天尊佛像"条并不是《道僧格》中的条文，但作为《唐律疏议》中为数不多的专门针对宗教事务的法律规定，也置于本章一同予以分析。

② 程树德曾推测保护天尊佛像规定的入律可能始自南北朝，详见程树德《九朝律考》卷六《北齐律考》，中华书局2003年版，第402页。

③ （唐）魏徵、令狐德棻撰：《隋书》卷二五《刑法志》，中华书局1973年版，第711—715页。

百，谓非贪利，将用供养者。但盗之与毁，各得徒、流之坐，故注云，盗、毁不相须。其非真人、菩萨之像，盗、毁余像者，若化生神王之类，当不应为从重；有赃入己者，即依凡盗法；若毁损功庸多者，计庸坐赃论，各令修立。其道士等盗、毁佛像及菩萨，僧、尼盗、毁天尊若真人，各依凡人之法。"①

  关于隋文帝诏令与唐律中该条规定之间的承继关系，张径真曾有详细的论述，其认为《隋书·刑法志》记载的沙门道士毁坏佛像天尊以恶逆论罪之规定是隋文帝以诏敕的形式发布的临时性法规。当时是开皇二十年（公元 600 年），距颁修《开皇律》的时间开皇元年（公元 581 年）已经有 20 年的时间，《开皇律》是隋朝建国后颁发的第一部律典，不可能随意修改，因此这一诏敕最初应被收入《开皇令》执行。《唐律疏议》的恶逆罪中没有这一内容，但唐律的"盗毁天尊佛像"条却明显是对这一诏敕的继承。据此其推断，隋文帝的这一诏敕在大业三年（公元 607 年）颁修《大业律》时被收入《大业律》，但据记载《大业律》删去了《开皇律》的"十恶条"，在体例上改 12 篇为 18 篇，因此《大业律》中就应该有专门的"盗毁天尊佛像"条，后来的唐律虽然全面继承的是《开皇律》的体例和内容，但是"盗毁天尊佛像"条应继承自《大业律》。② 对于《大业律》中是否存有"盗毁天尊佛像"条笔者不置可否，但唐律中该条的最初渊源是来自隋文帝诏敕应该是确定无疑的。③ 此外太宗还曾下《断卖佛像敕》，"佛道形象事极尊严，伎巧之家多有铸造，供养之人竞来买赎。品藻工拙，揣量轻重，买者不计因果，止求贱得。卖者本希利润，唯在高价。罪累特深，福报俱尽。违犯经教，并宜禁约。自今以后，工匠皆不得预造佛道形像卖鬻，其见成之象亦不得销除。各令分送寺观，令寺观徒众酬其价直，仍仰所在州县官司检校。敕到后十日内使尽"④，虽然禁止的是"买卖"佛像而非"盗毁"佛像，但从护持佛教信仰的意义上两者是相通无滞的。

---

① 岳纯之点校：《唐律疏议》卷一九《贼盗》，上海古籍出版社 2013 年版，第 424 页。
② 张径真：《法律视角下的唐佛教管理研究》，博士学位论文，中国社会科学院研究生院，2012 年。
③ 陈登武：《从内律到王法：唐代僧人的法律规范》，《政大法学评论》2009 年第 111 期。
④ （唐）释道宣撰：《广弘明集》卷二八上《断卖佛像敕》，立人整理，团结出版社 1997 年版，第 767 页。

刘俊文在《唐律疏议笺解》中对"盗毁天尊佛像"条还作了这样的笺解,"佛即佛陀,佛教称其始祖也,如释迦牟尼佛、弥勒佛等。天尊尤天神,道教称其始祖也,如灵宝天尊、元始天尊等。菩萨,位次于佛,佛教认为罗汉修行精进者可成菩萨。真人,位次于天尊,道教称修真得道者为真人。"① 可见该条法律规定的目的并不在于"天尊佛像"的物质价值,而是其背后所体现的精神意义。如武则天时期曾向僧尼敛财以铸造佛像,就有僧人提出控诉,"像无大小,惟在至诚。聚敛贫僧,人多嗟怨"②。张径真也持同样观点,盗毁佛像和盗走佛像而供养的刑罚不同,说明这一条法规的制定并不是出于惩罚盗窃,而是要求人们对佛像、天尊所代表的神灵有主观上的敬畏。③ 从《唐律疏议·名例》中关于"大不敬"条的规定也可以看出同样的法义,"谓盗大祀神御之物、乘舆服御物","昊天上帝、五方上帝、皇地祇、神州、宗庙等为大祀","凡言祀者,祭、享同。若大祭、大享,并同大祀。神御之物者,谓神祇所御之物"。④ 对祭祀用品的保护当然不是仅仅针对其经济价值,所保护的当是其背后的皇权之神圣,这与盗毁天尊佛像的意义是相通的,如延载元年(公元694年)敕"盗公私尊像,入大逆条;盗佛殿内物,同乘御物"⑤;再如天宝三载(公元744年)三月"两京及天下诸郡,于开元观、开元寺以金铜铸玄宗等身、天尊及佛各一躯"⑥。虽然不同的学者对这一等身像是否为玄宗"真容"持有不同意见⑦,但说这一等身像是玄宗皇帝与佛陀在政治与宗教上的结合体是完全没有问题的,这颇有一番"天子即佛,佛即天子"的意味。更有甚者,因为历任帝王的宗教态度不同,以及国家宗教政策的

---

① 刘俊文撰:《唐律疏议笺解》卷一九《贼盗·盗毁天尊佛像》,中华书局1996年版,第1360页。

② (唐)张鷟:《龙筋凤髓判校注》卷二《祠部二条》,田涛、郭成伟校注,中国政法大学出版社1995年版,第57页。

③ 张径真:《法律视角下的唐佛教管理研究》,博士学位论文,中国社会科学院研究生院,2012年。

④ 岳纯之点校:《唐律疏议》卷一《名例》,上海古籍出版社2013年版,第11页。

⑤ (宋)王溥撰:《唐会要》卷四一《杂记》,上海古籍出版社1991年版,第873页。

⑥ (宋)王溥撰:《唐会要》卷五〇《杂记》,上海古籍出版社1991年版,第1030页。

⑦ 详见刘长东《宋代佛教政策论稿》,巴蜀书社2005年版,第381—390页;雷闻《郊庙之外:隋唐国家祭祀与宗教》,生活·读书·新知三联书店2009年版,第101—133页;聂顺新《唐代佛教官寺制度研究》,博士学位论文,复旦大学,2012年。

变化，会进而直接影响到对佛教疑伪经的判断上。① 此外韩国学者任大熙还曾将唐律中的此条与韩国现行法律进行比较，并提到现在宗教与国家体系毫无关联属于法律中的个别组织，而从唐代开始的中国中古时代中的宗教组织虽然也不是国家组织本身，但获得了国家的支持和牵制，维持了暧昧的关系。所以，侵犯宗教的权威行为超越了私领域的影响，准用公共领域的措施。② 大历年间有这样一个事例，"有一僧，称为菩行，不衣缯絮布絁之类，常衣纸衣。时人呼为纸衣禅师。代宗武皇帝召入禁中道场安置，令礼念。每月一度除外，人转崇敬。后盗禁中金佛，事发，召京兆府决杀"③，虽然是盗窃佛像，但对该僧"决杀"的判决依照的自然不是"盗毁天尊佛像"条，保护的重点乃是"禁中"之物。此外《折狱龟鉴》中的一段记载也恰好说明了这个问题，"杜镐侍郎兄仕江南为法官，尝有子毁父画像，为近亲所讼者，疑其法未能决，形于颜色。镐尚幼，问知其故，辄曰：'僧道毁天尊、佛像，可以比也。'兄甚奇之"④。

二 "盗毁天尊佛像" 不同情形

如上文所言，"盗毁天尊佛像"条所保护的客体主要是僧道各自的"所事先圣形像"，但现实生活中的情况多种多样，史料极少有关于这条法律的具体执行情况，如"岐州岐山县华阳乡王庄村有人姓冯，名玄嗣。先来粗犷，殊不信敬。母兄承舍利从东都来，将欲藏掩，嗣不许往。母兄不用其语，至舍利所，礼拜还家。玄嗣怒曰：此有何验，而往礼之。若舍利有功德者，我家中佛像亦有功德。即取佛像烧之，竟有何验。母兄救之，已烧下半"，后玄嗣入冥遭受果报，从此归信佛教，"时行虔法师为众说法。裴尚宫、比丘尼等数百俗人士女，向有万人，咸见玄嗣五体投地，对舍利前，号哭自扑。至诚忏悔，不信之罪，又忏犯尼净行，打骂众

---

① 张雪松：《唐代法律对宗教异端书籍查禁制度探析——以佛教疑伪经录为个案的研究》，《世界宗教文化》2015 年第 3 期。
② ［韩］任大熙：《唐律中损坏的类型规定研究》，《中华法系》第 8 卷，法律出版社 2016 年版，第 61 页。
③ （宋）李昉等编：《太平广记》卷二八九《纸衣师》，汪绍楹点校，中华书局 1961 年版，第 2297 页。
④ 杨凤琨校释：《折狱龟鉴校释》卷四《杜镐》，复旦大学出版社 1988 年版，第 206 页。

僧，盗食僧果。自忤已后，眠梦稍安"①。有"万人咸见"冯玄嗣哭诉自己明显违反刑律的罪行，却没有任何后续惩处，当事人更是"自忤已后，眠梦稍安"。

虽然史籍中鲜见针对该条规定明确的司法审判，但笔记小说中却存有大量的关于盗毁天尊佛像的故事，这些故事固然充满着灵异色彩而不可全然取信，但其背后所反映的当时社会民众对盗毁天尊佛像的态度却是真实的。以薛孤训为例，"唐贞观二十年（公元646年），征龟兹。有薛孤训者，为行军仓曹，军及屠龟兹后，乃于精舍剥佛面金。旬日之间，眉毛尽落。还至伊州，乃于佛前悔过，以所得金皆为造功德。未几，眉毛复生"②。薛孤训"剥佛面金"主要是出于经济上的目的，可能是因为最终薛孤训"以所得金皆为造功德"的缘故，他最终得以痊愈。而这一情节与唐律中的"若赃入己者，即依凡盗法。若毁损功庸多者，计庸坐赃论。各令修立"有着惊人的相似。再如"长安城西明寺钟，寇乱之后，缁徒流离，阒其寺者数年。有贫民利其铜，袖锤錾往窃凿之，日获一二斤，鬻于阛阓。如是经年，人皆知之，官吏不禁。后其家忽失所在，市铜者亦讶其不来。后官欲徙其钟于别寺，见寺钟平堕在阁上，及仆之，见盗钟者抱锤錾，俨然坐于其间，既已干枯矣"③。在众多的故事之中，该故事应该说是比较真实的一个，当事人很可能只是在"窃凿"西明寺钟的时候大钟刚好掉落而被困于其中，毕竟该寺因为僧人"阒其寺者数年"而荒废许久，而文中的"人皆知之，官吏不禁"更是值得玩味。还如"凤州城南有明相寺，佛数尊，皆饰以金焉。乱罹之后，有贫民刮金，鬻而自给，迨至时宁，金彩已尽。于是遍身生癣，痒不可忍，常须以物自刮，皮尽至肉，肉尽至骨而死焉。毁佛之咎，昭报如此"④。相对而言这个故事的真实性也比较强，当事人刮金的行为与生癣的病症虽然非常类似，但是纯属巧合的概率也并非没有。这两个贫民盗金自给的案例虽然都是以遭受冥报

---

① （唐）释道世撰：《法苑珠林校注》卷三八《感应缘》，周叔迦、苏晋仁校注，中华书局2003年版，第1214—1215页。

② （宋）李昉等编：《太平广记》卷一一六《薛孤训》，汪绍楹点校，中华书局1961年版，第811页。

③ （宋）李昉等编：《太平广记》卷一一六《西明寺》，汪绍楹点校，中华书局1961年版，第813页。

④ 同上书，第813—814页。

为结局，但也反映出时逢战乱，当民众的基本生活都难以保障时，难免会出现"盗毁天尊佛像"的行为，想必这也是"官吏不禁"的原因所在。

由以上几个事例可以发现，一部分盗毁佛像的行为乃是出于经济目的，在这几个案例当中，虽然作者文字表达的比较奇幻，但是如果仔细分析的话，它们都还没有到不可置信的地步。也就是说，这些故事或许都是一些巧合，但因其刚好与当事人盗毁佛像的恶行相应，所以才被记录了下来。但是如果盗毁佛像的当事人并不单纯出于经济上的企图，而是在主观信仰的层面就存有故意，故事就又是另外一番图景了。先以初唐巂州县令为例，"唐贞观中，有人任巂州一县令，往高昌，于寺得一真珠像。至京师，诸大寺欲与千贯钱买之，不肯。遂毁破，卖得一千三百贯。后月余患肿，瘖瘵之间，见一僧云：'何因毁坏尊像？'遂遣人拔其舌，长尺余，苦痛呻吟，数日而死"[1]，该记载中巂州县令之所以要毁坏佛像是因为其佛像"零售"的价值要更高一些，似乎也是出于经济上的目的，但相比之下他本来有可选择的余地，瘖瘵之间"神僧"对他的质问也是"何因毁坏尊像"，而不是"出售尊像"，所以作为当事人的巂州县令最终才遭到了"拔舌"之类的报应。如果这个案例还不是很明确的话，我们再以相州邺城，丁零为例，"相州邺城中，有丈六铜立像一躯。贼丁零者，志性凶悖，无有信心，乃弯弓射像，箭中像面，血下交流，虽加莹饰，血痕犹在。又选五百力士，令挽仆地，消铸为铜，拟为器用。乃口发大声，响烈雷震，力士亡魂丧胆。人皆仆地，迷闷宛转，怖不能起。由是贼侣惭惶，归信者众。丁零后时著疾，被诛乃死"[2]；丁零"志性凶悖，无有信心"，"消铸为铜，拟为器用"也就罢了，还要"弯弓射像"，这就存在严重的主观故意，而这个故事中"箭中像面，血下交流"的描述也要更为灵异。

再举两个盗毁天尊像以及民间神祇像的例子，"唐张策早为僧，败道归俗"，"其弟簧亦轻易道教，因脱亵服，挂于天尊臂上，云借此公为我掌之。须臾精神恍惚，似遭欧击，痛叫狼狈，或顿或起，如有人拖曳之

---

[1]（宋）李昉等编：《太平广记》卷一一六《巂州县令》，汪绍楹点校，中华书局1961年版，第811页。

[2]（宋）李昉等编：《太平广记》卷一一六《丁零》，汪绍楹点校，中华书局1961年版，第811页。

状,归至别业而卒"①。张簨不敬神灵,其实都谈不上"盗毁",而只是对神像"借此公为我掌之",但主观上却存有极大的不敬,这与出于经济目的的盗毁有着明显的不同,并且这段记载中"须臾精神恍惚,似遭欧击打,痛叫狼狈,或顿或起,如有人拖曳之状"的记载也是十分灵异与恐怖。硖西县的樊宗训的故事也比较具有代表性:"硖石县西有圣女神祠,县令韦谋,与前县令樊宗训游焉。宗训性疏复,不以神鬼为意,以鞭划其墙壁,抉剔其衣祛,言笑慢亵。归数日,邑中有狂僧,忽突入县门大呼曰:'县令当持法,奈何放纵恶人,遣凌轹恣横?'谋遣人逐出,亦不察其意也。旬余,谋小女病,召巫者视之曰:'圣女传语长官,土地神灵,尽望长官庇护。岂有教人侵夺?前者遣阿师白于长官,又不见喻。'韦君曰:'恶人是谁?即与捕捉。'曰:'前县令樊宗训,又已发,无可奈何。以后幸长官留意,勿令如此。小娘子疾苦即应愈。'韦君谢之,令人焚香洒扫,邑中皆加敬畏,其女数日即愈。"②此事例中还特别要注意的是狂僧口中的一句"县令当持法",虽然无法确认这一个"法"字是否就是指"盗毁天尊神像"条,但足以见得在当时民众信众心中侮辱或者盗毁天尊佛像确实是属于犯罪行为。而前县令樊宗训言行轻佻亵渎了神像,"鞭划其墙壁,抉剔其衣祛"从信仰的角度可以说要比其他行为更为严重,韦谋也仅仅是因为没能及时阻止,便受到了家人生病的报应。以上这几个案例都从一定程度上证明了法律条文上对"天尊神像"的保护绝对不是纯财产意义上的保护,更多的是强调对天尊佛像的精神意义。开元二年(公元714年)的一道诏敕也可以从一个侧面证明这个观点,"如闻坊巷之内,开铺书经,公然铸佛。口食酒肉,手满膻腥,尊敬之道既亏,慢神之心遂起","自今以后,州县坊市等,不得辄更铸佛写经为业。须瞻仰尊容者,就寺礼拜。须经典读诵者,勤于寺取读"③。虽然这一诏令的颁布更多是出于抑制佛教寺院经济膨胀的目的,但也在一定程度上要求了人们信仰上的虔诚性。所以说虽然都是盗毁天尊佛像,但主观态度上的细微差别却体

---

① (五代)孙光宪:《北梦琐言》卷四《西岳神毙张簨》,林艾园校点,《唐五代笔记小说大观》,上海古籍出版社2000年版,第1833页。

② (宋)李昉等编:《太平广记》卷三〇七《樊宗训》,汪绍楹点校,中华书局1961年版,第2433—2434页。

③ (宋)宋敏求编:《唐大诏令集》卷一一三《断书经及铸佛像敕》,洪丕谟、张伯元、沈敖大点校,学林出版社1992年版,第539页。

现出了结果上的重大不同。此外因经济利益而盗毁天尊佛像的例子大多是在战乱时期，身处战乱中的民众出于生计问题而盗毁天尊佛像往往是不得已而为之。

正因为"盗毁天尊神像"保护的是信仰，所以出于信仰的原因或者是在信仰之争意义上而为的"盗毁天尊佛像"可能就不一定被视为犯罪行为。以发生在唐代嵩山的一个故事为例："释破灶堕者，不知何许人也"，"尝遇巫氏能与人醮灶祓禳，若汉武之世李少君，以祠灶可以致物同也。凡其解奏之时，往往见鬼物形兆，闾里迭畏，传于众多，杀堕诣之，始劝巫者，终为神说法已，告云：'我闻师教，决定生天。'乃现其形，礼辞且曰：'蒙师提耳，获益弥深，得生殊胜天。'言讫而隐，其灶即神祠也，随而瓦解，自然破落，非人力也"①。佛教僧人出于信仰的原因，客观上破坏了灶神庙中的民间神祇"灶神"，却反倒受到了灶神的"感谢"，声称自己"获益弥深"。这也再次证明了"盗毁天尊佛教"这一法律条文所保护的绝不仅仅是物化的"天尊佛像"，而是其背后的"官方宗教信仰"②。正如武德九年（公元626年）九月程度一道诏敕所言，"诏私家不得辄立妖神，妄设淫祀，非礼祠祷，一皆禁绝"③。再以隋唐之际的僧人宝琼为例，"本邑连比什邡诸县，并是道民，尤不奉佛，僧有投

---

① （宋）赞宁撰：《宋高僧传》卷一九《唐嵩狱破灶堕传》，范祥雍点校，中华书局1987年版，第473页。

② 郝铁川曾根据《唐律疏议》中的"称道士女冠"条、"盗毁天尊佛像"条等提出法律承认僧、尼和道士、女官的地位，实际上就等于承认了他们的鬼神信仰，而鬼神信仰事实上也得到了法律的保障。详见郝铁川《中华法系研究》，复旦大学出版社1997年版，第92页。此处的"鬼神信仰"范畴过大，实际上国家对于宗教是有着明确的位阶区分的，即存在着"官方宗教信仰"与"非官方宗教信仰"的分类。严耀中曾列举了史料中大量的民间神祇通过"受戒"等方式"皈依"佛教的记载，其认为从宗教形态而言，佛教远比地方崇拜高级。在官方的背景下，佛教的制度就更有权威性，更容易被接受，也就更具影响力。所以两者的结合，除了佛教方面的意愿外，民间信仰方面也有主动的迎合。详见严耀中《唐代江南的淫祠与佛教》，《唐研究》第2卷，北京大学出版社1996年版，第51—62页；《佛教戒律与中国社会》，上海古籍出版社2007年版，第313—321页。此外关于地方祠祀的合法性问题还可参见王永平《论唐代的民间淫祠与移风易俗》，《史学月刊》2000年第5期；雷闻《唐代地方祠祀的分层与运作——以生祠与城隍神为中心》，《历史研究》2004年第2期；《唐宋时期地方祠祀政策的变化——兼论"祀典"与"淫祠"概念的落实》，《唐研究》第11卷，北京大学出版社2005年版，第269—294页。

③ （后晋）刘昫等撰：《旧唐书》卷二《太宗本纪上》，中华书局1975年版，第31页。

寄，无容施者，致使老幼之徒，于沙门像不识者众"，"李氏诸族正作道会，邀琼赴之，来既后至，不礼而坐。金谓'不礼天尊，非法也'"，"琼曰：'吾礼非所礼，恐贻辱也。'遂礼一拜，道像并座动摇不安，又礼一拜，连座返倒，摧残在地。道民相视，谓是风鼓，竞来周正。琼曰：'斯吾所为，勿妄怨也。'初未之信，既安又礼，如前崩倒。合众惊惧，举掌礼琼，一时回信，从受归戒法"①。宝琼公然承认是自己的"法力"推倒了道像，为了证明还重复了一次，可见在真正的"信仰"面前，"天尊佛像"只是一种表现形式罢了。

三 法律对宗教"神圣性"的保护

与"天尊佛像"类似，佛教场所和佛教用品在信仰意义上都有着一定的神圣性，所以也被特别保护，如《唐大诏令集》载：宝应元年（公元762年）八月敕："道释二教，用存善诱，至于像设，比在尊崇。如闻州县公私，多借寺观居止，因兹亵渎。切宜禁断，务令清肃"②，这就是用法律的形式要求寺观的"清净"。再如《佛祖统纪》中也曾记载一个保护寺院的案例：贞元三年（公元787年）京兆尹宇文炫请以乡落废寺为学舍材，但却被诏曰"奉佛之宫转为儒馆，此侵毁三宝之渐，罪在不宥"。③《唐六典》卷四"祠部郎中"条载有明确的保护佛教三宝的条文，"凡道士、女道士以三宝物饷馈官僚、勾合朋党者，皆还俗"④，日本学者诸户立雄和张径真也都根据此复原了相应的《道僧格》条文。不过从宗教角度对三宝物的保护可能不仅仅限于"饷馈官僚、勾合朋党"，如麟德元年（公元664年）就曾有沙门道世表奏道士郭行真等"私窃佛经，简取要略，改张文句，回换佛语"，请求官府加以惩处。⑤ 此外笔记小说当

---

① （唐）道宣撰：《续高僧传》卷二九《唐益州福寿寺释宝琼传》，郭绍林点校，中华书局2014年版，第1180页。

② （宋）宋敏求编：《唐大诏令集》卷一一三《条贯僧尼敕》，洪丕谟、张伯元、沈敖大点校，学林出版社1992年版，第541页。

③ （宋）志磐撰：《佛祖统纪校注》卷四二《法运通塞志》，释道法校注，上海古籍出版社2012年版，第965页。

④ （唐）李林甫等撰：《唐六典》卷四，陈仲夫点校，中华书局1992年版，第126页。

⑤ （唐）释道世：《法苑珠林校注》卷五五《妄传邪教第三》，周叔迦、苏晋仁校注，中华书局2003年版，第1660页。

中也有许多因侵犯三宝物而遭受冥报的记载，如唐代贞观年间的杜通达，"通达见僧经箱，谓意其中是丝绢，乃与妻共计，击僧杀之"，"未几之间，便遇恶疾，不经一年而死"①，杜通达因为贪图僧人的经箱而谋财害命，结果遭受冥报而死。再以唐代江陵的僧人义孚为例，"僧义孚，青社人。解琴，寓于江陵龙兴寺，行止诡谲，府主优容之。俾斋钱帛，诣西川写藏经。或有人偷窃社户所造藏经出货，义孚以廉价赎之，其羡财遂为所有。一旦发觉，卖经者毙于枯木下。此僧虽免罪，未久得疾，两唇反引，有似驴口，其热痛不可忍也，人皆畏见，苦楚备极而死。同寺有数辈，贩鬻经像，惧而舍财，修功德，以孚为鉴戒"②。这个故事中并没有发生以三宝物"饷馈官僚、勾合朋党"，但偷盗藏经并出售的人"一旦发觉"便已经"毙于枯木下"，僧人义孚仅仅是因为"羡财"而赎买了赃物也没能逃脱罪责，最终落了个"有似驴口，其热痛不可忍"的下场。可见就算是在法律层面没有规定禁止"贩卖三宝"的具体条文，在僧团的实践活动当中"贩卖三宝"也是不被允许的。从义孚同寺僧人"惧而舍财"的反应中就可以说明，这个故事最主要的目的就是要劝诫僧人不要去"贩卖三宝"。再以发生在唐代鄜州的"法藏互用三宝物"为例，"藏偶病笃暴终。至一精庐，七宝庄严，非世所有。门外有僧，梵貌且奇特，倡言曰：'法藏汝造伽蓝，不无善报，奈何于三宝物有互用之愆，何从洗雪？'藏首露之，僧曰：'汝但缮写《金刚般若经》，恒业受持，岂不罪销！亦可延尔寿命。'言讫而苏。自躬抄度其经，午夜口诵"③，法藏本来建造伽蓝，是功德无量的事，但仅仅是互用（挪用）了三宝物便被告知"何从洗雪"，可见三宝物从信仰的角度是多么的神圣而不可侵犯。"凡道士、女道士以三宝物响馈官僚、勾合朋党者，皆还俗"条文的设置也应该是出于信仰目的上的考虑。

如上所述，无论是唐律中的"盗毁天尊佛像"条还是诏敕中对佛教场所以及佛教用品的保护，更多的都是出于保护信仰的目的，但对信仰的

---

① （宋）李昉等编：《太平广记》卷一二一《杜通达》，汪绍楹点校，中华书局1961年版，第849页。

② （宋）李昉等编：《太平广记》卷一一六《僧义孚》，汪绍楹点校，中华书局1961年版，第814页。

③ （宋）赞宁撰：《宋高僧传》卷二七《唐鄜州宝台寺法藏传》，范祥雍点校，中华书局1987年版，第688—689页。

保护有时候就会造成一些"何为信,何为不信"以及"如何为信,如何为不信"的悖论存在,这一矛盾在唐后期禅宗兴盛之后则更加突出,到了中唐以后,佛教中以读经为重心的宗派纷纷衰落,而以"不读经,不拜佛"标榜的禅宗则在中国佛教中取得了绝对主导的地位。① 有的高僧甚至不惜以"呵骂佛祖"的方式来表达所谓破除外在的执着,如释宣鉴言"达摩是老臊胡,释迦老子是乾屎橛,文殊普贤是担屎汉。等觉妙觉是破执凡夫,菩提涅槃是系驴橛,十二分教是鬼神簿、拭疮疣纸。四果三贤、初心十地是守古塚鬼,自救不了"。② 相比之下,损毁佛像的事情自然也就不那么稀奇了。再如元和年间的释天然"后于慧林寺遇大寒,然乃焚木佛像以御之。人或讥之,曰:'吾荼毗舍利。'曰:'木头何有?'然曰:'若尔者,何责我乎'。"僧人天然的举止明显触犯了盗毁天尊佛像的规定,但仍然被认作是高僧,"膳部员外郎刘轲撰碑纪德焉。敕谥智通禅师,塔号妙觉"③。还如贞元年间的释义师"好止废寺中,无冬夏常积聚坏幡盖、木佛像,悉代薪炭。又于煨火烧炙鲤鱼,而多跳跃,灰坌弥漫",僧人义师不仅仅毁坏了佛像,还破了肉戒,这无论是在戒律上还是在法律上都是明显的不当行为,但是史籍中也完全是一个正面的神迹形象,"及将死也,饮灰汁数十斛,乃念佛而坐,士庶观之,满七日而死。时盛暑,色不变,支不摧";"又京兆安国寺僧事迹不常,熟地而烧木佛。所言人事,必无虚发。此亦不测之僧也"。④ 不过也有僧人毁坏佛像是为了周济那些贫弱群体,如隋末唐初的僧人法素,"时京邑会昌有沙门法素者,倜傥不伦,操业奇卓","尝有金像二躯,各长一丈,素不忍见斯穷厄,取一镕破,籴米作糜,餧诸饿者"⑤。这种内在实质与外在形式之间的矛盾无疑很难用法律条文来进行衡量,与这种救苦救难的行为相反,宪宗年间的一

---

① 张践:《中国古代政教关系史》,中国社会科学出版社2013年版,第661页。
② (宋)普济:《五灯会元》卷七《德山宣鉴禅师》,苏渊雷点校,中华书局1984年版,第374页。
③ (宋)赞宁撰:《宋高僧传》卷一一《唐南阳丹霞山天然传》,范祥雍点校,中华书局1987年版,第250—251页。
④ (宋)赞宁撰:《宋高僧传》卷二〇《唐吴郡义师传》,范祥雍点校,中华书局1987年版,第525页。
⑤ (唐)道宣撰:《续高僧传》卷三〇《唐京师清禅寺释慧胄传》,郭绍林点校,中华书局2014年版,第1224页。

个故事则更为生动,"李夷简,元和末在蜀。蜀市人赵高好斗,常入狱。满背镂毗沙门天王,吏欲杖背,见之辄止,恃此转为坊市患害。左右言于李,李大怒,擒就厅前,索新造筋棒,头径三寸,叱杖子打天王,尽则已,数三十余不绝"①。由此可见,相对于法律对要保护的实质对象,更多的官员是不会拘泥于形式条文的。②

第二节 淫戒、奸罪与"和合婚姻"条

一 戒律中的"淫戒"与法律中的"奸罪"

淫戒为五戒之首,佛教典籍中关于淫戒的相关记载非常多③,《南海寄归内法传》载:"制在圣意,理可遵行。反以轻心,道其无罪,食噉不知所触,但护淫戒一条,即云我是无罪之人,何劳更烦学律?"④义净虽然是在批评不守戒律之人,但反过来却可以看出,淫戒确实为僧人最基础的戒律。僧传当中关于僧人坚守淫戒的记载也非常普遍,仅举一例,"释光仪,姓李氏,本唐宗室也。父琅琊王与越王起兵欲复本朝,中兴帝道,不克,天后族诛之,而无噍类。仪方在襁褓中,乳母负之而逃","而属中宗即位,唐室复兴,敕求琅琊王后,仪方向寺僧言之。时众大骇,因出诣扶风李使君,即仪之诸父也","使君有女,年齿相侔,一见仪而心悦,愿致情曲。仪恐慑而避焉","仪固拒百端,终不屑就,绐之曰:'身不洁,请沐浴待命。'女许诺,方令具汤沐,女出,因闭关。女还排户,既不得入,自牖窥之,方持削发刀,顾而言曰:'有于此根,故为欲逼,今

---

① (唐)段成式撰:《酉阳杂俎》前集卷八《黥》,《唐五代笔记小说大观》,曹中孚校点,上海古籍出版社2000年版,第613页。

② 学界普遍认为中国古代儒家化的法官在定罪量刑时,并不仅仅是依据法律为唯一的标准,而是情、理、法兼顾,运用多重决讼标准,可参见范忠信、郑定、詹学农《情理法与中国人——中国传统法律文化探微》,中国人民大学出版社1992年版,第231—239页;郝铁川《中华法系研究》,复旦大学出版社1997年版,第65—69页。

③ 可参见曹仕邦《僧史所载中国沙门坚守淫戒的一些实例》,《华冈佛学学报》1981年第5期。

④ (唐)义净:《南海寄归内法传校注》卷一《受斋轨则》,王邦维校注,中华书局1995年版,第70页。

若除此，何逼之为？'女惧止之，不可，遂断其势，投之于地"①。

相比之下僧人不守淫戒的记载在僧传中虽然少见，但也并非没有，如玄奘的弟子窥基在出家时就强调"听我三事，方誓出家。不断情欲、荤血、过中食物也"。后来的记载也表明窥基确实如其所言不守淫戒，"三车自随，前乘经论箱帙，中乘自御，后乘家妓女仆食馔"②。与僧传相比唐代笔记小说中僧人不守淫戒的记载则较多，如"经行寺僧行蕴，为其寺都僧。尝及初秋，将备盂兰会，洒扫堂殿，斋整佛事。见一佛前化生，姿容妖冶，手持莲花，向人似有意。师因戏谓所使家人曰：'世间女人，有似此者，我以为妇'"③，僧人行蕴的轻佻显露无遗。再如禅师邓隐峰④，"末山尼开堂说法，禅师邓隐峰，有道者也，试其所守，中夜挟刃入禅堂，欲行强暴，尼惮死失志。隐峰取去衵服，集众僧以晓之，其徒立散"⑤。还如中唐胜业寺的何马师，"先是寺中小僧何马师与寺中青衣通，青衣后有异志，马师怨之，因搆青衣于寺主。其青衣，不臧之人也，寺主亦素怨之。因众僧堂食未散，召青衣对众，且箠杀之"⑥。据传唐代白行简所撰写的《天地阴阳交欢大乐赋》中更是说佛教僧尼"口虽不言，心常暗许。或是桑间大夫，鼎族名儒，求净舍俗，髠发剃须，汉语胡貌，身长盖粗。思心不触于佛法，手持岂忘乎念珠"⑦。诗人晁采的《子夜歌》

---

① （宋）赞宁撰：《宋高僧传》卷二六《唐上都青龙寺光仪传》，范祥雍点校，中华书局1987年版，第654—655页。

② （宋）赞宁撰：《宋高僧传》卷四《唐京兆大慈恩寺窥基传》，范祥雍点校，中华书局1987年版，第63—65页。

③ （宋）李昉等编：《太平广记》卷三五七《蕴都师》，汪绍楹点校，中华书局1961年版，第2828页。

④ 需要指出邓隐峰在史籍中是禅宗高僧形象，但张松辉对此提出质疑，详见张松辉《十世纪前的湖南宗教》，湖南大学出版社2004年版，第344—345页。此外有学者专门从宗教心理及社会文化的角度对唐代狂僧形象中的"犯戒与成佛"问题进行分析论述，详见曾礼军《〈太平广记〉研究——以宗教文化为视角》，博士学位论文，上海师范大学，2008年；黄敬家《幻化之影：唐代狂僧垂迹的形象及其意涵》，《台大佛学研究》2010年第20期。

⑤ （五代）孙光宪：《北梦琐言》卷四《崔氏女失身为周宝妻》，林艾园校点，《唐五代笔记小说大观》，上海古籍出版社2000年版，第1836页。

⑥ （宋）李昉等编：《太平广记》卷一〇〇《僧齐之》，汪绍楹点校，中华书局1961年版，第672页。

⑦ ［荷］高罗佩：《秘戏图考》，杨权译，广东人民出版社1992年版，第80页。

云"侬既剪云鬟,郎亦分(无)丝发。觅向无人处,绾作同心结"①,台湾学者李玉珍指出该诗是比丘尼之语气写僧尼恋爱,但其也提到关于僧尼恋爱究竟是诗人的游戏之作,或是反映当时的社会现实,今已难考。②此外一些学者还指出唐代密宗本身就具有"纵欲、好色"的特点。③

与淫戒相对应,唐代在法律层面对僧人的奸淫行为也予以了特殊的规定。《唐律疏议·名例》"称道士女官"条:"疏议曰:依杂律云:道士、女冠奸者,加凡人二等。但余条唯称道士、女冠者,即僧、尼并同。若于其师,与伯叔父母同。"④《唐律疏议·杂律》"监主于监守内奸"条:"诸监临、主守于所监守内奸者(谓犯良人),加奸罪一等。即居父母及夫丧,若道士、女冠奸者,各又加一等。妇女,以凡奸论。疏议曰:监临、主守之人,于所监守内奸良人,加凡奸一等,故注云谓犯良人。若奸无夫妇女徒二年,奸有夫妇女徒二年半。即居父母丧,男、女同,夫丧者,妻、妾同,若道士、女冠、僧、尼同,奸者,各又加监临奸一等,即加凡奸罪二等,故云各又加一等。假有监临、主守若道士及僧,并男子在父母丧奸者,妇女以凡奸论。即女居父母丧、妇人居夫丧及女冠、尼奸者,并加奸罪二等,男子亦以凡奸论。其有尊卑及贵贱者,各从本法加罪。"⑤即僧尼与俗家人士奸要加二等处罚,但俗家人士并不同样加等⑥,

---

① 该诗第二句"郎亦分丝发"中的"分"字目前存疑,如李玉珍所选用的台湾复兴书局1977年版《全唐诗》即用的"无"字。如果该字为"分",那此诗未必是专门描写僧尼恋爱之作,详见《全唐诗》卷八〇〇《晁采·子夜诗十八首》,中华书局1960年版,第9000页;陈贻焮主编《增订注释全唐诗》卷七九五《晁采·子夜诗十八首》,文化艺术出版社2001年版,第337页。此外鲁统彦举例许多僧人曾撰写过以爱情为题材的诗作,以证明僧人违戒行为,但写爱情诗与犯淫戒之间还是有很明显的区分的,详见鲁统彦《隋唐时期僧尼角色研究》,博士学位论文,首都师范大学,2005年。

② 李玉珍:《唐代的比丘尼》,台湾学生书局1989年版,第89—90页。

③ 对此问题可参见郭朋《隋唐佛教》,齐鲁书社1980年版,第600—611页;吕建福《中国密教史》,中国社会科学出版社1995年版,第92页;石海军《道教与密宗——兼及印度文化和文学中的艳欲主义》,《外国文学研究》2003年第6期;夏广兴《密教传持与唐代社会》,上海人民出版社2008年版,第280—295页。

④ 岳纯之点校:《唐律疏议》卷六《名例》,上海古籍出版社2013年版,第117页。

⑤ 岳纯之点校:《唐律疏议》卷二六《杂律》,上海古籍出版社2013年版,第424页。

⑥ 李芳曾将无身份关系的道士、女官、僧、尼之间及其与良人之间的奸罪罪刑汇总列表,详见李芳《唐律奸罪研究》,博士学位论文,吉林大学,2013年。

如果僧尼所奸的俗家人士与其本人之间有特殊身份关系，则继续在加凡奸二等的基础上加减刑等。台湾学者劳政武对此评价道，"这种加重，乃是因身份犯奸加重其刑的犯罪中之最严重的"①。值得注意的是，日本学者富谷至对汉唐时期奸罪的概念进行系统的梳理并提出疑问，即唐律中的"奸罪"是否确实意指未婚男女之间的非法性交。其提出至少在汉律中并未将未婚者之间的性交定位奸罪，只有"越界"性交才构成犯罪，这些"越界"包括四种：强奸已婚妇女或与之和奸；居父母丧时犯奸；近亲之间的性交；庶人与奴婢或主、奴之间的性交。② 无论富谷至这四种"越界"的分类是否全面，但从佛教传入中国的时间来看，僧尼犯奸此时绝对没有入律是毫无疑问的。那么这里就产生了一个疑问，即僧尼奸罪的法定化究竟始于何时？李力认为唐律这种规定应当是沿袭前代法律而来，而非唐代初创。③ 如果该条确实沿袭前代法律，那么到底是沿袭哪代法律也是一个极大疑问。北魏孝文帝太和十七年（公元493年）曾"诏立僧制四十七条"④，这在学界已被公认为中国古代最早出现的有关僧尼违法行为的惩戒性规定，这其中确有可能存在僧尼犯奸类的规定，但此时的僧制乃是僧团积极争取自治权的产物，所以并不能说此时即完成了僧尼犯奸的法定化。限于史料的缺失，僧尼犯奸的法定化到底是在北齐、北周、隋，还是时至唐代初设，目前无法定论。

史籍中所记载的僧尼犯奸的案例并不多，但一些僧尼与皇室贵族之间的私通案却耳熟能详，如武则天的男宠薛怀义，后因失宠而被武则天暗杀处死，"僧怀义益骄恣，太后恶之。既焚明堂，心不自安，言多不顺；太后密选宫人有力者百余人以防之。壬子，执之于瑶光殿前树下，使建昌王武攸宁帅壮士殴杀之，送尸白马寺，焚之以造塔"⑤。再如高阳公主与辩机、智勖、惠弘等僧人的私通，"合浦公主，始封高阳"，"得浮屠辩机金

---

① 劳政武：《佛教戒律学》，宗教文化出版社1999年版，第270页。
② ［日］富谷至撰：《奸罪的概念》，赵晶译，《中国古代法律文献研究》第8辑，社会科学文献出版社2014年版，第145页。
③ 李力：《出家·犯罪·立契——1—6世纪"僧人与法律"问题的初步考察》，《法制史研究》2010年第17期。
④ （北齐）魏收撰：《魏书》卷一一四《释老志》，中华书局1975年版，第3039页。
⑤ （宋）司马光编，（元）胡三省音注：《资治通鉴》卷二〇五《唐纪·则天后天册万岁元年》，中华书局1956年版，第6502页。

宝神枕，自言主所赐。初，浮屠庐主之封地，会主与遗爱猎，见而悦之，具帐其庐，与之乱，更以二女子从遗爱，私饷亿计。至是，浮屠殊死，杀奴婢十余。主怨望，帝崩而无哀容。又浮屠智勖迎占祸福，惠弘能视鬼，道士李晃高医，皆私侍主。主使掖廷令陈玄运伺宫省禨祥，步星次。永徽中，与遗爱谋反，赐死。显庆时追赠"。① 还如太平公主与慧范私通，"有胡僧惠范，家富于财货，善事权贵，公主与之私"②，后因为涉及太平公主谋反案而被处死。此外史籍中还记载了武则天时期一尼僧曾因触犯奸罪而被惩罚，"先是，河内老尼昼食一麻一米，夜则烹宰宴乐，畜弟子百余人，淫秽靡所不为。武什方自言能合长年药，太后遣乘驿于岭南采药。及明堂火，尼入唁太后，太后怒叱之，曰：'汝常言能前知，何以不言明堂火？'因斥还河内，弟子及老胡等皆逃散。又有发其奸者，太后乃复召尼还麟趾寺，弟子毕集，敕给使掩捕，尽获之，皆没为官婢"③。但从材料中可以隐约看到，以奸罪惩处该尼可能只是一个罪名，其背后可能还有许多其他因素。张海峰曾提到，唐代僧尼犯奸案例见诸史籍中并不多见，留传者多因涉及皇室贵族，语焉不详。实践中僧人犯奸的处置究竟如何适用法律，其推断当按唐律处罚无疑，辩机等人的处罚只是帝王意志的反映而已。④ 此说法属实，以唐末蜀地的一则记载为例，"有何法成者，小人也，以卖符药为业。其妻微有容色，居在北禅院侧。左院有毳衲者，因与法成相识，出入其家，令卖药银，就其家饮啖而已。法成以其内子饵之，而求其法，此僧秘惜，迁延未传。乃令其妻冶容而接之，法成自外还家掩缚，欲报巡吏。此僧惊惧，因谬授其法，并成要数两，释缚而窜"⑤，何法成试图用美人计窃取僧人的秘方，从记载中"欲报巡吏"，"此僧惊惧"的字眼来看，僧人犯奸罪的处罚应当是比较严格的。

---

① （宋）欧阳修、宋祁撰：《新唐书》卷八三《合浦公主传》，中华书局1975年版，第3648页。

② （后晋）刘昫等撰：《旧唐书》卷一八三《太平公主传》，中华书局1975年版，第4739页。

③ （宋）司马光编，（元）胡三省音注：《资治通鉴》卷二〇五《唐纪·则天后天册万岁元年》，中华书局1956年版，第6499—6500页。

④ 张海峰：《唐代佛教与法律》，上海人民出版社2014年版，第272页。

⑤ （五代）孙光宪：《北梦琐言》卷一一《蔡畋虚诞》，林艾园校点，载《唐五代笔记小说大观》，上海古籍出版社2000年版，第1901—1902页。

二 唐代僧人的家庭与社会生活

虽然唐律对僧尼犯奸罪有着比俗家人士更为严苛的处罚，但从法律条文上来看，法律似乎并没有规定僧人是否可以娶妻生子。明确禁止僧人娶妻的规定在唐代只有在武宗"法难"时期出现过，《入唐求法巡礼行记》载会昌三年（公元843年）十月，武宗敕令天下所有僧尼"曾犯淫养妻不修戒行者，并勒还俗"[1]。清人薛允升就曾注意到这点，但其认为"禁婚"乃是唐代应有的"法义"，只是因为"建文之过于繁琐"才没有明确的条文，"僧道绝无娶妻之理，有犯直科奸罪可耳。不然，尼姑、女冠亦应有嫁人为妻之律矣。何以并无明文耶？此皆建文之过于繁琐者"[2]。鲁统彦则认为这是因为唐前期佛教风气良好，广大僧尼大多能普遍遵守清规戒律，此类违戒犯法之事很少，而佛教戒律对此类行为又多有约束，故而唐律中没有此类规定。[3] 岳纯之也对此提出了深入的分析，其认为唐朝尽管没有僧尼不婚的规定，但由于唐朝自开国以来就一直要求僧尼严守戒律，因此僧尼的身份在事实上已经构成婚姻的法定障碍[4]，柳立言、郑显文等也持相同意见。[5] 由此可见，虽然没有明确的条文规定，但唐代在法理层面对僧尼"禁婚"是没有疑问的。

需要提出的是，除了笔记小说中有僧人娶妻生子的记载之外[6]，唐代一些地方确实存在着僧人畜妻的风俗，如"唐书李德裕传，蜀先主祠旁有獠村，民皆剔发若浮屠者，而畜妻子自如。郑熊番禺杂志，广州僧有室家者，谓之火宅，僧呼僧之妻曰梵嫂。房千里投荒杂录，谓南人不信释氏，间有一二僧皆拥妇食肉，土人以女配之，呼曰师郎。或有疾请僧，设食宰

---

[1] ［日］圆仁：《入唐求法巡礼行记校注》卷三，白化文、李鼎霞、徐德楠校注，花山文艺出版社2007年版，第404页。

[2] （清）薛允升：《唐明律合编》卷一四《僧道娶妻》，怀效锋、李鸣点校，法律出版社1998年版，第348页。

[3] 鲁统彦：《隋唐时期僧尼角色研究》，博士学位论文，首都师范大学，2005年。

[4] 岳纯之：《唐代民事法律制度论稿》，人民出版社2006年版，第78页。

[5] 详见柳立言《宋代的宗教、身分与司法》，中华书局2012年版，第55—56页；郑显文《唐代律令制研究》，北京大学出版社2004年版，第173页。

[6] 此类记载较多，不一一举例，可参见（宋）李昉等编，汪绍楹点校《太平广记》卷九一《法琳》、卷一三四《僧审言》，中华书局1961年版，第604、961页。

杀羊豕以啗之，目为除斋"①。事实上中国传统伦理中的孝道也为僧人成家提供了一些界限上的模糊②，也就是说僧人"禁婚"背后还将涉及一系列的后续法律问题，如出家僧人与原生家庭之间，尤其是妻、子之间的法律关系等，这可能也是唐代法律未明文规定僧人"禁婚"的原因之一。史籍中不乏僧尼在出家之前曾婚娶过的记载，如"尼妙寂，姓叶氏，江州浔阳人也。初嫁任华，浔阳之贾也"③。此外还有僧人为了传承宗祧而娶妻生子的案例，如《大龙兴寺崇福法师塔铭并序》记载"法师年弱冠，身未离俗，以为父母遗体，期于报复，先宗不嗣，罪莫大焉"④，在完成了娶妻生子的"任务"之后，其才于景龙元年（公元707年）出家为僧。甚至还有夫妻共同出家的记载，如释植相原本是巴西郡吏，因公事下扬都，在扬都见识到了佛法的兴盛而发愿出家，返家后夫妻二人一同出家，"释植相，姓郝氏，梓潼涪人。尝任巴西郡吏，太守郑贞令相赍献物下扬都，见梁祖王公崇敬三宝，便愿出家。及还上蜀，决誓家属，并其妻子既同相志，一时剪落"⑤。这些已有家室的僧人们虽然形式上完成了出家，但很难与本来的家庭划清界限，这就导致了大量家庭内部供养僧尼的现象，如《大唐故空寂师墓志铭》载尼僧空寂"年五十二，以开元六年

---

① （清）赵翼：《陔馀丛考》卷四二《妻肉僧》，商务印书馆1957年版，第940—941页。郑显文曾提出李德裕所说的这种现象主要是国家编户百姓为逃避繁重的赋役而假冒出家，并非真正的僧人，详见郑显文《唐代律令制研究》，北京大学出版社2004年版，第174页。但如前文僧籍章节中所言，此时有许多通过进纳度僧而取得度牒之僧人，郑显文所言的"真正的僧人"如果从信仰层面是成立的，但如果从形式层面而言，这种僧人未必不是"真正的僧人"。虽然学界对僧尼娶妻问题存有争议，但诸位学者基本上认同唐代僧人娶妻的事实，只是对该情况的普及程度上存有不同意见，详见岳纯之《唐代民事法律制度论稿》，人民出版社2006年版，第79—80页。

② 王寿南、杜文玉等学者在研究唐代另一特殊人群——宦官群体时曾指出，唐代宦官之娶妻同样为非常普遍的现象，详见王寿南《唐代宦官权势之研究》，台湾正中书局1971年版，第120页；杜文玉《唐代宦官婚姻及其内部结构》，《学术月刊》2000年第6期。陈弱水也以唐代僧尼均与本家保持密切联系反证对血亲关系的重视是中古文化中最强大的力量之一，详见陈弱水《隐藏的光景：唐代的妇女文化与家庭生活》，广西师范大学出版社2009年版，第160页。可见唐代的家庭观念对社会的各个阶层均有较深刻的影响。

③ （宋）李昉等编：《太平广记》卷一二八《尼妙寂》，汪绍楹点校，中华书局1961年版，第906页。

④ 周绍良主编：《唐代墓志汇编》，上海古籍出版社1992年版，第1233页。

⑤ （唐）道宣撰：《续高僧传》卷二六《梁蜀土青城山寺释植相传》，郭绍林点校，中华书局2014年版，第988页。

（公元 718 年）六月终于家。以开元廿七年（公元 739 年）八月廿四日葬于奉天县秦川下原，祔先君之茔侧也"①。从"终于家""祔先君之茔侧"这样的记载来看，这位尼僧无疑与其原本的家庭保持着密切的联系。再如《大慈禅师墓志铭并序》中的僧人大慈同样是有妻有子并终于自己的宅所，"天宝五载（公元 746 年）十月廿九日，化灭于静恭里第，今终于第不于僧房者，盖在俗有子曰收，致其忧也"②，这些情况使出家僧人与其原生家庭之间有着剪不断、理还乱的关系③。此外根据郝春文的研究，这种僧尼在俗家生活的现象在晚唐敦煌地区更是非常普遍。④ 以 S.528 号《三界寺僧智德状》为例，"右智德忝是僧人，家无佇积。自恳自光，阙/给资粮，切缘仆从不多，随宜且过。为□僧数不同俗人，其某出/生便共董僧正同活。慈母在日，阿舅家得娚一人。其母亡/后，智德于主产得儿女三人，并汜和尚劫将，衣食分坏，针草/不与。智德父兼亲情内，并总告报，亦不放人，乃无计思量，口承/边界，镇守雍归。只残老父一人，亦在和尚同活，早夜/不离，他乃共庄客一般效力。/今智德发日临近，现要缠裹衣食，寸尺全无"，"伏/请 处分"⑤，僧人不仅娶妻生子，还对妻女的人身依附关系提起相关诉讼，可见敦煌地区僧尼娶妻生子现象的普遍性和合法性。值得注意的是，该诉状中的原告方智德所在的三界寺是敦煌

---

① 周绍良、赵超主编：《唐代墓志汇编续集》，上海古籍出版社 2001 年版，第 569 页。
② 周绍良主编：《唐代墓志汇编》，上海古籍出版社 1992 年版，第 1625 页。
③ 学界对唐代出家僧人，尤其是尼僧与原生家庭之间关系论述较多，均认为其与原生家庭之间关系非常亲密，可参见焦杰《从唐墓志看唐代妇女与佛教的关系》，《陕西师范大学学报》2000 年第 1 期；黄清发《唐代僧尼的出家方式与世俗化倾向》，《南通师范学院学报》2002 年第 1 期；杨梅《唐代尼僧与世俗家庭的关系》，《首都师范大学学报》2004 年第 5 期；李晓敏《隋唐时期的出家人与家庭》，《河南社会科学》2005 年第 2 期；鲁统彦《隋唐时期僧尼角色研究》，博士学位论文，首都师范大学，2005 年；陈艳玲《唐代城市居民的宗教生活：以佛教为中心》，博士学位论文，华东师范大学，2008 年；刘琴丽《墓志所见唐代比丘尼与家人关系》，《华夏考古》2010 年第 2 期；于志刚《唐代的僧人、寺院与社会生活——以〈太平广记〉为中心》，硕士学位论文，郑州大学，2013 年；朱继莲《出家不出世：隋唐时期比丘尼的世俗性特征》，硕士学位论文，云南师范大学，2013 年；张梅雅《唐代长安比丘尼的形象塑造与社会活动：以墓志为主的探讨》，《新世纪宗教研究》2015 年第 13 卷。
④ 郝春文：《唐后期五代宋初敦煌僧尼的社会生活》，中国社会科学出版社 1998 年版，第 76—83 页。
⑤ 唐耕耦、陆宏基编：《敦煌社会经济文献真迹释录》第 4 辑，全国图书馆文献缩微复制中心 1990 年版，第 156 页。

著名佛寺①，被告方氾和尚在史籍中也是有名的高僧大德，被认为"戒珠恒朗，行洁清冰"②，这再次印证了娶妻生子对于敦煌僧人的戒行问题几乎没有任何影响。李正宇还以莫高窟第12窟东壁门上方中央画窟主夫妇供养像为例，其中夫妇分做两边，中间一长方形题名牌上写"窟主沙洲释们都法律和尚金光明寺僧索义辩□□□□"。根据李正宇的考证，索义辩为敦煌名僧，生于贞元十年（公元794年），寿终于咸通十年（公元869年），其在僧俗两界都有很高的声望，这样一位高僧特意将其夫妇二人的画像画到自己修建的佛窟之中，可见敦煌僧人娶妻的观念已经被社会民众所认可。③

不过有趣的是，敦煌文献中男性僧人的婚娶事例很多，而女性僧人即尼僧的婚嫁记载却几乎没有。石小英对此归纳了五点原因：一是女性更能从宗教信仰中得到心灵慰藉；二是佛教戒律本来对比丘尼的要求就更为严苛；三是政府可能对尼僧实行严格的禁婚政策；四是女性独特的身心特征；五是女性的信仰可能更为虔诚。④ 此外台湾学者李玉珍也指出比丘尼和女冠在坚守淫戒上的社会形象上有着很大的区别，其提出唐代妓女年老色衰后，除了从良出家、做老鸨外，入道为女冠者甚多，其中最著名的有李季兰、李当当、薛涛等。而妾宠衰下堂之后，除了再嫁外，亦多是为女冠，其著名者如鱼玄机。高聪有妓十余人，病危之时不愿他们再嫁，命令她们烧指吞炭，出家为尼。这个例子反映出比丘尼形象和守节相合，而女冠则否。⑤ 吴智勇也持类似观点，认为唐代尼僧出家有很多是出于守节目的。⑥ 宋人王栐在评论僧尼奸淫的问题上，也完全把尼僧视为受害者来看待，"近世僧戒坛中，公然招诱新尼受戒，其不至者，反诬以违法。尼亦

---

① 学界对敦煌三界寺已有非常深入的研究，学术史回顾可参见陈大为《唐后期五代宋初敦煌僧寺研究》，博士学位论文，上海师范大学，2008年；王秀波《唐后期五代宋初敦煌三界寺研究》，硕士学位论文，上海师范大学，2014年。

② 姜伯勤、项楚、荣新江：《敦煌邈真赞校录并研究》，台湾新文丰出版公司1994年版，第143页。

③ 李正宇：《晚唐至宋敦煌听许僧人娶妻生子》，《敦煌佛教与禅宗学术讨论会文集》，三秦出版社2007年版，第18—20页。

④ 石小英：《八至十世纪敦煌尼僧研究》，人民出版社2013年版，第223—226页。

⑤ 李玉珍：《唐代的比丘尼》，台湾学生书局1989年版，第90—91页。

⑥ 吴智勇：《唐代僧尼出家的非信仰因素》，《中华文化论坛》2011年第1期。

不知法令本以禁僧也，亦信以为然"①。可能正是出于这种原因，唐代对尼僧在此方面的或保护或规制也就更为细致，为了防止僧人触犯淫戒以及相关的法律，甚至有尼僧妇女不得驻足寺庙的规定，如《续高僧传》载："非律所许，寺法不停女人尼众，誓不授戒，及所住房，由来禁约，不令登践，斯励格后代之弘略也。"② 郑显文等学者也根据不同的史料复原了《道僧格》中的"不得辄入尼寺"条。此外当女官以及尼僧成为奸淫类犯罪的受害者时，法律也对他们进行了着重的保护。如《唐律疏议·杂律》"监主于监守内奸"条载："诸监临、主守于所监守内奸者（谓犯良人），加奸罪一等"，"若道士、女冠、僧、尼同，奸者，各又加监临奸一等，即加凡奸罪二等，故云各又加一等"③，即监临主守如果奸淫监所内的女官、尼僧，要再各加一等，加凡奸两等判刑。再如《唐律疏议·杂律》"和奸无妇女罪名"条载："其媒合奸通之人，减奸罪一等"，"罪名不同者，从重减。假有俗人媒合奸女冠，男子徒一年半，女冠徒二年半，媒合奸通者犹徒二年之类，是为从重减"④，媒合俗家男性与尼僧和奸，媒合者的处罚也要更重一些。

三 "和合婚姻" 的意义辨析

郑显文曾复原《道僧格》中的"和合婚姻"条，意指禁止出家人撮合婚姻的行为⑤，主要依据为《唐六典·祠部郎中》中的"若巡门教化、和合婚姻、饮酒食肉，设食五辛、作音乐博戏、毁骂三纲、凌突长宿者，皆苦役也"⑥ 及《庆元条法事类》中的相关规定。周奇及赵晶对此提出反驳，周奇认为《僧尼令》中没有相应条文，仅凭《唐六典》和《庆元条法事类》认定《道僧格》条文在逻辑上不能成立⑦，此外其与郑显文不同

---

① （宋）王栐撰：《燕翼诒谋录》卷二，诚刚点校，中华书局 1980 年版，第 20 页。
② （唐）道宣撰：《续高僧传》卷九《隋相州演空寺释灵裕传》，郭绍林点校，中华书局 2014 年版，第 316 页。
③ 岳纯之点校：《唐律疏议》卷二六《杂律》，上海古籍出版社 2013 年版，第 424 页。
④ 同上。
⑤ 郑显文：《唐代律令制研究》，北京大学出版社 2004 年版，第 173 页。
⑥ （唐）李林甫等撰：《唐六典》卷四，陈仲夫点校，中华书局 1992 年版，第 126 页。
⑦ 周奇：《唐代宗教管理研究》，博士学位论文，复旦大学，2005 年。

乃认为《唐六典·祠部郎中》中的"和合婚姻"是禁止畜妻妾之意。① 赵晶则称无论《僧尼令》还是郑氏复原，皆有禁"奸"、禁"停妇女、男夫"等条，禁止婚姻的法义已在其中，何需单列一条？② 日本学者秋月观暎以及张径真同意"和合婚姻"条的复原，也认为"和合婚姻"是指为他人做媒撮合婚姻。③ 虽然唐代法律对僧尼明确禁"奸"，但如前文所述，唐代对僧人的禁"婚"更多的还是在法理的层面之上，纵观唐代法律规定的确未见明确禁婚的条文规定。

开元年间有这样一个记载，"崔氏令僧潜求聘二女，鬼知而怒曰：'和尚为人作媒，得无怍乎？'僧惭而去。"④ 于志刚据此认为这"足以看出僧人群体中有专门从事媒婆或红娘的角色的人"⑤，但从女鬼对僧人的呵斥以及僧人的"惭而去"来看，似乎反映的意思正好相反，即当时的社会民众并不认同僧人做媒。当然，仅凭笔记小说中的这样一段记载并不能说明太多问题，但于志刚对寺院生活的另外一段论述尤为值得深思。其提到在《太平广记》中有许多在寺院中习业的举子与意外邂逅的女子短暂相恋的故事，这类故事总是充满了志怪色彩，故事中的女子多为鬼怪、灯光、植物的化身，但是故事情节却隐含了唐代的社会现实。唐代举子在科举及第之前，由于经济、门第等问题，婚姻很难实现⑥，而故事中的这些女子的真实身份，很有可能是寺院中的一些青衣或者奴婢之类的底层女子。而随着举子进京应考，双方的关系也将结束，即使举子愿意和这类女子喜结连理，也容易遭到家庭的反对和社会舆论的嘲笑。⑦ 那么也就是说，虽然双方当事人的初衷可能都并非恶意，但寺院在某种程度上却成了

---

① 周奇：《唐代宗教管理研究》，博士学位论文，复旦大学，2005 年。

② 赵晶：《唐代〈道僧格〉再探——兼论〈天圣令·狱官令〉"僧道科法"条》，《华东政法大学学报》2013 年第 6 期。

③ 张径真：《法律视角下的隋唐佛教管理研究》，博士学位论文，中国社会科学院研究生院，2012 年。

④ （宋）李昉等编：《太平广记》卷一三〇《窦凝妾》，汪绍楹点校，中华书局 1961 年，第 920 页。

⑤ 于志刚：《唐代的僧人、寺院与社会生活——以〈太平广记〉为中心》，硕士学位论文，郑州大学，2013 年。

⑥ 张国刚、蒋爱花：《唐代男女婚嫁年龄考略》，《中国史研究》2004 年第 2 期。

⑦ 于志刚：《唐代的僧人、寺院与社会生活——以〈太平广记〉为中心》，硕士学位论文，郑州大学，2013 年。

一个极易发生不正当男女关系的地方。[①] 而在这一过程中，虽然僧人并不一定是赞同的，但可能也并没有进行太多的干涉。李艳茹在研究唐代寺院的世俗生活时，也多次提到寺院是唐代陌生青年男女见面约会的重要场所[②]，鲁统彦也曾举例许多僧人撰写的以爱情为题材的诗作[③]，这些诗作写的可能并不是僧人自己，而恰恰就是其所见证的这些青年男女之间的恋情，这可能就是"和合婚姻"的本意。且在道宣的《四分律删繁补阙行事钞》中特别有提及，"三无记心犯者，谓元非摄护，随流任性，意非善恶，泛尔而造。如比丘方坐高谈，虚论费时，损业纵放身口，或手足损伤草木地土，和僧媒娶，妄用僧物，长衣过限，非时入俗手触僧器，坏身口仪。如是众例并通摄犯，唯除恒坏护持误忘而造，此非心使不感来业，非即如上"[④]，此处道宣所使用的"和僧媒娶"与"和合婚姻"基本上是同义，且在道宣眼中僧人所从事的这种撮合婚姻之行为乃是一种"无记心犯"，即并非严重的破戒行为，而是一种无意的或善意的行为，也与当时的社会客观情况相符，因此"和合婚姻"是撮合婚姻的可能性似乎最大。

此外诸位学者在复原《道僧格》相关条文时虽然主要以佛教相关史料作为依据，但《道僧格》却并非单为佛教而设，尽管佛道二教之间的现实差异使得《道僧格》中许多条文之法律实践存在冲突，但就"和合婚姻"条而言，道教的相关内容也为我们提供了一个观察的视角。如唐代的《增补秘传万法归宗》是一本道教巫术集大成之作，现存的清末坊刻本虽然有明清道士所作的某些修改，但是由于其基本内容在敦煌唐人写本中多卷有映证之处，故可断定清末坊刻本是从唐代传下来的。[⑤] 而在该书

---

① 杨庆堃在描述中国近代的庙会时曾提到，"在庙会上，平日严格的男女之大防的约束放松了，一直被限制在家里的妇女们有机会和男人们混在一起说话。调情也常常变得公开，这在规矩严谨的日常生活中简直是不可能的"。详见杨庆堃《中国社会中的宗教：宗教的现代社会功能及其历史因素之研究》，范丽珠译，上海人民出版社 2006 年版，第 90 页。此观点或许也可以为寺庙在撮合男女关系的问题上提供一定的借鉴。

② 李艳茹：《唐代小说呈现的佛教寺院社会生活图景》，香港大学饶宗颐学术馆 2011 年版，第 55—75 页。

③ 鲁统彦：《隋唐时期僧尼角色研究》，博士学位论文，首都师范大学，2005 年。

④ （唐）道宣撰：《四分律删繁补阙行事钞》卷中《篇聚名报篇第十三》，CBETA 电子佛典集成，T40n1804。

⑤ 高国藩：《中国巫术史》，上海三联书店 1999 年版，第 319 页。

中就存在一种颇为有趣的道教巫术——月老配偶巫术，"凡取大丹，窈窕女子，真正洁白，友无疾病，年庚日月生时人的。用桃符一块，刻成方圆五寸二分，纸人上用印一颗，仰合定，以绒系之，祭六甲坛下，脚踏一合二字，左手雷文，右手和合剑诀，东方气一口，念咒七遍，焚符一道。四十九日毕，将剪纸人焚六甲坛下。光明用印于上。左手雷文，右手五龙合珠诀，其女自来成就"，不仅有详细的巫术使用指南，甚至还配有《和合咒》及和合符印图案①，可见在道教巫术语境下"和合"二字不仅有明确的撮合婚姻之意，甚至还带有鲜明的巫术色彩，这也可能是在《道僧格》中选取此一用语的原因之一。

除了"撮合婚姻"之义以外还有另外一种推测，《唐律疏议》中禁止通婚的法律条文中虽未见使用"和合婚姻"的情形②，但佛教中却存在专属用语的"和合"，即"和合僧"或"和合众"中的"和合"，僧众三人以上持同戒、行同道，称为"和合僧"，若有人以不当手法使其分离，称为"破和合僧"。③ 此外仁井田陞辑佚的唐令当中也曾使用到这一用词，《唐令拾遗》之户令三十三："假令，先不由主婚，和合奸通，后由祖父母等立主婚已讫后，先奸通事发者，纵生子孙犹离之耳。常赦所不免，悉赦除者不离。唐令犹离者非。"④ 此处的"和合"毫无疑问乃是"私合""私通"之义。如果按照这种理解，《唐六典》中的"和合婚姻"也很有可能专指僧尼婚姻。当然以上这两种说法都还只是推测，目前还没有见到明确的证据，所以《道僧格》中是否存有"和合婚姻"条以及"和合婚姻"究竟代指何种含义还有待进一步考证。

---

① （唐）袁天罡、李淳风撰：《增补秘传万法归宗》卷五《月老配偶章》，孙正治点校，中医古籍出版社 2012 年版，第 384—386 页。

② 唐律中关于禁止通婚的规定多用不得"为婚"的字眼，如《唐律疏议·户婚》"杂户不得娶良人"条中"诸杂户不得与良人为婚，违者杖一百"等，详见岳纯之点校《唐律疏议》卷一四《户婚》，上海古籍出版社 2013 年版，第 219—229 页。

③ 详见郭齐《"和合"析论》，《四川大学学报》1999 年第 2 期；严耀中《佛教戒律与中国社会》，上海古籍出版社 2007 年版，第 24 页；叶珠红《唐代僧俗交涉之研究——以僧人世俗化为主》，台湾花木兰文化出版社 2010 年版，第 26 页。

④ ［日］仁井田陞：《唐令拾遗》，栗劲、霍存福等编译，长春出版社 1989 年版，第 161 页。

第三节　酒肉戒、杀生戒与"饮酒"条

一　破戒的"神僧"形象

不得饮酒是僧尼基本的五戒之一,《佛说优婆塞五戒相经》载:"佛言:'圣人饮酒尚如是失,何况俗凡夫如是过罪!若过是罪,皆有饮酒故。从今日若言我是佛弟子者,不得饮酒,乃至小草头一滴,亦不得饮。'"① 不过潘春辉敏锐地注意到了佛教戒律当中的一些矛盾模糊之处,以酒戒为例,《根本说一切有部毗奈耶》"饮酒学处第七十九"条载"若苾刍饮诸酒时但有酒色,若能醉者波逸底迦,若不醉者,得一恶作罪","若苾刍饮醋之时有酒色者,饮之无犯。若饮熟煮酒者,此亦无犯。若是医人令含酒或涂身者无犯"②,这无疑是为酒戒作了一些变通的规定。至于食肉,佛教传入之初并不禁止僧尼吃肉,学界普遍认为汉传佛教将素食加以制度化是从梁武帝于天监十年(公元 511 年)书《断酒肉文》③ 用皇权使食肉成为正式的戒律而被后世沿承的④。唐代曾有明确的规定禁止僧人饮酒食肉,如《唐六典·祠部郎中》载:"若服俗衣及绫罗、乘大马、酒醉、与人斗打、招引宾客、占相吉凶、以三宝物品饷馈官僚、勾合朋党者,皆还俗。若巡门教化、和合婚姻、饮酒食肉,设食五辛、作音乐博戏、毁骂三纲、凌突长宿者,皆苦役也。"⑤ 再如玄宗曾下《禁僧道不守戒律诏》,"缁黄二法,殊途一致;道存仁济,业尚清虚。迩闻道僧。不守戒律,或公讼私竞,或饮酒食肉,非处行宿,出入市廛,罔避嫌疑,莫

---

① (南朝宋)求那跋摩译:《佛说优婆塞五戒相经》,《大正藏》第 24 册,CBETA 电子佛典集成,T24n1476。

② (唐)义净译:《根本说一切有部毗奈耶》第四二卷,《大正藏》第 23 册,CBETA 电子佛典集成,T23n1442。

③ (清)严可均辑:《全梁文》卷七《断酒肉文》,商务印书馆 1999 年版,第 72—81 页。

④ 关于汉传佛教素食传统及相关戒律介绍可参见曹文斌、陈升磊《中国汉传佛教素食传统形成的原因》,《中国宗教》2010 年第 7 期;林清凉《中国汉传佛教素食观疑义略辩》,《法音》2012 年第 6 期;圣凯《汉传佛教素食传统浅谈》,《中国宗教》2013 年第 8 期。

⑤ (唐)李林甫等撰:《唐六典》卷四,陈仲夫点校,中华书局 1992 年版,第 126 页。

遵本教。有一尘累，深坏法门。宜令州县官严加捉搦禁止"①。诸户立雄、郑显文、周奇、张径真等学者也纷纷据此复原了《道僧格》中的"饮酒"条。

僧人触犯戒律于佛教教理教义不符，所以在一些史料经常出现破戒僧人遭受"冥报"的故事。如唐代襄州的僧人怀秀，"梁崇义在襄州，未阻兵时，有小将孙咸暴卒，信宿即苏。梦至一处，如王者所居，仪卫甚严，有吏引与一僧对事。僧法号怀秀，亡已经年，在生极犯戒，及入冥，无善可录，乃绐云：'我常嘱孙咸写《法华经》。'故咸被追对。咸初不省，僧故执之，经时不决，忽见沙门曰：'地藏尊者语云，弟子若招承，亦自获祐。'咸乃依言，因得无事"②。但需要指出，戒律并不是一成不变的，佛教戒律本来就有灵活性与开放性的一面，"依法不依人，依义不依语，依智不依识，依了义经不依不了义经"③，其可以根据具体条件而改变形式，如上文所言，汉传佛教的素食戒就并非自印度传来时即有。此外戒律可以分为"性戒"和"遮戒"两种，"性戒"即"淫""杀""盗""妄语"四种，若有违犯是会被逐出教团的，至于其他的戒条便是"遮戒"，如果犯了"遮戒"，只要经过一定程序的"忏法"就可以除去其罪。④

随着禅宗在唐代中后期的发展与流行，酒肉戒以及法律上此类规定的实效性应该是有了很大的折扣。正如有学者提出，唐代的寺院本来就是文人官僚们颇为钟情的宴饮场所⑤，如"光在河中时，遇国忌行香，便为判官及屈诸客就寺醮饮。征令，时薛起居保逊，为客在坐，光把酒曰：'某改令，身上取果子名。'云：'胠脐。'他人皆寻思不得，至薛还令，云：'脚杏。'满坐大笑"⑥。再如"姜楚公，尝游禅定寺。京兆办局甚盛，及

---

① （清）董诰等编：《全唐文》卷二九《禁僧道不守戒律诏》，孙映达等点校，山西教育出版社 2002 年版，第 195 页。
② （唐）段成式撰：《酉阳杂俎》续集卷七《金刚经鸠异》，《唐五代笔记小说大观》，曹中孚校点，上海古籍出版社 2000 年版，第 767—768 页。
③ 谈锡永主编：《大般涅槃经·四依品》，中国书店 2009 年版，第 190 页。
④ 可参见王建光《中国律宗通史》，凤凰出版社 2008 年版，第 6 页；陈晓聪《中国古代佛教法初探》，博士学位论文，华东政法大学，2011 年。
⑤ 详见李艳茹《唐代小说呈现的佛教寺院社会生活图景》，香港大学饶宗颐学术馆 2011 年版，第 22 页；周次吉《寺院考（Ⅰ）——唐人小说中的寺院》，《朝阳学报》2000 年第 5 期。
⑥ （宋）李昉等编：《太平广记》卷二六一《郑光》，汪绍楹点校，中华书局 1961 年版，第 2041 页。

饮酒，座上一妓绝色"①，还如权长孺"将诣阙求官，临行，群公饮饯于禅智精舍"②。此外禅宗流行后还出现了很多"酒肉僧"外形下的"神僧"形象③，以唐代洛阳广爱寺的一个事件为例，"次有僧至，颇见貌刚而率略，与律师并房安置。其后到僧谓主人曰：'贫道远来，疲顿馁之。主人有美酒酤满罂，梁肉买半肩，物至酬直，无至迟也。'主人遽依请办，僧饮啖之，都无孑遗。其律师呵之曰：'身披法服，对俗士恣行饮啖，不知惭报。'其僧不答，初夜索水盥漱，端身趺坐，缓发梵音，诵《华严经》，初举题目，次言'如是我闻'已下。其僧口角两发金色光，闻者垂泣，见者叹嗟。律师亦生羡慕，窃自念言：'彼酒肉僧，乃能诵斯大经！'比至三更，犹闻诵经，声声不绝，四袟欲满，口中光明转更增炽，遍于庭宇，透于窗隙，照明两房。律师初不知是光，而云：'彼客何不息灯，损主人油烬？'律师因起如厕，方窥见金色光明自僧之口两角而出。诵至五袟已上，其光渐收，却入僧口。夜将五更，诵终六袟，僧乃却卧。须臾天明，律师涕泣而来，五体投地，求哀忏过，轻谤贤圣之罪"④。在这个事件中身为律师的僧人谴责"酒肉僧"饮酒食肉的破戒行为，本属再正常不过，但最后却因为"酒肉僧"的种种"神通"现象而"五体投地，求哀忏过"。与此非常类似的还有僧法照，"过中时乞食不得。乃咄遣童买彘肉煮，夹胡饼数枚，粗食略尽，且无耻愧，旁若无人。客皆诟骂，少年有欲驱者。照殊不答。至夜，念金刚经，本无脂烛，一室尽明，异香充满。凡二十一客皆来礼拜谢过，各施衣物"⑤。再以长安僧人法将的经历为例，"长安有讲《涅槃经》僧曰法将，聪明多识，声名籍甚，所在日讲，僧徒归之如市。法将僧到襄阳，襄阳有客僧，不持僧法，饮酒食

---

① （唐）段成式撰：《酉阳杂俎》前集卷四《祸兆》，《唐五代笔记小说大观》，曹中孚校点，上海古籍出版社2000年版，第594页。

② （宋）李昉等编：《太平广记》卷二〇一《权长孺》，汪绍楹点校，中华书局1961年版，第1517页。

③ 其中最为著名的当属"济公"，但"济公"形象原型是宋僧，所以在此不进行详细介绍，可参见吕堃《济公形象的演变及其文化阐释》，《天中学刊》2012年第6期。

④ （宋）赞宁撰：《宋高僧传》卷二四《唐洛阳广爱寺亡名传》，范祥雍点校，中华书局1987年版，第620—621页。

⑤ （宋）赞宁撰：《宋高僧传》卷二五《唐陕府法照传》，范祥雍点校，中华书局1987年版，第636页。

肉，体貌至肥，所与交，不择人，僧徒鄙之。见法将至，众僧迎而重之，居处精华，尽心接待。客僧忽持斗酒及一蒸肫来造法将，法将方与道俗正开义理，共志心听之。客僧径持酒肴，谓法将曰：'讲说劳苦，且止说经，与我共此酒肉。'法将惊惧，但为推让，客僧因坐户下，以手擘肫裹而餐之，举酒满引而饮之。斯须，酒肉皆尽，因登其床而寝。既夕，讲经僧方诵《涅槃经》，醉僧起曰：'善哉妙诵，然我亦尝诵之。'因取少草，布西墙下，露坐草中，因讲《涅槃经》。言词明白，落落可听。讲僧因辍诵听之，每至义理深微，常不能解处，闻醉僧诵过经，心自开解。比天方曙，遂终《涅槃经》四十卷。法将生平所疑，一朝散释都尽"[1]。与此非常类似的还有一个名为彦范的老僧，"年八十，犹强精神，僧律不亏。唯颇嗜饮酒，亦不乱。学者有携壶至者，欣然受之，每饮三数杯，则讲说方锐"[2]。以上这几个记载非常清晰地展现了当时社会民众对僧人饮酒食肉态度的转变，饮酒食肉本身于戒律不符，因而此类僧人在当时很容易招来旁观者的鄙夷与训斥，但是当"酒肉僧"大显神通之时候众人又"皆来礼拜谢过"。这几个故事正说明了在唐后半期随着禅宗的兴盛，"酒肉穿肠过，佛祖心中留"的禅宗思想更被社会民众所接受，所以禁止僧人饮酒食肉的法律规定可能并不具有什么实效性。以晚唐兴元府梁山寺的一个事件为例，这一事件为破"酒肉戒"开脱罪责的意味可以说是更为明显，"平常酷嗜酒食肉，粗重公行，又纲任众事，且多折中，僧亦畏焉，号为上座。时群缁伍一皆傚习，唯此无惧。上座察知而兴叹曰：'未住净心地，何敢逆行？逆行非诸人境界。且世云金以火试，待吾一日一时试过。'开成中忽作大饼，招集徒众曰：'与汝曹游尸陀林去。'盖城外山野多坟塚，人所弃尸于此，故云也。上座踞地舒饼裹腐烂死尸，向口便啖，俊快之状颇嘉，同游诸僧皆掩鼻唾地而走。上座大叫曰：'汝等能餧此肉，方可餧他肉也已。'自此缁徒警悟，化成精苦焉。远近归信"[3]。身为寺院三纲之一的上座不仅仅"嗜酒食肉"，还用饼卷死人肉而食，不能不

---

[1] （宋）李昉等编：《太平广记》卷九四《法将》，汪绍楹点校，中华书局1961年版，第630页。

[2] （宋）王谠撰：《唐语林校证》卷四《栖逸》，周勋初校证，中华书局1987年版，第393页。

[3] （宋）赞宁撰：《宋高僧传》卷二一《唐兴元府梁山寺上座亡名传》，范祥雍点校，中华书局1987年版，第549页。

说是惊世骇俗，而按照他的理论，似乎"境界"如果高到了一个程度，那么这些都只是表象而与信仰而言根本是无关紧要的事。

二 对"饮酒"条的司法适用

虽然史料中不乏僧人饮酒吃肉的记载，但同时也确有记载相关官员试图对此类行为进行惩戒。如孝感寺的广陵大师"好嗜酒啖肉，常衣繐裘"，有一耆年僧就训斥他"汝胡不谨守戒法，奈何食酒肉，屠犬豕"，"岂是僧人本事耶！一旦众所不容，执见官吏，按法治之，何处逃隐"①。不过结尾还是因为广陵大师的大显神通而被众僧瞻礼膜拜。再如婺州陆长源，"判僧常满、智真等同于倡家饮酒，烹宰鸡鹅等事，云：'且口说如来之教，在处贪财；身着无价之衣，终朝食肉。苦行未同迦叶，自谓头陀；神通何有净名，入诸淫舍。犯尔严戒，黩我明刑，仍集远近僧，痛杖三十处死。'"②陈登武对此提出其不可视为最后判决，而只能是陆氏的主张，然亦可见他对于这种同时触犯淫戒和酒戒的僧人的痛恨③，但日本学者浜田直也则以此判决认定《道僧格》中的"饮酒"条是明确被适用的。④笔者倾向陈登武的观点，虽然在判词中使用了"黩我明刑"的字眼，但无论是奸淫类犯罪还是破酒肉戒似乎都不至于到"痛杖三十处死"的地步，所以说这个案例更多表达的是陆长源个人对僧人犯戒的厌恶，而不能算是一种正式的司法处理。这种官员因个人喜恶而对僧人犯罪处以特别刑罚的情形在史籍中并不止一例，如李绅"及领会稽，僧有犯者，事无巨细，皆至极刑"⑤，因官员个人感情色彩而存在的极特殊"自由裁量"并不能被认为是唐代社会的普遍情形，严耀中、叶珠红也都提到唐代官吏

---

① （宋）赞宁撰：《宋高僧传》卷一九《唐扬州孝感寺广陵大师传》，范祥雍点校，中华书局1987年版，第490—491页。

② （唐）范摅撰：《云溪友议》卷下《金仙指》，《唐五代笔记小说大观》，阳羡生校点，上海古籍出版社2000年版，第1315页。

③ 陈登武：《从内律到王法：唐代僧人的法律规范》，《政大法学评论》2009年第111期。

④ ［日］浜田直也：《唐代仏教制度管見——仏教と律令》，载《佛教史学研究》1991年第34卷第1号。

⑤ （唐）范摅撰：《云溪友议》卷上《江都事》，阳羡生校点，《唐五代笔记小说大观》，上海古籍出版社2000年版，第1268页。

判僧，各地方官在执行时弹性很大①，判处结果常是因人而异②，即所谓"官喜律即喜，官嗔律即嗔"③。事实上除了浜田直也之外，美国学者柯嘉豪也对上文中列举的大量僧传及笔记小说中关于僧人饮酒吃肉的记载持审慎态度，其指出真实情况可能是僧人在寺院里不吃酒肉，但与士人应酬时不忌讳饮酒吃肉。④ 史籍中也确有类似记载，"自唐以来，天下士大夫争以排释老为言，故其徒之欲求知于士大夫之间者，往往自叛其师以求容于吾。而吾士大夫亦喜其来而接之以礼。灵师、文畅之徒，饮酒食肉以自绝于其教"⑤。但此种说法只是在僧人饮酒吃肉的原因上存有争议，而并没有否定僧人饮酒吃肉的事实。此外大历年间还有一件与僧人饮酒相关的案件，"大历初，魏少游镇江西"，"州理有开元寺僧与徒夜饮，醉而延火，归罪于守门瘖奴，军侯亦受财，同上其状，少游信焉。人知奴冤，莫肯言。浑与崔祐甫遽入白，少游惊问，醉僧首伏"⑥。从对"饮酒"条司法适用的角度来看这一案例要比陆长源案更具有说服力，郑克在评论此案时称"按僧饮酒失火，二罪俱发，而谓失火者喑奴耳，且掩其饮酒之迹也"⑦，可见"饮酒"条确实存在。但同时也应当注意到，开元寺乃是官寺，其中僧人聚众夜饮甚至造成火灾，可见僧人饮酒的风气绝非偶然，如果没有失火以及诬告事件的发生可能饮酒的情况也就无人理会。

根据现有的研究，晚唐五代敦煌佛教僧团食肉饮酒也已成为不争的事实⑧。对此郑炳林认为，唐朝时期敦煌佛教教团不存在僧尼违戒饮酒

---

① 严耀中：《佛教戒律与中国社会》，上海古籍出版社2007年版，第208页。
② 叶珠红：《唐代僧俗交涉之研究——以僧人世俗化为主》，台湾花木兰文化出版社2010年版，第107页。
③ （唐）王梵志：《王梵志诗校注》卷三《代天理百姓》，项楚校注，上海古籍出版社1991年版，第394页。
④ 转引自柳立言《宋代的宗教、身分与司法》，中华书局2012年版，第68页。
⑤ （宋）苏洵：《嘉祐集笺注》卷一五《彭州圆觉禅院记》，曾枣庄、金成礼笺注，上海古籍出版社1993年版，第399页。
⑥ （后晋）刘昫等撰：《旧唐书》卷一二五《柳浑传》，中华书局1975年版，第3553页。
⑦ 杨奉琨校释：《折狱龟鉴校释》卷一《释冤·柳浑》，复旦大学出版社1988年版，第85页。
⑧ 关于敦煌僧人食肉的相关研究有李正宇《唐宋时期敦煌的佛教》，《敦煌佛教艺术文化国际学术研讨会论文集》，兰州大学出版社2002年版，第367—386页；高启安《晚唐五代敦煌僧人饮食戒律初探——以"不食肉戒"为中心》，《敦煌佛教艺术文化国际学术研讨会论文集》，兰州大学出版社2002年版，第387—399页；谭蝉雪《唐宋敦煌岁时佛俗》，《敦煌研究》（转下页）

问题，他认为晚唐五代敦煌僧尼普遍饮酒的风气主要有两方面的原因，一是吐蕃的统治对敦煌政治制度、社会经济形态方面影响的表现；二是粟特人迁徙敦煌后，其原有的风俗习惯对当地佛教信仰及戒律等方面的改变。① 不过他也提到，晚唐五代敦煌僧尼饮酒虽然很常见，但是并不是任何场合都可以饮酒的，特别是在佛教教团进行的法会活动中，就严肃戒律禁止饮酒。如敦煌文献中榜文就明确规定"甘汤美药，各任于时供承，非食醇醪，切断不令入寺"②，值得注意的是《庆元条法事类·道释门》中也有对僧道饮酒的相关规定，"诸僧、道饮酒至醉者，还俗。免科罪"③，与《道僧格》相比，此处的"饮酒至醉者"可谓是意味深长④。

三 "杀生戒"与断屠令

关于僧人的戒律上升为国家法律的情形，从现有的史料来看，虽然具体的实效性有待进一步论证，但"酒肉戒"被国家法律所吸收已经确定无疑，至于"杀生戒"（指非杀人）是否也被国家法律所容纳还有待进一步分析。不过唐代的断屠令在一定程度上受佛像影响是没有疑问的，"释

（接上页）2001年第1期。关于敦煌僧人饮酒的相关研究有潘春辉《晚唐五代敦煌僧尼饮酒原因考》，《青海社会科学》2003年第4期；李正宇《晚唐至北宋敦煌僧尼普听饮酒——敦煌世俗佛教系列研究之二》，《敦煌研究》2005年第3期；郑炳林、魏迎春《晚唐五代敦煌佛教教团僧尼违戒——以饮酒为中心的探讨》，《敦煌学辑刊》2007年第4期；李文才《从饮酒看晚唐五代宋初敦煌佛教的世俗化》，《陕西师范大学学报》2013年第2期。此外朱雄伟还曾提到晚唐五代的诗僧群体多酷嗜饮酒，详见朱雄伟《略论唐代僧尼腐化问题》，硕士学位论文，湖南师范大学，2009年。

① 郑炳林、魏迎春：《晚唐五代敦煌佛教教团僧尼违戒——以饮酒为中心的探讨》，《敦煌学辑刊》2007年第4期。

② 唐耕耦、陆宏基编：《敦煌社会经济文献真迹释录》第4辑，全国图书馆文献缩微复制中心1990年版，第138页。

③ 戴建国点校：《庆元条法事类》卷五一《道释门》，《中国珍稀法律典籍续编》第1册，黑龙江人民出版社2002年版，第725页。

④ 柳立言在研究宋代僧人犯罪问题时曾详细分析过该条法律规定，其认为尽管法律规定"饮酒至醉者还俗"，但并不存在"不醉即合法"的问题。但与此同时柳立言也指出此规定在法律实践层面存有歧义，即手握司法大权的士大夫往往表态：能饮酒的才是他们乐于交往的名士僧或文化僧，并以各种理由替他们各种违法行为予以轻型化或除罪化。详见柳立言《宋代的宗教、身分与司法》，中华书局2012年版，第52—68页。

典微妙，净业始于慈悲；道教冲虚，至德去其残杀"①，"伏以斋月断屠，出于释氏。缘国初风俗，犹近梁、陈，卿相大臣，颇遵此教"②。如果违反了断屠令，就要受到相应的刑罚，在《唐会要·断屠钓》中对此有非常集中的记载，如景龙二年（公元 708 年）九月敕"鸟雀昆虫之属，不得擒捕，以求赎生，犯者先决三十。宜令金吾及县市司严加禁断"；先天二年（公元 713 年）六月敕"杀牛马骡等，犯者科罪，不得官当荫赎。公私贱隶犯者，先杖决六十，然后科罪"；开元二十三年（公元 735 年）八月敕"两京五百里内宜禁捕猎，如犯者，王公以下录奏，余委所司量罪决责"；大中二年（公元 848 年）二月制"如有牛主自杀牛并盗窃杀者，宜准乾元元年（公元 758 年）二月五日敕，先决六十，然后准法科罪"③。《全唐文》中也不乏关于违反断屠令的判词，如《对断屠月杀燕子判》载"丁家荤泥，载闻于头秃；黄氏把火，旋见于眼伤。甲之无良，情则非善，以蒺藜而充饲，三子俱亡；无桃李之垂阴，一朝被告。迹符周氏，罪挂汤罗，循情合科，准状难舍"④，再如《对断屠判》⑤ 等。对此张径真提到，在唐代十斋日屠宰牲畜、渔猎禽鸟都属于违法行为，要受到法律制裁。作为以遵守五戒为法律义务的出家僧尼，更应该恪守不杀生的戒律，一切杀生的行为，即使不是杀人，也应该受到法律的惩罚。因此其认为，《道僧格》中还应该有关于僧尼违反杀人以外杀戒的处罚性条文。⑥ 史籍中确有僧人因为触犯杀生戒（非杀人）而受到处罚的事例："元相公廉察江东之日，修龟山寺鱼池，以为放生之铭，戒其僧曰：'劝汝诸僧好护持，不须垂钓引青丝。云山莫厌看经坐，便是浮生得道时。'李公到镇，游于野寺，睹元公之诗而笑曰：'僧有渔罟之事，必投于镜

---

① （清）董诰等编：《全唐文》卷一《禁行刑屠杀诏》，孙映达等点校，山西教育出版社 2002 年版，第 13 页。

② （宋）王溥撰：《唐会要》卷四一《断屠钓》，上海古籍出版社 1991 年版，第 858 页。

③ 同上书，第 855—859 页。

④ （清）董诰等编：《全唐文》卷九八三《对断屠月杀燕判》，孙映达等点校，山西教育出版社 2002 年版，第 6015 页。

⑤ （清）董诰等编：《全唐文》卷九八三《对断屠判》，孙映达等点校，山西教育出版社 2002 年版，第 6014 页。

⑥ 张径真：《法律视角下的唐佛教管理研究》，博士学位论文，中国社会科学院研究生院，2012 年。

湖.'后有犯者，坚而不恕焉"①。不过正如上文所述，这种带有强烈个人感情色彩的特殊处罚并不能说明当时的普遍社会情况，李膺的《断僧结党屠牛捕鱼事由判》为僧人触杀生戒提供了一点线索，"违西之禁戒，犯中国之条章。不思流水之心，辄举庖丁之刃。既集徒侣，须务极刑，各决三十，用示伽蓝"②，判中的禁戒无疑是佛教戒律，而中国之条章应该指的就是断屠令，可见对僧人触犯杀生戒的处罚还是多少是要依靠断屠令的，并且从处罚模式的"各决三十"来看，也是采取世俗的处罚方式。

僧人破杀生戒（非杀人）在佛教教理教义的角度要受到制裁是毫无疑问的，以唐代蜀郡的僧人秀荣、仁秀为例，"蜀郡金华寺法师秀荣，院内多松柏，生毛虫，色黄，长二三寸，莫知纪极。秀荣使人扫除埋瘗，或弃于柴积内。僧仁秀取柴煮料，于烈日中晒干，虫死者无数。经月余，秀荣暴卒。金华寺有僧入冥，见秀荣荷铁枷，坐空地烈日中，有万万虫咂噬，僧还魂，备说与仁秀。仁秀大骇，遂患背疮，数日而卒"③。再以晚唐浙西慈和寺的一个僧人为例，"天祐中，浙西重建慈和寺。画地既毕，每为蚯蚓穿穴，执事者患之。有一僧教以石灰覆之，由是得定，而杀蚯蚓无数。顷之，其僧病，举身皆痒，曰：'须得长指爪者搔之。'以至于成疮。疮中辄得死蚯蚓一条，殆数百千条。肉尽至骨而死"④。根据佛教的教理教义，世间一切生命都处在六道轮回之中，今世是人，来世可能就是畜生，同样今世是牲畜，来世也有可能是人。《朝野佥载》就曾记载过一个故事，称梁武帝曾误杀一名僧人，僧人在临死时说"前劫为沙弥时，以锹划地，误断一曲鳝。帝时为鳝，今此报也"⑤。根据佛教的看法，今世的皇帝前世都有可能是一曲鳝，更何况普通的平民了，所以僧人在从事农业活动中杀灭毛虫、蚯蚓，这确实是破了五戒之一的杀生戒，所以在这两

---

① （唐）范摅撰：《云溪友议》卷上《江都事》，《唐五代笔记小说大观》，阳羡生校点，上海古籍出版社2000年版，第1267页。

② （清）董诰等编：《全唐文》卷九九五《断僧结党屠牛捕鱼事由判》，孙映达等点校，山西教育出版社2002年版，第5854页。

③ （宋）李昉等编：《太平广记》卷一三三《僧秀荣》，汪绍楹点校，中华书局1961年版，第952页。

④ （宋）徐铉撰：《稽神录》卷四《蚓疮》，白化文点校，中华书局1996年版，第72页。

⑤ （唐）张鷟撰：《朝野佥载》卷二，恒鹤校点，载《唐五代笔记小说大观》，上海古籍出版社2000年版，第27页。

个事例当中，相关的僧人都遭受到了报应。与此类似，即便不是出家僧人，俗家人士如果肆意杀生也是会遭到报应的，"唐雍州陆孝政，贞观中为右卫隰川府左果毅。孝政为性躁急，多为残害。府内先有蜜蜂一龛，分飞聚于宅南树上，孝政遣人移就别龛。蜂未去之间，孝政大怒，遂以汤就树沃死，殆无孑遗。至明年五月，孝政于厅昼寝，忽有一蜂蜇其舌上，遂即红肿塞口，数日而死"①。但如上文所述，随着唐后期禅宗的发展，"农禅合一""无相戒法"之类思想的流行，特别是《百丈清规》②的问世，即使法律层面有相关规定，可能在实践层面的效力也是微乎其微。③ 如王永会所言，《百丈清规》的出现，与中国古代素来重视农耕的社会和小农经济的生产方式、生活方式相适应，改变了比丘不自生产、靠乞食为生的制度和寺院依靠经营工商业土地剥削和帝王权贵、信众封赐捐赠的状况。于是丛林寺院，一面实行开垦山林农田，以资生产，一面严守戒律，真参实学。④ 唐代正是在这样一个背景之下，寺院僧人从事农业生产已经变成了一种常态，如释普愿自"贞元十一年（公元795年），挂锡池阳南泉山，埋谷刊木，以构禅宇，蓑笠饭牛，涧于牧童。斫山畲田，种食以饶。足不下南泉三十年矣"⑤，再如开成四年（公元839年）日僧圆仁所见赤山寺"始当院收蔓菁、萝卜。院中上座等尽出拣叶。如库头无柴时，院中

---

① （宋）李昉等编：《太平广记》卷一三二《陆孝政》，汪绍楹点校，中华书局1961年版，第939页。

② 有学者曾对该名称提出质疑，如林悟殊认为百丈怀海所制的清规不应直呼为《百丈清规》，应名为《禅门规式》为妥。可参见林悟殊《从百丈清规看农禅——兼论唐宋佛教的自我供养意识》，《佛教物质文化——寺院财富与世俗供养国际学术研讨会论文集》，上海书画出版社2003年版，第383—384页；王大伟《论〈禅院清规〉中禅、净与律学思想的互动》，《宗教学研究》2010年第3期。

③ 关于禅宗思想的流行，尤其是"无相戒"对僧众违戒之影响可参见王月清《禅宗戒律思想初探》，《南京大学学报》2000年第5期；潘春辉《唐宋敦煌僧人违戒原因论述》，《西北师范大学学报》2005年第5期；严耀中《佛教戒律与中国社会》，上海古籍出版社2007年版，第100—103页；柳立言《宋代的宗教、身分与司法》，中华书局2012年版，第13—16页；韩凤鸣、韩翠《禅宗无相戒的流弊与后期修正》，《法音》2015年第1期。

④ 王永会：《中国佛教僧团发展及其管理研究》，巴蜀书社2003年版，第126页。

⑤ （宋）赞宁撰：《宋高僧传》卷一一《唐池州南泉院普愿传》，范祥雍点校，中华书局1987年版，第256页。

僧等不论老少尽出担柴去"①，还如疏山白云禅院，因"山深地冷，时植不收，僧众渐多，难为供馈"，"遂以芟薙蒿芜，基平峙渎，翦擎云之杞梓，斫巏谷之琅玕，重簷将凤翅而齐飞，叠石与龙头而并举"②，代宗时期的惠公禅师，"故闾里相化，耻为弋钓，日勤种植。不五六年，沮泽有沟塍，荒皋有阡陌，桑果竹园如伊洛间"③。那么在这其中就根本避免不了大大小小、各种形式的破杀生戒的现象，所以即使从法律层面规定僧人不许杀生（非杀人），此规定的实效性可能也同样非常之弱。

---

① ［日］圆仁：《入唐求法巡礼行记校注》卷二，白化文、李鼎霞、徐德楠校注，花山文艺出版社2007年版，第184页。

② （清）董诰等编：《全唐文》卷九二〇《疏山白云禅院记》，孙映达等点校，山西教育出版社2002年版，第5659页。

③ （唐）元结撰：《新校元次山集》卷八《惠公禅居表》，孙望编校，台湾世界书局1984年版，第117页。

第五章

唐代涉僧民事法律规定与实践

第一节 拟制血亲与"三宝物"条

根据佛教戒律，僧人出家必须依止一寺之僧为师，受其剃度，然后才能正式出家成为沙门，由此便形成僧团内部的师徒制度。① 这种佛教师徒关系与家族父子关系极为相似，"师，模范也"，"和尚于弟子，当生儿想；弟子于和尚，当如父想。又称师父"②，由此在寺庙内部很容易形成一种"拟制"的家庭关系，"宜春郡东安仁镇有齐觉寺，寺有一老僧，年九十余，门人弟子有一二世者，彼俗皆只呼为上公"③，这种"拟制血亲"关系再进一步发展，便形成了佛教的"宗法门庭"。如方立天所言，佛教仿照世俗宗法的继承关系，建立了一套法嗣制度和寺院财产继承法规。各个宗派的师徒关系，俨如父子关系，代代相传，形成世袭的传法系统。④ 弟子对师之尊敬如同对父母，不仅需要敬顺无违反、礼敬供养，尚需负责师之起居、不忘其教，甚至要从后称誉，实与对待父母无别。根据林韵柔的研究，以上这些规范多半书于原始佛教经典之中，显见原始佛教

---

① 僧团内部之师有亲教师与依止师两种，依止出家者为亲教师，或称授业和尚；另有随之受三藏学，接受僧伽教育者，称为依止师。详见林韵柔《唐代寺院职务及其运作》，《魏晋南北朝隋唐史资料》2012年第28辑。

② （宋）释道诚撰：《释氏要览校注》卷上《师资》，富世平校注，中华书局2014年版，第100页。

③ （宋）李昉等编：《太平广记》卷一三四《上公》，汪绍楹点校，中华书局1961年版，第960页。

④ 方立天：《中国佛教文化》，中国人民大学出版社2006年版，第319页。

对于师尊之礼敬实不逊于中国。① 但需要注意到，中国对这种佛教师徒关系之于父子关系的比附不仅仅只是在佛教教理教义层面确认而已，还以法律的形式予以明确保障。

《唐律疏议·名例》"称道士女官"条："诸称道士、女冠者，僧、尼同"，"若于其师，与伯叔父母同"，"其于弟子，与兄弟之子同"，"观、寺部曲、奴婢于三纲，与主之期亲同"，"余道士，与主之缌麻同"②。由此可见，在法律上僧人师徒之间的关系与世俗伯叔父母与兄弟之子的关系是对等的，那么对僧人师徒之间的犯罪行为的处罚，自然也与世俗亲属之间相一致。如犯殴詈之罪，"若于其师，与伯叔父母同；疏议曰：师，谓于观、寺之内，亲承经教，合为师主者。若有所犯，同伯叔父母之罪。依斗讼律：詈伯叔父母者，徒一年。若詈师主，亦徒一年。余条犯师主，悉同伯叔父母。其于弟子，与兄弟之子同。疏议曰：谓上文所解师主于其弟子有犯，同俗人兄弟之子法。依斗讼律：殴杀兄弟之子，徒三年。贼盗律云：有所规求而故杀期以下卑幼者，绞。兄弟之子是期亲卑幼。若师主因嗔竞殴杀弟子，徒三年；若有规求故杀者，合当绞坐。观、寺部曲、奴婢于三纲，与主之期亲同"。再如犯盗窃之罪，"弟子若盗师主物及师主盗弟子物等，亦同凡盗之法。其有同财，弟子私取用者，即同同居卑幼私辄用财者，十疋笞十，十疋加一等，罪止杖一百。若不满十疋者，不坐"③。

僧人一旦出家，便脱离了原有的世俗家庭，而进入到了崭新的"释氏"一家，如上所述，僧人与其师徒之间由此便衍生了"拟制"的亲等关系，那么其与原生世俗家庭之间的亲等关系将作何种处理呢？《唐律疏议·贼盗》"缘坐非同居"条："诸缘坐非同居者，资财、田宅不在没限。虽同居非缘坐，及缘坐人子孙应免流者，各准分法留还"，"若女许嫁已定，归其夫。出养、入道及聘妻未成者，不追坐（出养者，从所养坐）。道士及妇人若部曲、奴婢，犯反、逆者，止坐其身"。④ 也就是说，僧人一旦出家便与原生世俗家庭进行了清晰的界限分离，而不再依照原有的亲

---

① 林韵柔：《唐代寺院职务及其运作》，《魏晋南北朝隋唐史资料》第28辑，2012年。
② 岳纯之点校：《唐律疏议》卷六《名例》，上海古籍出版社2013年版，第117—118页。
③ 同上。此处对僧人师徒之间相盗的处罚与世俗尊卑亲属之间相盗的处罚不同，笔者推测可能与《道僧格》中的"不得私蓄"条有关，对此在后文中会有提及。
④ 岳纯之点校：《唐律疏议》卷一七《贼盗》，上海古籍出版社2013年版，第272—273页。

等关系享受权利与承担义务①，这种身份的转移具有明确的法律意义而不容含糊，如《唐律疏议·名例》"除名比徒"条："道士等辄著俗服者，还俗"。② 不过需要说明，虽然唐律规定出家入道者不追坐，但在史籍中确有相反情况发生，如"元载字公辅，凤翔岐山人"，"乃下诏赐载自尽，妻王及子扬州兵曹参军伯和、祠部员外郎仲武、校书郎季能并赐死，发其祖、父冢，斲棺弃尸"，"女真一，少为尼，没入掖庭"③。再如"窦参字时中"，"帝大怒，以为外交戎臣，欲杀参。赞虽怨，然亦以杀之太重，乃贬驩州司马，逐其息景伯于泉州，女尼于郴州，没如赀产奴婢"④，这与上文中提及的出家僧人与原生家庭之间的复杂关系无疑是相通的。

此外寺院三纲及其他僧人与寺院部曲、奴婢之间的关系也与俗人服制有着明确的比附。寺院三纲与其他普通僧人相比，不仅仅只有名誉上的差异，如《唐六典》"尚书礼部"条规定"凡道士、女道士衣服皆以木兰、青碧、皂荆黄、缁坏之色。若服俗衣及绫罗、乘大马"，"皆还俗"⑤。但《唐会要·杂录》又载文宗时期"师僧道士，除纲维及两街大德，余并不得乘马，请依所司条流处分"⑥，可见寺院三纲与普通僧人之间有明确的身份等级之差，这在《唐律疏议》中也有体现。《唐律疏议·名例》"称道士女冠"条："疏议曰：观有上座、观主、监斋，寺有上座、寺主、都维那，是为三纲。其当观、寺部曲、奴婢于三纲有犯，与俗人期亲部曲、奴婢同。依斗讼律：主殴杀部曲，徒一年。又条：奴婢有犯，其主不请官司而杀者，杖一百。注云：期亲杀者与主同，下条部曲准此。又条：部曲、奴婢殴主之期亲者，绞；詈者，徒二年。若三纲殴杀观、寺部曲，合

---

① 桂齐逊认为唐律允许已许嫁者、聘妻未成者、出养者及道士、女官及僧、尼等，皆不从本家缘坐，应是沿袭曹魏时代改定妇女从坐之法此一精神而来的变革。详见桂齐逊《国法与家礼之间——唐律有关家族伦理的立法规范》，台湾龙文出版社 2007 年版，第 91 页。

② 岳纯之点校：《唐律疏议》卷三《名例》，上海古籍出版社 2013 年版，第 50 页。

③ （宋）欧阳修、宋祁撰：《新唐书》卷一四五《元载传》，中华书局 1975 年版，第 4711—4714 页。

④ （宋）欧阳修、宋祁撰：《新唐书》卷一四五《窦参传》，中华书局 1975 年版，第 4730—4731 页。

⑤ （唐）李林甫等撰：《唐六典》卷四，陈仲夫点校，中华书局 1992 年版，第 126 页。

⑥ （宋）王溥撰：《唐会要》卷三一《杂录》，上海古籍出版社 1991 年版，第 671 页。黄正建曾推测此一规定可能与抑制佛教与道教有关，详见黄正建主编《中晚唐社会与政治研究》，中国社会科学出版社 2006 年版，第 405—407 页。

徒一年；奴婢有罪，不请官司而杀者，杖一百。其部曲、奴婢殴三纲者，绞；詈者，徒二年。余道士，与主之缌麻同（犯奸、盗者，同凡人）。疏议曰：斗讼律：部曲、奴婢殴主之缌麻亲，徒一年；伤重者，各加凡人一等。又条：殴缌麻部曲、奴婢，折伤以上，各减杀伤凡人部曲、奴婢二等。又条：殴伤杀他人部曲，减凡人一等；奴婢，又减一等。即是观、寺部曲，殴当观、寺余道士、女冠、僧、尼等，各合徒一年；伤重，各加凡人一等。若殴道士等折一齿，即徒二年；奴婢殴，又加一等，徒二年半。是名于余道士，与主之缌麻同。注：犯奸、盗者，同凡人。疏议曰：道士、女冠、僧、尼犯奸、盗，于法最重，故虽犯当观、寺部曲、奴婢，奸、盗即同凡人，谓三纲以下犯奸、盗，得罪无别。其奴婢奸、盗，一准凡人得罪。"①

僧人内部师徒关系之于世俗亲等关系之间的比附还会扩展到僧人长幼之序的差别上，明显的例证便是僧人的"夏腊"，也称"僧腊""法腊""戒腊"等，"天后朝，道士杜乂，回心求愿为僧。敕许剃染，配佛授记，寺名'元嶷'。敕赐三十夏腊，以其乍入法流，须居下位，苟赐虚腊，则顿为老成也。赐夏腊始于此矣"②，由此可见夏腊对僧人之重要性。③《入唐求法巡礼行记》中也有沙弥、小师等在过年时节向诸师及僧腊长者敬拜的记载，"诸沙弥、小师等巡到诸房，拜年"④，"僧中拜贺云：'伏惟和尚久住世间，广和众生。'腊下及沙弥对上座说，一依书仪之制。沙弥对僧右膝着地，说贺节之词"⑤。林韵柔曾详细介绍佛教戒律中关于初学僧人面对尊宿、上座及僧腊大己者时需回避或注意之事，认为寺院中僧人的身

---

① 岳纯之点校：《唐律疏议》卷六《名例》，上海古籍出版社2013年版，第117—118页。
② （宋）钱易撰：《南部新书》卷戊，黄寿成点校，中华书局2002年版，第62页。
③ 根据武绍卫的研究，其认为赐腊现象在唐五代的历史中并不多见，仅有三例。在三例赐腊记载中，有非常明显的限制性条件，即受赐人与皇帝之间存在非常直接或紧密的关系；受赐都带有非常明显的象征意义；受赐人都是非正常出家。而赐腊不行的原因包括僧团内部的反对，赐腊者与受赐者身份的特殊性，赐紫衣、爵、号、官等措施的普遍推行等。详见武绍卫《唐五代"赐腊"小议》，《佛教史研究》第1卷，台湾新文丰出版公司2017年版，第136—139页。
④ [日]圆仁：《入唐求法巡礼行记校注》卷二，白化文、李鼎霞、徐德楠校注，花山文艺出版社2007年版，第193页。
⑤ [日]圆仁：《入唐求法巡礼行记校注》卷三，白化文、李鼎霞、徐德楠校注，花山文艺出版社2007年版，第357页。

份多半依据出家先后定其长幼，腊长者对于腊少者具有相当程度的权威性。① 这些问题在法律方面也有着同样的规定，"凡道士、女道士以三宝物饷馈官僚、勾合朋党者，皆还俗；若毁骂三纲、凌突长宿者，皆苦役也"②。诸户立雄在此基础上复原了《道僧格》的"三宝物条"，"诸道士、女冠、僧尼以三宝物饷馈官人、勾合朋党者，皆还俗。及辱骂三纲、凌突长宿者，苦使"③，张径真也有类似的复原，"凡道士、女冠、僧尼以三宝物饷馈官僚，扰乱徒众，勾合朋党者，皆还俗；毁骂三纲，凌突长宿者，皆苦使"④。

这种"毁骂三纲、凌突长宿者"的行为在现实生活中实践情况如何？以唐代原州的一件"斋会争座"事件为例，"唐原州龙兴寺，因大斋会，寺主会僧，夏腊既高，是为宿德，坐丽宾头之下。有小僧者，自外后至，以无坐所，唯寺主下旷一位，小僧欲坐，寺主辄叱之。如是数次。小僧恐斋失时，竟来就坐，寺主怒甚，倚柱而坐，以掌捆之"⑤。一个小和尚因为迟到没有了座位，但又害怕错过斋会，所以一再没有规矩地企图坐在寺主的身边，身为"宿德"的寺主又是"叱之"又是"捆之"，由此可以看出僧团内部僧人之间的等级秩序是非常明确的，一旦越矩就有可能受到相应的惩戒。连座位都是如此，更何况是侵犯人身安全的刑事犯罪。此外 P.2583 号《申年比丘尼修德等施舍疏》记录了尼僧智性施舍财物而祈求平安的忏悔，其中还尤为强调了她自己"我慢贡高，衡突师长"⑥，可见佛教僧团中的等级尊卑观念还是比较深入人心的。再以晚唐潭州的仲兴禅师为例："潭州渐源仲兴禅师，在道吾为侍者"，"师曰：'和尚今日须与某甲道。若不道，打和尚去也。'吾曰：'打即任打，道即不道。'师便打。吾归院曰：'汝宜离此去，恐知事得知，不

---

① 林韵柔：《唐代寺院职务及其运作》，《魏晋南北朝隋唐史资料》2012 年第 28 辑。
② （唐）李林甫等撰：《唐六典》卷四，陈仲夫点校，中华书局 1992 年版，第 126 页。
③ ［日］诸户立雄：《中国佛教制度史の研究》，平河出版社 1990 年版，第 49 页。
④ 张径真：《法律视角下的隋唐佛教管理研究》，博士学位论文，中国社会科学院研究生院，2012 年。
⑤ （宋）李昉等编：《太平广记》卷一○五《龙兴寺主》，汪绍楹点校，中华书局 1961 年版，第 711—712 页。
⑥ 唐耕耦、陆宏基编：《敦煌社会经济文书真迹释录》第 3 辑，全国图书馆文献缩微复制中心 1990 年版，第 67 页。

便.'师乃礼辞,隐于村院"①。仲兴禅师在一次与其师道吾接机的过程中动手打了道吾禅师,为了防止仲兴受到惩罚,道吾回院后主动建议仲兴离开该院。这个事件中身为弟子的仲兴竟动手打了其师父,可以说是犯了不小的罪过。虽然由于道吾禅师的宽容使得仲兴免于受到惩罚,但从"避走"这一行为来看也能得知,可能相应的惩戒不会很轻。有相处和睦的师徒,自然也就有相反现象,并非所有的僧团师徒都相处融洽,武则天时候就有这样一个案例,"裴怀古,寿州寿春人也","时恒州鹿泉寺僧净满为弟子所谋,密画女人居高楼,仍作净满引弓而射之,藏于经笥。已而诣阙上言僧咒诅,大逆不道。则天命怀古按问诛之。怀古究其辞状,释净满以闻,则天大怒,怀古奏曰:'陛下法无亲疏,当与天下画一。岂使臣诛无辜之人,以希圣旨。向使净满有不臣之状,臣复何颜能宽之乎?臣今慎守平典,虽死无恨也。'则天意乃解"②。可见僧团之中、师徒之间有时也是存在着你死我活的明争暗斗,遗憾的是此处并未记载事后是否对净满的弟子进行了惩处,以及以何种罪名惩处,不过这种"欺君犯上"的行为应该处罚不轻。③

第二节 僧道排位与"禁毁谤"条

一 唐前期的僧道排位问题

关于僧道排位问题,《唐会要·僧道立位》中有比较集中的记载:"贞观十一年(公元637年)正月十五日,诏道士、女冠宜在僧、尼之前。至上元元年(公元674年)八月二十四日辛丑,诏公私斋会及参集之处,道士、女冠在东,僧、尼在西,不须更为先后。至天授二年(公元692年)四月二日,敕释教宜在道教之上,僧、尼处道士之前。至景云二

---

① (宋)普济撰:《五灯会元》卷五《渐源仲兴禅师》,吴渊雷点校,中华书局1984年版,第289页。

② (后晋)刘昫等撰:《旧唐书》卷一八五下《裴怀古传》,中华书局1975年版,第4807—4808页。

③ 日本学者冈野诚曾对此案件有过深入的分析,详见[日]冈野诚撰《对武则天的诅咒与裴怀古的守法——围绕唐代一起诬告僧侣的案件》,李力译,《中国古代法律文献研究》第3辑,中国政法大学出版社2007年版,第317—332页。

年（公元711年）四月八日，诏：'自今以后，僧、尼、道士、女冠并宜齐行并集。'"①但这并不全面，唐代第一次官方明确以诏敕的形式规定僧道排位顺序应该是在高祖时期，其时高祖于武德八年（公元625年）下诏："老教孔教，此土先宗，释教后兴，宜崇客礼。今老先次孔末后释。"②有的学者曾据此认为高祖把道教上升到了"国教"的地位，对此许多学者都提出过异议，以张践为例，他认为这里所说的"国教"，只能就宗教的政治符号的象征意义而言，不可能像欧洲中世纪那样，真的把道教作为国家的政治意识形态。由于中国从春秋战国时代已经完成了从"神治"到"人治"的过渡，而且儒学由于最适应中国宗法家族社会的政治需要，已经无可动摇地取得了政治意识形态的绝对主导地位，其实际的政治作用是不可能排在道教之后的。隋唐科举制度的实行，也使得儒生的实际政治地位，绝不是道士所能望其项背的，"老先孔次"至多也就是在一些仪式活动中的象征意义。③这种观点已经基本取得了学界的通识，所以说唐代虽然形式上一直是"三教论衡"，但实际上基本是佛道二教的排位之争，二者都不可能动摇儒家官方政治意识形态的基础地位。④

伴随着高祖将道教置于佛教之前的诏敕下发，他同时也决定要对佛教进行一定程度的打压，这在武德八年（公元625年）的《问佛教何利益诏》中就有迹象，"弃父母之须发，去君臣之章服，利在何间之中？益在何情之外？损益二宜，请动妙释"⑤。不过当时身为太子的李建成对高祖的这一想法进行了劝阻，日本学者砺波护也曾对此进行研究⑥，最终高祖决定"诸僧、尼、道士、女冠等，有精勤练行、守戒律者，并令大寺观居

---

① （宋）王溥撰：《唐会要》卷四九《僧道立位》，上海古籍出版社1991年版，第1005—1006页。

② （清）董诰等编：《全唐文》附《唐文拾遗》卷一《先老后释诏》，孙映达等点校，山西教育出版社2002年版，第6142页。原点校文本为"今老先次，孔末后释"，有误。

③ 张践：《中国古代政教关系史》，中国社会科学出版社2012年版，第676页。

④ 胡小伟认为"三教论衡"本身就是儒家文化主导下的一种文化包容、文化融合的产物，详见胡小伟《三教论衡与唐代俗讲》，《周绍良先生新开九秩庆寿文集》，中华书局1997年版，第405—422页。

⑤ （清）董诰等编：《全唐文》附《唐文拾遗》卷一《问佛教何利益诏》，孙映达等点校，山西教育出版社2002年版，第6142页。

⑥ ［日］砺波护：《隋唐佛教文化》，韩昇、刘建英译，上海古籍出版社2004年版，第24页。

第五章 唐代涉僧民事法律规定与实践

住，给衣食，勿令乏短。其不能精进、戒行者有阙、不堪供养者，并令罢遣，各还桑梓。所司明为条式，务依法教，违制之事，悉宜停断。京城留寺三所，观二所。其余天下诸州，各留一所。余悉罢之"①。

不过因为玄武门事件的爆发，高祖拟定的"所司名为条式"并没有得以真正实行。如果从人物关系的角度上分析，李世民登基之初是很有可能打压佛教的。正如上文所说，高祖时期身为太子的李建成曾经劝阻高祖不要废佛，高祖也在一定程度上采纳了他的意见。此外在玄武门事件当中，著名的反佛官员傅奕坚定地站在了李世民的一方。《旧唐书·傅奕传》载："奕武德九年（公元626年）五月密奏太白见秦分，秦王当有天下，高祖以状授太宗"②，在这一系列的人物关系当中，我们可以推测此时刚刚登基的太宗至少不会对佛教抱有好感。日本学者砺波护也曾提到，"对于排佛论者傅奕而言，皇太子李建成认为佛教优于儒教和道教，若他不久后即位，就会是个严重的威胁。因此，傅奕大胆下赌，促使秦王下决心除掉皇太子，获得成功"③。事实也的确如此，《旧唐书·傅奕传》载"太宗尝临朝谓奕曰：'佛道玄妙，圣迹可师，且报应显然，屡有征验，卿独不悟其理，何也？'奕对曰：'佛是胡中桀黠，欺诳夷狄，初止西域，渐流中国。遵尚其教，皆是邪僻小人，模写庄、老玄言，文饰妖幻之教耳。于百姓无补，于国家有害。'太宗颇然之。"④ 不过唐太宗毕竟是历史上屈指可数的明君，他并没有因此而武断地决定打压佛教，而是先下诏停止了高祖的《沙汰僧道诏》，"至六月四日敕文：'其僧、尼、道士、女冠，宜依旧定'"⑤。虽然没有打压佛教，但太宗仍然是继承了高祖的时期道先佛后的基本政策⑥，贞观十一年（公元637年）二月，太宗颁布

---

① （后晋）刘昫等撰：《旧唐书》卷一《高祖本纪》，中华书局1975年版，第17页。
② （后晋）刘昫等撰：《旧唐书》卷七九《傅奕传》，中华书局1975年版，第2716页。
③ ［日］砺波护：《隋唐佛教文化》，韩昇、刘建英译，上海古籍出版社2004年版，第26页。
④ （后晋）刘昫等撰：《旧唐书》卷七九《傅奕传》，中华书局1975年版，第2717页。
⑤ （宋）王溥撰：《唐会要》卷四七《议释教上》，上海古籍出版社1991年版，第979页。
⑥ 学界一般认为高祖、太宗两朝的道先佛后政策很大程度上是出于政治需要，如吴智勇提到贞观《氏族志》的纂成前后竟达六年之久（公元632—638年），仍以崔民幹为第三等，可见太宗欲抬高自家及功臣姓氏地位是何等艰难。就在即将颁布新《志》的头一年，太宗下诏列道士女冠于僧尼之前，用意十分明显，这等于昭告天下：皇家所属李姓，具有至高无上的神圣地位，且诏书内容基本只为强调皇家尊贵。详见吴智勇《六到七世纪僧人与政治：以个案研究为中心》，博士学位论文，复旦大学，2013年。

《道士女冠在僧尼之上诏》，"自今以后，斋供行立、至于称谓，道士女冠可在僧尼之前。庶敦本之俗，畅于九有；尊祖之风，贻诸万叶"①。后来太宗还为此特意安慰过佛教僧团，"朕以先宗在前可即大于佛也。自有国已来，何处别造道观？凡有功德并归寺家。国内战场之始，无不一心归命于佛。今天下大定，战场之地并置佛寺，乃至本宅先妣唯置佛寺。朕敬有处所以尽命归依，师等宜悉朕怀。彼道士者止是师习先宗，故位在此。今李家据国李老在前，若释家治化则释门居上。可不平也"②。这段话虽然有点过于夸张，但可见太宗非常清醒地认识到了佛教的一些社会安抚作用，正如他在这段话中表述的，他曾在贞观初年多次建寺度僧，以平复战乱对社会造成的诸多危害，"朕自隋末创义，志存拯溺，北征东伐，所向平殄。然黄钺之下，金镞之端，凡所伤殪，难用胜纪"，"窃以如来圣教，深尚慈仁，禁戒之科，杀害为重。永言此理，弥增悔惧"，"冀三途之难，因斯解脱，万劫之苦，籍此宏济。灭怨障之心，趣菩提之道"③。不过也不能因此就下结论说唐太宗是亲佛的，他更多还是以一种实用主义态度来对待佛道二教④，也就是说纵观唐太宗李世民一生，其对佛教的态度并非是一成不变的。除了太宗驾崩之前的最后一段时间，通过玄奘的影响而对佛教信而弥坚之外，太宗一生并没有实质性地崇佛或者抑佛，而是始终把

---

① （宋）宋敏求编：《唐大诏令集》卷一一三《道士女冠在僧尼之上诏》，洪丕谟、张伯元、沈敖大点校，学林出版社1992年版，第537页。

② （唐）道宣撰：《集古今佛道论衡》卷丙，《大正藏》第52册，CBETA电子佛典集成，T52n2104。

③ （清）董诰等编：《全唐文》卷四《为战亡人设斋行道诏》，孙映达等点校，山西教育出版社2002年版，第32—33页。

④ 学术界关于唐太宗李世民宗教政策的论述并不少见，如早期汤用彤提出的太宗抑佛说，详见汤用彤《隋唐佛教史稿》，武汉大学出版社2008年版，第12页；再如李瑾认为，唐太宗一面限佛，一面把佛教纳入封建纲常体系加以利用，使之成为封建统治的思想工具，详见李瑾《唐太宗与佛教》，《云南民族学院学报》1983年第1期；赵克尧则认为唐太宗对佛、道两教基本上是予以宣扬，并加以利用的。当然，随着形势的转变，有所侧重。贞观十年以前唐太宗是佛、道并重，十一年开始则抑佛崇道，晚年又转向关心佛事，反映了他在不同时期的思想变化与对宗教采取开放有节的政策，详见赵克尧、许道勋《唐太宗传》，人民出版社1984年版，第330页；郭绍林认为太宗伴随着对佛教的耳濡目染而成长起来，依据当时社会一般认识水平，他即便对佛教不推崇，顶多不过是说不清，处在不可全信不可不信之间而已，不可能举世皆醉唯我独醒，从意识形态的高度清醒地否定佛教，详见郭绍林《唐太宗与佛教》，《史学月刊》1997年第2期。

持着一种利用佛教为治国所用的实用主义态度。这在贞观初期太宗曾敕"有私度僧尼者处以极刑"①的记载也可以体现。

不过道先佛后的排位顺序在太宗末期也许就已经出现了改变,显庆元年(公元656年)五月玄奘曾向高宗上奏,"贞观以老子名为在佛先,曾面陈先帝,许从改正"②。这里玄奘所称的"许从改正"应该是真实的,毕竟太宗在生命的最后几年里与玄奘走得极近,"既情信日隆,平章法义,福田功德无辍于口,与法师无暂相离"③,甚至还出了"朕共师相逢晚,不得广兴佛事"④的感慨。不过或许因为道先佛后的政策唐初就已制定,或许因为当时太宗已年老体衰,这一承诺并没有被付诸实践。高宗对此也是比较慎重,他在对玄奘的答复中提到,"佛道名位,事在先朝,尚书平章"⑤,但需要注意到此时国家整体的仪礼制度都处在一种较大的变革当中。⑥ 在上元元年(公元674年)八月,高宗最终作出了正式的决定,"公私斋会及参集之处,道士女冠在东,僧尼在西,不须更为先后"⑦。不过有学者对此也提到,高宗在这里也留下了一些伏笔,即中国古代在礼仪活动中,一向有尚左的传统。从坐北朝南的帝王宝座方向看,左为东,右为西,道教多少还略占上风。⑧ 但至此之后,佛道两方在政治地位上基本处于一种相互制衡的势均力敌状态,而再也不是道先佛后了,就是睿宗后来调整武则天时期的佛道立位顺序,也没再恢复高宗以前的规定。《旧唐书·睿宗本纪》记载景云二年(公元711年)四月"诏以释典

---

① (唐)道宣撰:《续高僧传》卷二七《唐兖州法集寺释法冲传》,郭绍林点校,中华书局2014年版,第1078页。

② (宋)志磐撰:《佛祖统纪校注》卷四〇《法运通塞志》,释道法校注,上海古籍出版社2012年版,第921页。

③ (唐)慧立、彦悰:《大慈恩寺三藏法师传》卷九,孙毓棠、谢方点校,中华书局1983年版,第150—151页。

④ 同上书,第157页。

⑤ (宋)志磐撰:《佛祖统纪校注》卷四〇《法运通塞志》,释道法校注,上海古籍出版社2012年版,第921页。

⑥ 史睿:《〈显庆礼〉所见唐代礼典与法典的关系》,《唐代宗教文化与制度》,日本京都大学人文科学研究所2007年版,第123—124页。

⑦ (宋)王钦若等编:《册府元龟》卷六〇《帝王部·立制度》,中华书局1960年版,第670页。

⑧ 张践:《中国古代政教关系史》,中国社会科学出版社2012年版,第689页。

玄宗，理均迹异，拯人化俗，教别功齐。自今每缘法事集会，僧尼、道士、女冠等宜齐行道集"①，有学者曾提出，唐律条文"诸称'道士'、'女官'者，僧、尼同"的规定体现了佛道两教在官方政治话语中道先佛后的地位②，对此有必要说明，这确实是体现了《唐律疏议》初定之时的佛道排位情况，但并非整个唐代。③

　　无论高宗时期佛道地位真正地实现了平等还是道教仍略胜一等，到了武则天时期佛教不在道教之下已成为定局。天授二年（公元691年）三月，武则天发布《释教在道法之上制》，"自今以后，释教宜在道法之上，缁服处黄冠之前，庶得道有识以归依，极群生于回向。布告遐迩，知朕意焉"④。关于武则天对佛教的态度学界也多有研究⑤，但无论武则天到底是不是从内心信仰佛教，在其执政期间大力发展佛教是毋庸置疑的，当然这与她的一些政治需要联系紧密。最为著名的就是其利用《大云经》与

---

① （后晋）刘昫等撰：《旧唐书》卷七《睿宗本纪》，中华书局1975年版，第157页。
② 张海峰：《唐代佛教与法律》，上海人民出版社2014年版，第312页。
③ 王兰兰曾根据墓志资料提到，初唐社会中，佛教的影响并不像我们印象中那么大，相反，由于唐高祖祖孙三代对道教地位的刻意推崇，道教成为这一时期影响唐人生活的第二大宗教。同时其也指出，随着时间的推移，唐代社会信仰格局也发生了相应的变化。详见王兰兰《唐初墓志所见唐人信仰考察》，《唐史论丛》第14辑，陕西师范大学出版社2012年版，第186—197页。也有学者认为早在初唐时代，我国兼容并包，融会众长的民族精神就已经逐渐走向成熟。详见李海燕《初唐宗教政策的折射：王勃与三教思想》，《理论学刊》2015年第8期。以上学者的观点均有一定道理，但需要指出，文化上以及民间信仰上的僧道先后可能与国家政策上的佛道排位并不同步。
④ （宋）宋敏求编：《唐大诏令集》卷一一三《释教在道法之上制》，洪丕谟、张伯元、沈敖大点校，学林出版社1992年版，第538页。
⑤ 如牛志平认为她对各种宗教均采取积极支持和利用的态度，并无固定之宗教信仰，详见牛志平《武则天与佛教》，《社会科学战线》1990年第1期；王灵善也持类似观点，认为她是无神论者，佞佛但不信佛，详见王灵善《武则天心态研究》，《山西大学学报》1990年第3期；贺世哲也认为，武则天之所以如此狂热事佛，完全是利用佛教为其篡夺皇权和巩固皇权制造舆论，详见贺世哲《武则天与佛教》，《西北师范大学学报》1978年第2期；但近年来也有一些学者指出，武则天确实是从内心信仰佛教，而非单纯地持利用态度，详见崔正森《武则天与佛教》，《五台山研究》2012年第3期。值得注意的是许多学者在论及武则天与佛教之关系时候都会提到其入感业寺为尼的经历，但李树桐对此持否定意见，其认为武则天绝无入寺削发为尼之事，史书所记全系史官有计划的伪造，详见李树桐《武则天入寺为尼考辨》，《中国佛教史论集·隋唐五代篇》，台湾大乘文化出版社1977年版，第149—175页。

《宝雨经》为登基制造舆论了，"东魏国寺僧法明等撰《大云经》四卷，表上之，言太后乃弥勒下生，当代唐为阎浮提主"①，武则天对此自然十分满意，"制颁于天下，令诸州各置大云寺，总度僧千人"②。在武则天时期对佛道排位问题的众多诏书中，有两条特别要注意，分别是万岁通天元年（公元696年）六月发布的《僧道并重敕》与圣历元年（公元698年）发布的《条流佛道二教制》，其内容分别是"佛道二教，同归于善，无为究竟，皆是一宗。比有浅识之徒，竞于物我，或因恚怨，各出丑言。僧既排斥老君，道士乃诽谤佛法，更相訾毁，务在加诸。人而无良，一至于此！且出家之人，须崇业行，非犯圣义，岂是法门？自今僧及道士敢毁谤佛道者，先决杖，即令还俗"③，"老君化胡，典诰攸著，岂容僧辈妄请消除？故知偏辞，难以凭据，当依对定，佥议惟允"，"自今后僧人入观不礼拜天尊，道士入寺不瞻仰佛像，各勒还俗，乃科违敕之罪"④，这与五年前公布的《释教在道法之上制》似乎差距甚大。对此刘屹解释称武则天此举并不是对李唐崇道的回归，也不是真的要论证老君化胡是否真实可信，而应看作是对武周代唐以来佛教抢居道教之前，以及随之带来的一系列社会现象，进行有力遏制的象征。⑤叶珠红以及吴智勇也持类似观点，认为武则天此举真正的目的是平息女主登基所引起的处士横议⑥，是武后身为帝王的平衡策略⑦。笔者认同几位学者的观点，武则天此举更多的是出于政治用意，而非对僧人的具体法律规制。

---

① （宋）司马光编，（元）胡三省注：《资治通鉴》卷二〇四《唐纪二十·则天后天授元年》，中华书局1956年版，第6466页。

② （后晋）刘昫撰：《旧唐书》卷六《则天皇后本纪》，中华书局1975年版，第121页。

③ （宋）宋敏求：《唐大诏令集》卷一一三《条流佛道二教制》，洪丕谟、张伯元、沈敖大点校，学林出版社1992年版，第538页。

④ （清）董诰等编：《全唐文》卷九六《僧道并重敕》，孙映达等点校，山西教育出版社2002年版，第597页。

⑤ 刘屹：《唐代道教的"化胡"经说与"道本论"》，《唐代宗教信仰与社会》，上海辞书出版社2003年版，第104页。

⑥ 叶珠红：《唐代僧俗交涉之研究——以僧人世俗化为主》，台湾花木兰文化出版社2010年版，第50页。

⑦ 吴智勇：《六到七世纪僧人与政治：以个案研究为中心》，博士学位论文，复旦大学，2013年。

二 "禁毁谤"条辨析

郑显文与张径真都根据万岁通天元年（公元696年）六月发布的《僧道并重敕》与圣历元年（公元698年）发布的《条流佛道二教制》复原了《道僧格》的"禁毁谤"条，郑显文复原的版本为"凡道士、僧尼等，如有诽谤佛法僧尼排斥老君，更相訾毁者，先决杖，即令还俗"①。张径真对此提出异议，其认为《道僧格》最显著的一个特征就是，僧道违法的处罚取消了唐律中的"笞""杖"刑，所以郑显文复原条文中出现的"决杖"是不合理的，但对于《道僧格》中存有此条其还是认同的，张径真复原的条文为"凡道士、女冠有诽谤佛法，僧尼有訾毁道教者，皆还俗"②。笔者在此对郑显文和张径真的复原均存有异议。

先从《道僧格》的制定时间上分析，以《道僧格》是贞观十一年（公元637年）颁布的推定来说，用一条于天授二年（公元691年）的诏敕去复原贞观十一年（公元637年）的格文本身就有很大的问题。此外在《道僧格》颁布同一年，也就是贞观十一年（公元637年）太宗颁布了《令道士在僧前诏》，在上文中已经提及这一诏令引发了佛教僧团的极力抵制，其中俊颖、总持寺僧智实、大德法常和法琳等十人集体到潼关拦驾"上访"太宗，"今之道士不遵其法，所著冠服并是黄巾之余。本非老君之裔，行三张之秽术，弃五千之妙门。反同张禹，漫行章句，从汉魏已来，常以鬼道化于浮俗，妄托老君之后，实是左道之苗。若位在僧尼之上，诚恐真伪同流，有损国化"③。"行三张之秽术"之类的言辞毫无疑问属于"诽谤""訾毁"，虽然太宗因此非常不满，但法琳等人却并没有因此获罪，而只是被口头上予以警示，"敕遣中书侍郎岑文本宣敕语僧等：'明诏久行，不伏者与杖'"，当时众僧人"饮气吞声"，唯僧人智实"不伏此理，万刃之下甘心受罪"，"遂杖之放还"。④ 虽然不知道郑显文复

---

① 郑显文：《唐代律令研究》，北京大学出版社2004年版，第307页。
② 张径真：《法律视角下的隋唐佛教管理研究》，博士学位论文，中国社会科学院研究生院，2012年。
③ （唐）释道宣撰：《广弘明集》卷二五《叙太宗皇帝令道士在僧前诏表》，立人整理，团结出版社1997年版，第661—662页。
④ （唐）道宣撰：《续高僧传》卷二五《唐京师大摠寺释智实传》，郭绍林点校，中华书局2014年版，第947页。

原版本中的"先决杖"是否是考量了这条材料，但就算如此也不能说明《道僧格》中存有"禁毁谤"条。法琳虽然在当场没有像智识一样"不伏此理""甘心受罪"，但他并没有放弃抗争，而是奋力写下《辩正论》十卷，"琳闻：拓拔达阇唐言李氏，陛下之李，斯即其苗，非柱下陇西之流也。谨案：老聃之李，牧母所生，若据陇西，乃皆仆裔。何者？敦煌宝录云：桓王三十九年，幸闲预庭与群臣经夜论古今。王曰：老聃父为何人也？天水太守橐绥对曰：老聃父姓韩，名虔，字元卑。癃跛下残，胎即无耳，一目不明，孤单乞贷。年七十二无妻，遂与邻人益寿氏宅上老婢字曰精敷，野合怀胎而生老子"①。如果是这段文字还不算"诽谤""訾毁"道教的话，那么这条规定估计也就没有什么适用性了。不出意外唐太宗看到这些之后大怒，"犯毁我祖祢，谤黩我先人，如此要君，罪有不恕"，"所著《辩正论》信毁交报篇曰：'有念观音者临刃不伤。'且赦七日，令尒自念，试及刑决，能无伤不"。虽然后来法琳用"琳于七日已来，不念观音，唯念陛下"的奉承之语逃过一死，但还是流放他处，"遂不加罪，有敕徙于益部僧寺。行至百牢关菩提寺，因疾而卒，时年六十九"②。值得注意的是，当时太宗似乎有心释放法琳，但宪司以"诸指斥乘舆者，罪当大辟"不同意释放。当然最后法琳没有被处以大辟，那么假如真的存有"禁毁谤"条的话，太宗既然有心免法琳一死，为何不去适用刑罚较轻的"禁毁谤"条呢？在《道僧格》颁布后的仅仅一两年时间里，面对这法琳等僧人对道教的种种"诽谤""訾毁"，太宗李世民及相关官员又是打又是杀又是流放，却偏偏没有根据《道僧格》的规定敕令其还俗，这无疑证明了在贞观十一年（公元637年）的《道僧格》中应该并不存在该条规定。

当然，正如学界还未达成一致的争论，《道僧格》的颁行时间有可能是贞观三年到永徽六年，《道僧格》可能是《贞观格》、《永徽留本司行格》、《永徽留本司行格中本》中的一篇，或者是再之后经过删改的几个不同版本的指称。唐朝皇帝的临时性的制敕要成为相对固定的永格，是要

---

① （唐）彦琮撰：《唐护法沙门法琳别传》卷下，《大正藏》第50册，CBETA电子佛典集成，T50n2051。

② （唐）道宣撰：《续高僧传》卷二五《唐终南山龙田寺释法琳传》，郭绍林点校，中华书局2014年版，第957—958页。

经过省部的增删、组合、汇编的过程的。① 郑显文和张径真复原的这一"禁毁谤"条当然也可能是在永徽年间，甚至是武则天朝之后又新增补进《道僧格》中的条文。但这一推断也有些牵强。

首先，三教论衡在整个唐朝可以说几乎没有中断过，两者之间孰优孰劣、孰胜孰负可以说是彼此交替而存。陈寅恪曾提到，"南北朝时，即有儒释道三教之目。至李唐之世，遂成固定之制度。如国家有庆典，则召集三教之学士，讲论于殿廷，是其一例"②。有唐一代有三教论衡的频率非常之高，王洪军就曾专门统计过唐前期三教论衡的次数③，如最早唐高祖于武德七年（公元 624 年）在国子监命徐文远讲《孝经》，僧惠乘讲《金刚经》，道士刘远佳讲《老子》，然后让刘德明与他们辩论，"上幸国学释奠。命博士徐旷讲孝经，沙门慧乘讲心经，道士刘进善讲老子，博士陆德明随方立义，遍析其要"④，经过相互诘难，前三人皆"败辩"，高祖对此还调和说"儒、玄、佛义各有宗旨，刘、徐等并当今杰才，德明一举而蔽之，可谓达学矣"⑤。再如开元八年（公元 720 年）前后，玄宗在内殿主持佛道儒三教共三百人的辩论大会，"玄宗诏三教各选一百人，都集内殿，韦玎先陟高座，挫叶静能及空门思明，例皆辞屈。涉次登座，解疑释结，临敌有余，与韦往返百数千言，条绪交乱，相次抗之，棼丝自理，正直有归"⑥。开元二十三年（公元 735 年）八月五日，玄宗在千秋节上命学士、道士和僧人讨论三教异同，并于九月撰《御注金刚般若波罗蜜经》，以平衡儒道与佛教之间的关系和利益。⑦ 正如王洪军所言，这一

---

① 张径真：《法律视角下的隋唐佛教管理研究》，博士学位论文，中国社会科学院研究生院，2012 年。

② 陈寅恪：《冯友兰〈中国哲学史〉下册审查报告》，《金明馆丛稿二编》，上海古籍出版社 1980 年版，第 250 页。

③ 王洪军：《中古时期儒释道整合研究》，天津人民出版社 2009 年版，第 252—256 页。

④ （宋）志磐撰：《佛祖统纪校注》卷四〇《法运通塞志》，释道法校注，上海古籍出版社 2012 年版，第 905 页。

⑤ （唐）刘肃撰：《大唐新语》卷一一《褒锡第二十四》，恒鹤校点，《唐五代笔记小说大观》，上海古籍出版社 2000 年版，第 311 页。

⑥ （宋）赞宁撰：《宋高僧传》卷一七《唐京兆大安国寺利涉传》，范祥雍点校，中华书局 1987 年版，第 420 页。

⑦ ［日］砺波护：《隋唐佛教文化》，韩昇、刘建英译，上海古籍出版社 2004 年版，第 82 页。

时期的三教论议表现出一种非常浓郁的火药气氛①,虽然后来的三教论衡内容相对较为缓和②,但这种形式终唐一代都一直存在。如大和元年(公元827年)时为秘书监的白居易作为儒家的代表,奉敕召入麟德殿内道场,与沙门义林、道士杨弘元一起"对御三教谈论",对答内容简要收入白居易"三教论衡"一文中。③宣宗时期仍不停此传统,"大中三年(公元849年)诞节,诏谏议李贻孙、给事杨汉公,缁黄鼎列论义,大悦帝情。因奏天下废寺基各敕重建,大兴梵刹,玄有力焉"④。不仅仅在官方举办的三教论衡中,在民间的佛道相争亦较为常见,如:"京城流俗,僧、道常争二教优劣,递相非斥。总章中兴善寺为火灾所焚,尊像荡尽。东明观道士李荣因咏之曰:'道善何曾善?云兴遂不兴。如来烧亦尽,惟有一群僧。'"⑤再如"张僧繇始作《醉僧图》,道士每以此嘲僧。群僧于是聚钱数十万,贸阎立本作《醉道士图》。今并传于代"⑥,可以说佛道两者之间的斗争在有唐一代是一种常态,而绝非一时之事。⑦

其次,在一些佛道纠纷的案例中还往往充斥着灵异的成分,这就使得"毁谤""排斥"的评判非常主观而难以评判。如玄宗朝道士罗公远与僧人不空之间就有过相关"斗法"的记载,"玄宗召术士罗公远与空角法,

---

① 王洪军:《中古时期儒释道整合研究》,天津人民出版社2009年版,第258页。
② 可参见罗香林《唐代三教讲论考》,《唐代研究论集》第4辑,新文丰出版公司1992年版,第74页。
③ (唐)白居易:《白居易集》卷六八《三教论衡》,顾学颉校点,中华书局1979年版,第1434页。
④ (宋)赞宁撰:《宋高僧传》卷六《唐彭州丹景山知玄传》,范祥雍点校,中华书局1987年版,第131页。
⑤ (唐)刘肃撰:《大唐新语》卷一三《谐谑第二十八》,恒鹤校点,载《唐五代笔记小说大观》,上海古籍出版社2000年版,第330页。
⑥ (唐)刘𫗧撰:《隋唐嘉话》卷中,恒鹤校点,载《唐五代笔记小说大观》,上海古籍出版社2000年版,第101页。
⑦ 张泽洪认为从唐代长安僧人、道士的三教论衡,僧人、道士为弘道宣教的俗讲,唐诗中所见名僧、高道的酬答唱和,反映出佛教、道教和谐相处的历史实况,详见张泽洪《多元文化视野下的唐代佛道关系——以唐代长安为中心》,《兰州大学学报》2009年第5期。于志刚也认为唐代的民间的僧道彼此关系比较融洽,双方的交往不断,并没有因为宗教属性不同而拒绝往来,详见于志刚《唐代的僧人、寺院与社会生活——以〈太平广记〉为中心》,硕士学位论文,郑州大学,2013年。这种观点有一定道理,但前提是这种交往多体现在僧道以个人名义而进行的日常生活之中,一旦涉及释道二教孰优孰劣、孰先孰后的问题时,争议还是较为明显的。

同在便殿。空时时反手搔背。罗曰：'借尊师如意。'时殿上有花石，空挥如意击碎于其前，罗再三取如意不得，帝欲起取。空曰：'三郎勿起，此影耳。'乃举手示罗，如果复完然在手"①。再如，同是玄宗朝的僧人善无畏，"时有术士握鬼神之契，参变化之功，承诏御前，角其神异。畏恬然不动，而术者手足无所施矣"②。值得注意的是，这种官方斗法的胜利方往往就是当朝统治者在宗教态度上所偏向的一方，如果说玄宗朝的案例在这方面不够明显，那么再来看看代宗朝道士史华与僧人崇惠的斗法，"三年戊申岁九月二十三日，太清宫道士史华上奏，请与释宗当代名流角佛力道法胜负。于时代宗钦尚空门，异道愤其偏重，故有是请也。遂于东明观坛前架刀成梯，史华登蹑如常磴道焉。时缁伍互相顾望推排，且无敢蹑者。惠闻之，谒开府鱼朝恩，鱼奏请于章信寺庭树梯，横架锋刃，若霜雪然，增高百尺。东明之梯极为低下。时朝廷公贵、市肆居民，骈足摩肩而观此举。时惠徒跣登级下层，有如坦路，曾无难色。复蹈烈火，手探油汤，仍餐铁叶，号为馎饦，或嚼钉线，声犹脆饴。史华怯惧惭惶，掩袂而退。时众弹指叹嗟，声若雷响。帝遣中宫巩庭玉宣慰再三，便赍赐紫方袍一副焉"③。先且不说这个故事中佛道双方到底谁技高一筹，仅仅代宗给了佛教僧人第二次机会，并把第二次斗法的地方设在了章信寺，这些事实就能看出代宗在佛道二教上的倾向性，更何况材料中也明确表示了"于时代宗钦尚空门"的事实，那么在这场斗法中最后佛教僧人获得了胜利也就并不意外了。举一个更明显的例子，晚唐会昌五年（公元845年），武宗应道士赵归真之请，于麟德殿召开二教之间的辩论会，"独诏玄与道门敌

---

① （宋）赞宁撰：《宋高僧传》卷一《唐京兆大兴善寺不空传》，范祥雍点校，中华书局1987年版，第11页。需要说明的是，道教文献也同样详细记载了该事件，但结局是罗公远更胜一筹，详见（宋）李昉等编《太平广记》卷二二《罗公远》，汪绍楹点校，中华书局1961年版，第146—150页。不同学者在解析此类斗法事件时对佛道两方的势力对比也存在一定争议，可参见程国赋《唐五代小说的文化阐释》，人民文学出版社2002年版，第124页；赵杏根《唐代小说中的法术僧人与另类僧人》，《苏州铁道师范学院学报》2002年第2期。此外黄阳兴曾对唐代此类佛道斗法事件进行过集中论述，详见黄阳兴《咒语·图像·法术：密教与中晚唐文学研究》，海天出版社2015年版，第168—182页。

② （宋）赞宁撰：《宋高僧传》卷二《唐洛京圣善寺善无畏传》，范祥雍点校，中华书局1987年版，第20页。

③ （宋）赞宁撰：《宋高僧传》卷一七《唐京师章信寺崇惠传》，范祥雍点校，中华书局1987年版，第425—426页。

言，神仙为可学不可学耶？帝又手付老氏中理大国若烹小鲜义，共黄冠往复。玄陈帝王理道，教化根本，言神仙之术，乃山林间匹夫独擅高尚之事业，而又必资宿因，非王者所宜"，把武宗比成是"山林间匹夫"，这番言论一出无疑惹得武宗勃然大怒，"闻者为之股栗，大忤上旨，左右莫不色沮"①。虽然后来因为仇士良、杨钦义等人的圆场而为僧人知玄免去牢狱之灾，但由此也可见佛道之争的判决权完全在于帝王的心理倾向。

不仅仅在官方的佛道对抗之中，在民间的佛道纠纷中才常常是难以评判孰是孰非，如发生在唐代曹州一场佛道法力对决，"尝于曹州讲场，适辨教宗邪正。有道士谓訾玄元，含怒问曰：'诸法为平等以不？'答：'平等不平等。'又问：'何有二耶？'答：'真俗异，故非一概。'黄冠益欻，大诟三宝。翌旦面，欻见须眉随手堕落，徧体疮疱。遽来忏过，愿转华严百徧。读经未半，形质复旧"②。本来只是佛道教之间一次教理教义的论辩，最后竟闹出了灵异事件。虽然在故事中对道士的言辞描写使用了"大诟三宝"的字眼，但从整个故事来看究竟是僧人"排斥"道教，还是道士"毁谤"佛法都不好衡量。与此类似的案例还有中唐的韦道士，"唐开元末岁，牵犬至岳寺求食。僧徒争竞怒，问何故复来，老师云：'求食以与犬耳。'僧发怒慢骂，令奴盛残食，与乞食老道士食，老师悉以与犬。僧之壮勇者，又慢骂，欲欧之，犬视僧色怒，老师抚其首。久之，众僧稍引去，老师乃出，于殿前池上洗犬。俄有五色云遍满溪谷，僧骇视之。云悉飞集池上，顷刻之间，其犬长数丈，成一大龙。老师亦自洗濯，服绡衣，骑龙坐定，五色云捧足，冉冉升天而去。僧寺作礼忏悔，已无及矣。"③再如晚唐越州的道士马湘，"马湘字自然，杭州盐官人也。世为县小吏，而湘独好经史，攻文学，治道术"，"后南游越州，经洞岩禅院。僧三百方斋，而湘与婺州永康县牧马岩道士王知微及弟子王延叟同行。僧见湘单侨箕踞而食，略无揖者。但资以饭，湘不食。促知微、延叟急食而去。僧斋未毕，乃出门。又促速行。到诸暨县南店中，约去禅院七十余

---

① （宋）赞宁撰：《宋高僧传》卷六《唐彭州丹景山知玄传》，范祥雍点校，中华书局1987年版，第130页。

② 转引自李可《宗教社会纠纷解决机制：唐和宋的专题研究》，法律出版社2010年版，第200—201页。

③ （宋）李昉等编：《太平广记》卷三九《韦老师》，汪绍楹点校，中华书局1961年版，第248页。

里。深夜，闻寻道士声。主人遽应，此有三人。外面极喜，请于主人，愿见道士。及入乃二僧，但礼拜哀鸣云：'禅僧不识道者，昨失迎奉，致贻谴责，三百僧到今下床不得。某二僧主事不坐，所以得来。固乞舍之。'湘唯睡而不对。知微、延叟但笑之。僧愈哀乞。湘乃曰：'此后无以轻慢为意。回去入门，坐僧当能下床。'僧回果如其言"①。虽然这类故事中并没有出现佛教诽谤道教或者是道教诽谤佛教的具体言行，但事实上这样故事的出现就是两者之间互相斗争纠纷的产物。再如中唐资州的太守王晔，"开元初，新除太守王晔，本黄冠也，景云中曾立少功，刺于是郡，终于释子包藏祸心。上任处分，令境内应是沙门追集。唯寂久不下山，或劝寂往参，免为厉阶。寂谓弟子曰：'汝虽出家，犹未识业，吾之未死，王晔其如吾何？'迨乎王公上官三日，缁徒毕至。或曰：'唯处寂蔑视藩侯，弗来致贺。'晔微怒也，屈诸僧，升厅坐已，将启怒端，问寂违拒之由，愠色悖兴，僧皆股栗。晔俄然仆地，左右扶掖归宅，至厅事后屏树，如被捆颊之声，禺中气绝。自此人谓为妄欲加诸道人，一至于此"②。如李可所言，如果说作为拥有国家正式承认身份的僧尼、道士女冠仍执着于佛道之间的是非正邪之争的话，那么作为普通信众的下层百姓则不怎么在乎它们之间的高下优劣，而是一视同仁地将它们看成是一种达到解脱现世痛苦、追求来世幸福的可靠途径。③

综上所述，释道二教的纠纷斗争在有唐一代几乎是一种常态，正如法国学者谢和耐所言，道教和佛教两者之间陷入了一种使双方都感到筋疲力尽的互相倾轧之中。④ 并且僧人或者道士因二教纠纷而受到法律制裁，其断罪量刑的标准往往是由当朝统治者的宗教态度所决定的，毕竟在法律层面很难去判断具体怎样的言语或行为才是"毁谤佛法""排斥老君"，所以类似的这种调和二教的规定最多也只应该是在一些单行的诏敕中出现，

---

① （宋）李昉等编：《太平广记》卷三三《马自然》，汪绍楹点校，中华书局1961年版，第211—212页。

② （宋）赞宁撰：《宋高僧传》卷二〇《唐资州山北兰若处寂传》，范祥雍点校，中华书局1987年版，第507—508页。

③ 李可：《宗教社会纠纷解决机制：唐和宋的专题研究》，法律出版社2009年版，第204—205页。

④ ［法］谢和耐：《中国5—10世纪的寺院经济》，耿昇译，上海古籍出版社2004年版，第9页。

说这样的条文能够上升为格未免有些不实际。此外从唐中期罢停"威仪使"的史实中也能说明这个问题,开元二十五年(公元737年)有诏,"道释二教,必在护持,须置威仪,令自整肃。徒众既广,统摄尤难,互相是非,却成烦弊。自今已后,京都简较道僧威仪事并停。或恐先有猜疑,因此妄相纠告,所由不烦为理"①。站在官方的立场去解决教际教派之间的纠纷无疑是愚蠢与徒劳的,因此统治者也认识到这样的一个官职的设置只能带来更多的"妄相纠告",所以才对其进行了罢停。从行政管理的角度都是如此,更何谈从法律的角度去进行具体的规定。

第三节 致拜君亲与"行路相隐"条

张践曾提到,任何宗教组织在社会上生存,都必须明确它们与专制政府的关系问题。即他们的身份究竟是专门从事神圣事业的化外之民,还是君主统治下的一介臣民?这实质上是世俗统治者是否有权管理出家僧侣和宗教界人士,是否应当服从世俗统治的原则问题。在隋唐时期,这个问题主要表现为佛教沙门是否应当致拜君亲的礼仪形式。② 其实关于沙门是否要致拜君亲,自东晋以来便是朝野僧俗争议的问题之一。南朝宋齐时有司奏议令沙门敬拜帝王,虽强制施行,然在佛教信徒们的反对和抵制下,不久即废止不行。③ 时至唐代,孝道思想已经被佛教教理教义所吸收与融合,所以僧尼是否需要致拜君亲的问题再次被提上议程。关于佛教思想对孝道吸收融合方面的研究已经较为深入,如刘立夫提到中国僧人在翻译佛教经典时就优先考虑了那些包含孝道思想的经论④,张海峰曾对佛教用词"五逆"如何进入法律领域有过深入的分析,他认为佛教用语中五逆一词最初为五种恶行,后来因其包含两种严重违背孝道的行为,又引申为

---

① (宋)王钦若等编:《册府元龟》卷一五九《帝王部·革弊》,中华书局1960年版,第1925页。

② 张践:《中国古代政教关系史》,中国社会科学出版社2012年版,第701页。

③ 巩本栋释译:《广弘明集》,台湾佛光文化事业有限公司1998年版,第306页。对此问题可参见岳辉《佛教的中国化——从魏晋南北朝时期的"沙门不敬王者"的争论看起》,《中国佛教二千年学术论文集》,广东省佛教协会2003年版,第268—274页。

④ 刘立夫:《佛教与中国伦理文化的冲突与融合》,中国社会科学出版社2009年版,第124页。

不孝，并被运用于唐代民众的实际生活之中，成为一种日常文书用语。① 此外日本学者中村元还提出，中国家庭愿意让子女成为缁依，借着出家的子女学佛得道时，除了度一切众生，也能为家族带来福报，所谓"一子出家，九族升天"②，可见有的僧人出家的本意即是出于孝道。

唐代从法律层面对僧尼是否致拜君亲进行规定并非首创，除了上文提到的南朝宋齐时的规定，隋朝也存在着类似的法律条文。如《续高僧传》载："大业二年（公元606年），帝还京室，在于南郊，盛陈军旅。时有滥僧染朝宪者，事以闻上，帝大怒，召诸僧徒，并列御前，峙然抗礼，下敕责曰：'条制久颁，义须致敬。'于时黄老、士女初闻即拜，惟释一门俨然莫屈。"③ 这里的"条制久颁，义须致敬"毫无疑问就是指曾经出现过的用法律规定僧尼致拜君主的条文，"隋炀帝，大业中改革前政，令沙门拜帝及诸官长等，悬之杂令"④。不过从刚刚那段记载来看此类规定在隋朝的实践效果并不是很好，以致炀帝对此再三重复，"军国有容，华夷不革，尊主崇上，远存名体。资生运通，理数有仪。三大悬于老宗，两敬立于释府，条格久颁，如何抗礼"⑤。《佛祖历代通载》载："帝受隋禅，百官拜舞，僧但山呼，拱立一面。鄂国公尉迟敬德、金吾卫将军刘文靖奏曰：'僧未登圣，俱是凡夫，何乃高揖王侯，父母反拜，孰可忍也。'"⑥ 可见虽然法律有明文规定，但佛教僧人不致拜君亲的行为从隋朝一直延续到了唐代而并没有改变。

唐代第一次以诏敕的形式对此问题做出规定是在贞观五年（公元631年），《贞观政要·礼乐》载："贞观五年（公元631年），太宗谓侍臣曰：'佛道设教，本行善事，岂遣僧尼道士等妄自尊崇，坐受父母之拜，损害

---

① 张海峰：《唐代佛教与法律》，上海人民出版社2014年版，第79页。

② ［日］中村元：《原始佛教》，释见憨、陈信宪译，台湾香光书乡出版社1995年版，第151页。

③ （唐）道宣撰：《续高僧传》卷二五《唐终南山智炬寺释明瞻传》，郭绍林点校，中华书局2014年版，第936页。

④ （唐）彦悰纂录：《集沙门不应拜俗等事》卷二，《大正藏》第52册，CBETA电子佛典集成，T52n2108。

⑤ （清）严可均辑：《全隋文》卷五《敕禁僧风抗礼》，商务印书馆1999年版，第58页。

⑥ （元）念常集：《佛祖历代通载》卷一一，《大正藏》第49册，CBETA电子佛典集成，T49n2036。

风俗，悖乱礼经，宜即断禁，仍令致拜于父母。'"① 这段记载中的"仍令"二字可能就是对隋朝"义须致敬"的"条制"的追认。但是与隋朝的情况类似，佛教僧人可能对此规定极为不满而进行了集体抵制，因此在贞观七年（公元 633 年）又出现了"敕僧道停致敬父母"②，撤销了之前的规定。到了高宗时期这一问题又再次被提上议程，不过可能是吸取了太宗朝的经验教训，高宗对此问题采取了渐进式策略。高宗并没有首先规定僧人要不要拜君亲，而只是规定僧人不能受父母礼拜。显庆二年（公元 657 年）二年高宗下《僧尼不得受父母拜诏》："父母之亲，人伦已极，整容端坐，受其礼拜，自余尊属，莫不皆然。有伤名教，实致彝典！自今已后，僧尼不得受父母及尊者礼拜。所司明为法制，即宜禁断。"③ 这一相对缓和的规定似乎效果不错，并没有激起佛教僧团的强烈反应，但高宗的目的当然并不止步于此。龙朔二年（公元 662 年）四月十五日，高宗颁布《命有司议沙门等致拜君亲敕》，"君亲之义，在三之训为重；爱敬之道，凡百之行攸先。然释、老二门，虽理绝常境；恭孝之躅，事叶儒津。遂于尊极之地，不行跪拜之礼，因循自久，迄乎兹辰"，"今欲令道士、女冠、僧、尼，于君、皇后及皇太子、其父母所致拜。或恐爽其恒情，宜付有司，详议奏闻"④。客观来说，高宗的这两道诏令都是比较缓和的，但这却并没有赢得僧团的让步与妥协，僧团内部请求废止这一法令的声音从未间断，如僧人静迈认为僧人致拜君亲违反了僧俗两界的礼制，破坏了佛教自身的戒律⑤，再如僧人威秀"嗟教道之中微，叹君王之慢法，乃上表称沙门不合拜"⑥。仅仅在四月十五日敕令之后的六天也就是四月二十一日，僧人就立即集体抗议，"时京邑僧等二百余人往蓬莱宫，

---

① （唐）吴兢编：《贞观政要》卷七《礼乐》，上海古籍出版社 1978 年版，第 226 页。
② （宋）志磐撰：《佛祖统纪校注》卷四〇《法运通塞志》，释道法校注，上海古籍出版社 2012 年版，第 911 页。
③ （宋）宋敏求编：《唐大诏令集》卷一一三《僧尼不得受父母拜诏》，洪丕谟、张伯元、沈敖大点校，学林出版社 1992 年版，第 538 页。
④ （清）董诰等编：《全唐文》卷一四《命有司议沙门等致拜君亲敕》，孙映达等点校，山西教育出版社 2002 年版，第 96 页。
⑤ （唐）释道宣撰：《广弘明集》卷二五《上拜父母有损表》，立人整理，团结出版社 1997 年版，第 677—678 页。
⑥ （宋）赞宁撰：《宋高僧传》卷一七《唐京师大庄严寺威秀传》，范祥雍点校，中华书局 1987 年版，第 411 页。

申表上请",不过这次如此浩大的集体抗议并没有直接抵达高宗,而是被拦了下来,"时相谓秀等曰:'敕令详议,拜否未定,可待后集。'秀等乃退"①。但僧团并没有就此罢休,而是纷纷通过私人关系上表抗议,为此高宗召集百官主持解决佛教僧制与儒家礼制在是否要出家人礼拜君父问题上的纠纷,得出的结论是"时朝宰五百三十九人请不拜,三百五十四人请拜"②。时隔两月之后,高宗最后裁决僧尼可以不礼拜君王,但要拜父母,"时大帝至六月敕不拜君而拜父母","今于君处勿须致拜。其父母之所慈育弥深,祗伏斯旷,更将安设?自今已后即宜跪拜,主者施行"③。不过遗憾的是,很快连这一拜父母的规定也"寻亦废止"④,所以说最终高宗采取迂回战术而下发的两道诏令,一道也没能实行。

不过这种情况在玄宗朝发生了转变,开元二年(公元714年)闰二月三日玄宗下《令僧尼道士女冠拜父母敕》再次重申要求僧尼致拜君亲,"今若为子而忘其生,傲亲而徇于末,背理而强名于教,伤于教则不可行;行教而不废于礼,合于礼则无不遂。二亲之于二教,复何异焉!自今已后,道士女冠、僧尼等,并令拜父母,丧纪变除,亦依月教。庶能正此

---

① (宋)赞宁撰:《宋高僧传》卷一七《唐京师大庄严寺威秀传》,范祥雍点校,中华书局1987年版,第411页。

② 王文颜曾对此次大论争进行深入的分析,其认为僧团的主张依据主要有三个方面:一是依据佛教经典,沙门不应礼敬俗人;二是以历代君王要求僧人致敬王者的史事作为借镜;三是以中国古代"君王有所不臣"的史事作为比拟。官员中支持僧团的主张也主要有三个方面的依据:一是同样以"古代君王亦有所不臣"为理由;二是主张"真俗有别";三是认为佛教有益于教化。官员中反对僧团的主张又可分为两派,一方主张"议兼拜",主张有二种情形可以"不拜":一是得道高僧可以享受此项殊荣;二是在特殊的时间或地点,允许沙门可以不必礼敬君王父母。另一方主张"议令拜",主张的依据有两个方面:一是忠君孝亲为天经地义的道理;二是佛教本有钦敬之义,详见王文颜《唐代"沙门拜俗"事件析论》,《第三届中国唐代文化学术研讨会论文集》,台湾乐学书局1997年版,第352—363页。此外孙广德也曾详细介绍此次论证中各方所持观点,详见孙广德《晋南北朝隋唐俗佛道争论中之政治课题》,台湾中华书局1972年版,第88—95页。

③ (唐)彦悰纂录:《集沙门不应拜俗等事》卷六,《大正藏》第52册,CBETA电子佛典集成,T52n2108。

④ (宋)赞宁撰:《宋高僧传》卷一七《唐京师大庄严寺威秀传》,范祥雍点校,中华书局1987年版,第411页。

第五章　唐代涉僧民事法律规定与实践

颓弊，用明典则，罔亏爱敬之风，自协真仙之意"①，不过不知为何在时隔两个月之后似乎又撤销了这道诏令②。开元二十一年（公元733年）十月玄宗再下《僧尼拜父母敕》，在这道敕令之中又把拜君也规定其中，"道教释教，其归一体，都忘彼我，不自贵高，近者道士女冠，称臣子之礼，僧尼企踵，勤诚请之仪。以为佛初灭度，付属国王，猥当负荷，愿在宣布。盖欲崇其教而先于朕也。自今已后，僧尼一依道士女冠例，兼拜其父母。宜增修戒行，无违僧律，兴行至道，俾在于兹"③。需要提及的是，《全唐文》和《册府元龟》也同时收录了该诏敕，与《唐大诏令集》中收录的该条内容文字完全相同，仅有"无拜父母"和"兼拜父母"一字之差，但意义却天壤之别。日本学者道端良秀、小野胜年和藤善真澄等人先后对此做出了不同的解释，砺波护则在此基础上进行了深入的考证认定《全唐文》中的"无拜"应是笔误。④还有一则史料也能证明该问题，《新唐书》卷四八《宗正卿·崇玄署》载，"道士、女官、僧尼，见天子必拜"⑤。如僧官章节的分析，唐代佛教事务的管理部门并不稳定，而是一直处在变动的状态，但僧尼事务隶属于崇玄署只有两个时期：一是唐初到武则天延载元年（公元694年），二就是玄宗开元二十四年（公元736年）前后。僧尼拜君王的这一规定被记录在了崇玄署条之下，就意味着这一规定应该是在佛教事务隶属于崇玄属的这两个时间段中制定的。如前所述，可以说整个高宗朝僧人是否致拜君亲的问题一直争论不休，即使在龙

---

① （宋）宋敏求编：《唐大诏令集》卷一一三《令僧尼道士女冠拜父母敕》，洪丕谟、张伯元、沈敖大点校，学林出版社1992年版，第539页。

② （后晋）刘昫撰：《旧唐书》卷八《玄宗本纪上》，中华书局1975年版，第172页。

③ （宋）宋敏求编：《唐大诏令集》卷一一三《僧尼拜父母敕》，洪丕谟、张伯元、沈敖大点校，学林出版社1992年版，第540页。

④ ［日］砺波护：《隋唐佛教文化》，韩昇、刘建英译，上海古籍出版社2004年版，第80—81页。砺波护在分析中称静嘉堂文库收藏的明钞本《册府元龟》与京都法学人文科学研究所的内藤湖南旧藏明钞本《册府元龟》对该诏敕都记作"兼拜其父母"。笔者根据砺波护的指引查阅了"以明刻初印本"影印的中华书局1960年版《册府元龟》中该条诏敕的记载，但惊奇地发现中华书局1960年影印本《册府元龟》中使用的也是"无"字而非"兼"字，陈垣在《影印明本册府元龟序》中称"此书自明以来，只有一刻"，所以不知是具体钞本的问题还是其他原因造成的该字的差异。但根据综合分析并不影响砺波护最后认定"兼拜父母"的结论。详见（宋）王钦若等编《册府元龟》卷六〇《帝王部·立制度》，中华书局1960年版，第672页。

⑤ （宋）欧阳修、宋祁撰：《新唐书》卷四八，中华书局1975年版，第1252页。

朔二年（公元662年）还短暂出现了《命有司沙门等致拜君亲敕》，但在仅仅两个月之后就退步为"敕不拜君而拜父母"，之后更是"寻亦废止"，所以说"见天子必拜"的规定应该是在玄宗朝制定而非高宗朝。

不过虽然玄宗朝对此问题三令五申，但之后僧尼致拜君亲的法律规定还是没有得到良好的执行。到了肃宗时期，相关的规定更是被明确撤销，"上元二年（公元761年）九月敕：'自今以后，僧尼等朝会，并不须称臣及礼拜'"①，也就是说玄宗颁布的僧尼拜君亲令在短短的不到三十年之后就被明令撤销。需要提及的是赞宁的《大宋僧史略》对该诏敕发布时间的记载稍有不同，"至上元元年（公元760年）九月八日敕，今后僧尼朝会，并不须称臣及礼拜。斯乃因开元中令僧道拜时皆称臣，至是方免也"②。不过无论如何，在上元二年（公元761年）九月三日肃宗诞辰这一天，他在麟德殿设置佛道场，还命令大臣们面向假扮的佛陀菩萨顶礼膜拜，无须多说此时僧尼拜君亲的规定已经废除。之后代宗也曾在大历八年（公元773年）十二月下令"元日、冬至、朝贺，其僧尼、道士、女道士，并不陪位"③。此外日本僧人圆仁在《入唐求法巡礼行记》中也提到，其于开成五年（公元840年）三月在登州目睹了僧尼在宣布诏书的仪式上不跪拜的事实。④饶有趣味的是，虽然肃宗撤销了玄宗时强制僧尼致拜的法令，但此时的僧人却开始主动向统治者称臣了，"自汉至唐肃宗朝，始见称臣，由此沿而不革"⑤。

除了僧人是否要致拜君亲，僧人于道路遇官是否要避让也存在着一定的争论。《唐六典》卷四载："诸官人在路相遇者，四品以下遇正一品，东宫官四品已下遇三师，诸司郎中遇丞相，皆下马。凡行路之间，贱避

---

① （唐）杜佑撰：《通典》卷六八《礼·僧尼不受父母拜及立位》，王文锦等点校，中华书局1988年版，第1893页。

② （宋）赞宁撰：《大宋僧史略校注》卷下《对王者称谓》，富世平校注，中华书局2015年版，第191页。

③ （唐）杜佑撰：《通典》卷六八《礼·僧尼不受父母拜及立位》，王文锦等点校，中华书局1988年版，第1893页。

④ ［日］圆仁：《入唐求法巡礼行记校注》卷二，白化文、李鼎霞、徐德楠校注，花山文艺出版社2007年版，第221—222页。

⑤ （宋）赞宁撰：《宋高僧传》卷一五《唐常州兴宁寺义宣传》，范祥雍点校，中华书局1987年版，第364页。

第五章　唐代涉僧民事法律规定与实践

贵，少避老，轻避重，去避来"①。郑显文根据这一材料复原《道僧格》中的"行路相隐"条："凡道士、女道士、僧尼于道路遇五品以上官者，隐。"② 周奇持不同意见，认为唐代仅玄宗朝实行过僧尼拜君王的政策，僧尼回避官员的可能性是很小。张径真则引《玄门十事威仪》"出入品第三"，"出入若逢官长，预须隐避，勿令露现。苟无隐处，宜向僻处，或人影树影中立，仍须敛容恭敬。出入忽逢尊贵车马辈舆，并须避道，低身偎形"③，认为僧尼出行回避路人虽然没有史料印证，但从能道教的相关文献中找到相似规定。对此笔者比较认同周奇的意见，如上文所述，在《道僧格》制定与颁行以及之后的一段时间里，僧尼是否需要致拜君亲一直处在一场轰轰烈烈的大讨论当中，仅以道教的戒律就推断《道僧格》中存有此类条文可能并不充分。孙广德曾提到，关于君臣关系之争论，多发生于俗人与佛徒之间，道教之徒颇少参与。道士女冠之不拜王者，可能系承取僧尼造成之惯例，本无坚决不拜之意，令其致拜，自无异议。④ 早在隋朝"条制久颁，义须致敬"之时，道教人士就已经表示服从，"黄老士女，初闻即拜。惟释一门，俨然莫屈"，释道两教中只有佛教僧团予以抵抗。更何况玄宗开元二十一年的《僧尼拜父母敕》就是要求僧人要向道士女冠一样致拜君王⑤，"近者道士女冠，称臣子之礼"，"自今已后，僧尼一依道士女冠例，兼拜其父母"。此外僧人在致拜君亲的争论中曾提到这样一条理由，"令僧不拜君王而令拜其父母，斯则隆于爱敬之礼，缺于经典之教。僧宝存而见轻，归戒没而长隐，岂有君开高尚之迹，不悖佛言；臣取下拜之仪，面违圣旨"⑥。大意就是君主最尊，一切父母均为君主之臣，君主尚许不拜，何为反拜父母；若拜父母，则是抗礼君主，而拜其臣下。需要说明僧团的这段对不拜君亲的抗辩是有逻辑问题的，一般来

---

① （唐）李林甫等撰：《唐六典》卷四，陈仲夫点校，中华书局1992年版，第115—116页。
② 郑显文：《唐代律令制研究》，北京大学出版社2004年版，第305页。
③ 《玄门十事威仪》，《正统道藏》第30册，台湾艺文印书馆1977年版，第24297页。转引自张径真《法律视角下的隋唐佛教管理研究》，博士学位论文，中国社会科学院研究生院，2012年。
④ 孙广德：《晋南北朝隋唐俗佛道争论中之政治课题》，台湾中华书局1972年版，第97页。
⑤ 有学者将唐代道教的政治化、官方化看作是道教向政治上层的"最终的屈服"，详见葛兆光《屈服史及其他：六朝隋唐道教的思想史研究》，生活·读书·新知三联书店2003年版，第117页。
⑥ （唐）释道宣撰：《广弘明集》卷二五《上亲同君上不令致拜表》，立人整理，团结出版社1997年版，第678页。

说拜亲是拜君的逻辑起点，而非相反。① 但这段抗辩用来解释僧人在遇到官员时候是否需要"行路相隐"却是再合适不过，一切官员都是君主之臣，在是否拜君还尚不明朗之时却规定对官员"行路相隐"，无疑是真正的"抗礼"君主。由此分析，《道僧格》中的"行路相隐"条存在的可能性极小。

致拜君亲的规定在肃宗朝被正式撤销之后，僧尼拜父母的问题却没有相关规定。日本学者砺波护曾对此问题进行简要的分析，他提到《金史·章宗本纪》"明昌三年"（公元1192年）记载，在议论改革僧尼、道士不拜父母亲属的现状时，礼官引以为根据的唐朝开元二年（公元714年）敕的摘要，记作道士、女冠、僧尼"自今以后并听拜父母"②。而收录于《唐大诏令集》的敕文，记作"并令拜父母"③。这是将其中的"令"字换成"听"字而流传下来，由此看来僧道拜父母不同于拜君王，并不是命令式，而是允许这么做。所以，一旦拜君的命令撤销之后，拜父母也就不成为问题了。④ 王文颜在分析高宗朝的"沙门拜俗"大争论时也曾提到，因为跪拜君王属于朝廷规矩，不能没有明确规定，而跪拜父母则属私下行为，没有必要严格规范。⑤ 如张践所言，沙门是否跪拜君王的问题，仅仅是一个礼仪象征的意义。由于中国历代王朝的政治权力合法性的依据不在佛教、道教等宗教的理论中，所以他们的实力远远不可能和欧洲古代的基督教相比，不跪拜也不能说明佛教可以与政权抗衡。⑥ 蔺熙民也持类似观点，其认为高宗时期朝臣中反对"致拜君亲"之意见占上风，并不意味否定君亲之地位，更多的是意味社会对佛教与世俗关系的接受与肯定。⑦ 而且此时从文化层面来看佛教已经完成了中国化的进程，"忠""孝"已经成为佛教教理教义中不可分割的一部分，事实上出家僧人们也

---

① 可参见孙广德《晋南北朝隋唐俗佛道争论中之政治课题》，台湾中华书局1972年版，第69页。

② （元）脱脱等撰：《金史》卷九《章宗本纪》，中华书局1975年版，第221页。

③ （宋）宋敏求编：《唐大诏令集》卷一一三《令僧尼道士女冠拜父母敕》，洪丕谟、张伯元、沈敖大点校，学林出版社1992年版，第530页。

④ ［日］砺波护：《隋唐佛教文化》，韩昇、刘建英译，上海古籍出版社2004年版，第111页。

⑤ 王文颜：《唐代"沙门拜俗"事件析论》，《第三届中国唐代文化学术研讨会论文集》，台湾乐学书局1997年版，第352页。

⑥ 张践：《中国古代政教关系史》，中国社会科学出版社2012年版，第706页。

⑦ 蔺熙民：《隋唐时期儒释道的冲突与融合》，博士学位论文，陕西师范大学，2009年。

根本无法割舍他们与父母之间那情感上的牵绊。① 如长安四年（公元704年），西域高僧实叉难陀"以母氏衰老，思归慰觐，表书再上，方俞，敕御史霍嗣光送至于阗"②，再如僧人大光"后以徧感有亲在吴，未答慈力，表乞归省养，诏旨未允。遂生有妄之疾，策蹇强力，将投于渊。驴伏不前，群鸟拂顶，心既晓觉，疾亦随疗。乃以经顶荷行道，忽有诏许还"③。还如高僧道丕，"时谷麦勇贵，每斗万钱。丕巡村乞食，自专胎息，唯供母食。母问还食未？丕对曰：'向外斋了。'恐伤母意，至孝如此"④。唐代墓志当中也保留了大量的出家僧人为在家父母居丧守孝的记载，如《太原王夫人墓志铭并序》记载，"夫人姓王，字玉儿，太原晋阳人也"，"终于时邕里私第"，"孝子沙门惠政、行威等居丧逾礼，毁将灭性"⑤。再如《唐故邢州任县主簿王君夫人宋氏之墓志铭并序》载，"夫人讳尼子，字尼子，广平人也"，"以天授二年（公元691年）闰五月廿一日卒于利仁坊之私第"，"子承福、僧玄嗣等，或休征至性，或法显因心，临厚夜而长号，瞻彼苍而永诉"⑥。所以僧人是否致拜父母的问题此时已经并不是一个严格意义上的"问题"了，想必这也是高宗在显庆二年（公元657年）为何先下《僧尼不得受父母拜诏》，然后才在龙朔二年（公元662年）下《命有司沙门等致拜君亲敕》，采取迂回战术的原因所在吧。

第四节　寺院经济与"不得私蓄"条

一　僧尼授田与唐代寺院经济

唐代关于僧尼授田有明确的记载与规定，《唐六典·户部尚书》："凡

---

① 可参见刘佳虹《五至九世纪佛教冲击下的亲情/家族价值的位移及其转变》，硕士学位论文，（台湾）中国文化大学，2005年。

② （宋）赞宁撰：《宋高僧传》卷二《唐洛阳大徧空寺实叉难陀传》，范祥雍点校，中华书局1987年版，第32页。

③ （宋）赞宁撰：《宋高僧传》卷二四《唐湖州法华寺大光传》，范祥雍点校，中华书局1987年版，第623页。

④ （宋）赞宁撰：《宋高僧传》卷一七《周洛京福先寺道丕传》，范祥雍点校，中华书局1987年版，第432页。

⑤ 周绍良主编：《唐代墓志汇编》，上海古籍出版社1992年版，第43页。

⑥ 同上书，第839—849页。

道士给田三十亩，女冠二十亩，僧、尼亦如之。"① 仁井田陞曾就此辑佚过相关唐令，《唐令拾遗》之田令二十四："诸道士受《老子经》以上，道士给田三十亩，女官二十亩，僧尼受具戒准此。"②《天圣令》的发现为我们提供了更为准确的记载，《天圣令》田令之"唐28"条："诸道士、女冠受老子《道德经》以上，道士给田三十亩，女冠二十亩。僧尼受具戒者，各准此。身死及还俗，依法收授。若当观寺有无地之人，先听自受。"③ 为何唐代会明确僧尼授田，韩国磐曾提到，唐政府可能是承认寺院广占田产的前提下，也具有将寺观田产纳入均田制度下的意图。④ 对此学界已基本达成共识，均认为均田制下的僧尼授田其实是一种限田行为。⑤ 至于规定的授田到底是不是实授，不同的学者则持有不同的观点。⑥ 笔者倾向杨际平的观点，对僧尼个人的授田目前还不明朗，但对寺院而言应该是实授。如《唐贞观十四年（公元640年）西州高昌县弘宝寺法绍辞稿为请自种判给常田事》载："贞观十四年十二月廿七日弘宝寺主法绍辞/前判得附庸上常田，为作弘宝寺田业/以充僧供养。今时量官田家不与，乞索/作寺名，寺家自种。请以咨陈，请裁，谨辞。/上坐寺主都维那寸辞。"⑦ 从中可以明确看到，国家对僧尼的授田是以寺院为单位的实授，从《天圣令》中的"身死及还俗，依法收授。若当观寺有无地之

---

① （唐）李林甫等撰：《唐六典》卷三，陈仲夫点校，中华书局1992年版，第74页。

② ［日］仁井田陞：《唐令拾遗》，栗劲、霍存福等编译，长春出版社1989年版，第568页。

③ 《天一阁藏明钞本天圣令校证（附唐令复原研究）》，中华书局2006年版，第387页。

④ 韩国磐：《隋唐的均田制度》，商务印书馆1957年版，第52页。大多数学者认为均田制只实行于北方，也有学者持相反意见，详见武建国《均田制研究》，云南人民出版社1992年版，第166页。

⑤ 详见张弓《中国中古时期寺院地主的非自主发展》，《世界宗教研究》1990年第3期；白文固《唐代僧尼道士受田问题的辨析》，《社会科学》1982年第3期；杨际平《均田制新探》，厦门大学出版社1991年版，第106—107页；郑显文《唐代律令制研究》，北京大学出版社2004年版，第121—122页。

⑥ 详见张弓《唐代的寺庄》，《中国社会经济史研究》1989年第4期；郑显文、于鹏翔《试论律令对唐前期寺院经济的制约》，《中国经济史研究》1999年第3期；戴建国《唐〈开元二十五年令·田令〉研究》，《历史研究》2000年第2期；周奇《唐代宗教管理研究》，博士学位论文，复旦大学，2005年。

⑦ 《吐鲁番出土文书》第4册，文物出版社1983年版，第46页。

人，先听自受"一句中也可以辅证这个结论。

除了法律规定的授田之外，国家还以赐赠的方式给予寺院大量的田宅与财物，如唐初就曾以少林寺助平王世充有功而赐田四十顷①，高宗曾赐西明寺田园百顷②，玄宗避乱于益州时曾赐大圣慈寺田产一千亩③，代宗宝应年间也曾"敕赐诸寺观田凡千余顷"④。此外罗莉曾提出寺院受赐的土地一般都是上等膏腴之田⑤。贵族官僚也常施舍财物给寺庙，如开元十八年（公元730年），金仙公主奏请赐范阳某寺以田庄，玄宗允许。⑥ 再如王维曾上奏，"臣亡母故博陵县君崔氏，师事大照禅师三十余岁，褐衣蔬食，持戒安禅，乐住山林，志求寂静。臣遂于蓝田县营山居一所，革堂精舍，竹林果园，并是亡亲宴坐之余，经行之所。臣往丁凶衅，当即发心，愿为伽蓝"，"伏乞施此庄为一小寺，兼望抽诸寺名行僧七人，精勤禅诵，斋戒住持"⑦。再如其弟王缙，"缙为相，溺于释教，妻李氏实妾也，大历四年（公元769年）以疾请舍宅为寺"⑧。随着佛教的兴盛，特别是在一些重大的佛事活动当中，民众对佛教的施舍供奉更是无法具体计量，如"唐开元中，有僧义福者"，"尝从驾往东都，所历郡县，人皆倾

---

① （清）王昶撰：《金石萃编》卷四一《唐·秦王告少林寺主教》，台湾国风出版社1964年版，第725页。有学者提到同载于"少林寺碑"之上的另一碑文《少林寺牒》中屡次提到"格"，如"据格合得良田一百顷""准格合得者未被酬赏之"。详见李雪梅、安洋《少林寺唐代公文碑初探》，《唐律与唐代法制学术研讨会论文集》，未刊，2015年。也就是说除了唐令之外，唐格中有可能也存有明确僧尼或者寺院授田的法律规定。

② （清）董诰等编：《全唐文》卷二五七《唐长安西明寺塔碑》，孙映达等点校，山西教育出版社2002年版，第1544页。

③ （宋）志磐撰：《佛祖统纪校注》卷四一《法运通塞志》，释道法校注，上海古籍出版社2012年版，第955页。

④ （后晋）刘昫等撰：《旧唐书》卷一四一《张孝忠传》，中华书局1975年版，第3861页。

⑤ 罗莉：《寺庙经济论：兼论道观清真寺教堂经济》，宗教文化出版社2004年版，第110页。

⑥ （清）王昶撰：《金石萃编》卷八三《唐·记石浮屠后》，台湾国风出版社1964年版，第1456页。

⑦ （清）董诰等编：《全唐文》卷三二四《请施庄为寺表》，孙映达等点校，山西教育出版社2002年版，第1956页。

⑧ （清）徐松撰：《唐两京城坊考》卷三，张穆校补，方严点校，中华书局1985年版，第84页。

向，檀施巨万，皆委之而去"①，再如懿宗迎佛骨置于安国寺后，"宰相以下施财不可胜计，百姓竞为浮屠，以至失业"②。还如 S.4474 号《张安三父子敬造佛堂功德记》载，"割舍资财，谨依敦煌里自庄西北隅阴施主慈惠、龙应应地角敬造佛堂两层一所"③。除此之外僧人进行法事活动一般也会收取一定的报酬，如"粗行出家儿，心中未平实。贫斋行则迟，富斋行则疾。贪他油煮䭔，我有波罗蜜。饱食不知惭，受罪无休日"④，再如"开元二十二年（公元734年），京城东长乐村有人家，素敬佛教"，"吾家贫，卒办此斋，施钱少，故众僧皆三十，佛与众僧各半之"⑤，这与敦煌僧团中僧尼通过转经领取儭利有几分类似。⑥ 此外唐后期随着均田制的崩溃，佛教寺院通过买卖田产的方式更是积累到巨大的财富，李德龙曾提到，唐前期寺院土地多以赏赐和施入的方式获得，后期的寺院土地，则多靠寺院出资购买为主要来源⑦。如苏州支硎山僧道遵就曾于大历年间"置常驻庄二区"⑧，再如大中年间安国寺曾购买官府田地，"牒前件庄，准敕出卖，勘案内□正词、状请。买价钱准数纳讫，其庄□巡交割分付，仍帖买人知，任便为主。□要有悔改，一任货卖者奉使判。□者准判牒知任为

---

① （唐）郑处诲撰：《明皇杂录》补遗《僧人义福》，田廷柱点校，中华书局1994年版，第42页。

② （唐）王谠撰：《唐语林校证》卷三，周勋初校证，中华书局1987年版，第215页。

③ 郑炳林：《敦煌碑铭赞辑释》，甘肃教育出版社1992年版，第317页。

④ （唐）王梵志：《王梵志诗校注》卷六《粗行出家儿》，项楚校注，上海古籍出版社1991年版，第734页。

⑤ （宋）李昉等编：《太平广记》卷一〇〇《长乐村圣僧》，汪绍楹点校，中华书局1961年版，第667页。

⑥ 关于儭利的学术史回顾可参见石小英《八至十世纪敦煌尼僧研究》，人民出版社2013年版，第170—171页。但需要指出敦煌僧人参与转经并领取儭利是一项基本权利与义务，如P.2101b号《大中五年（公元851年）尼智灯苑状并离烦判词》载"缘鸣尼病疾，恐减应管福田寺□减通名数，格令罚责严难，恐司所由亏口"，详见唐耕耦、陆宏基编《敦煌社会经济文献真迹释录》第4辑，全国图书馆文献缩微复制中心1990年版，第118页。

⑦ 李德龙：《敦煌遗书所反映的寺院僧尼财产世俗化》，《山西大学学报》1995年第2期。

⑧ （宋）赞宁：《宋高僧传》卷二七《唐苏州支硎山道遵传》，范祥雍点校，中华书局1987年版，第678页。法国学者谢和耐对此持有不同理解，其认为高僧传中记载"置田"或"庄"的地方，"置"字并不是指购买，而是指开发。详见［法］谢和耐《中国5—10世纪的寺院经济》，耿昇译，上海古籍出版社2004年版，第149—150页。

凭据者，故牒"①。这一系列的收入使得唐代寺院"膏腴美业，倍取其多；水碾庄园，数亦非少"②，许多寺院都有着大量的田宅、奴婢、牲畜、资产等③，如长安清禅寺，"竹树森繁，园圃周绕，水陆庄田，仓廪碾硙，库藏盈满"④，再如扬州灵居寺，"置鸡笼墅肥地庄，山原连延，亘数十顷"⑤。

由上可见，均田制僧尼受田"制度化"方式并不成功，其限制寺院经济势力发展的意图和目的在实际操作层面上并未得以实现。⑥ 也就是说，国家在原则上其实并不鼓励社会大众向寺院施舍财物，并且对寺院占田过限也有着明确的制约，《唐律疏议·户婚》就存有相关规定，历任帝王也屡下诏敕，如唐隆元年（公元 710 年）七月十九日敕"寺观广占田地，及水碾硙⑦，侵损百姓，宜令本州长官检括。依令式以外及官人百姓将庄田、宅舍布施者，在京并令司农即收，外州给贫下课户"⑧。再如《唐会要·祠部郎中》载开元十年（公元 722 年）正月二十三日，"敕祠部：'天下寺观田，宜准法据僧、尼、道士合给数外，一切管收，给贫下欠田丁。其寺观常住田，听以僧、尼、道士、女冠退田充，一百人以上不得过十顷，五十人已上不得过七十顷，五十人以下不得过五顷'"⑨。戴建

---

① （清）王昶撰：《金石萃编》卷一一四《唐·敕内庄宅使牒》，台湾国风出版社 1964 年版，第 2123 页。

② （后晋）刘昫等撰：《旧唐书》卷八九《狄仁杰传》，中华书局 1975 年版，第 2893 页。

③ 黄敏枝曾总结唐代寺领庄园的来源主要有四：皇帝敕赐、信徒僧众的施舍、购置及典押、授田制中僧尼的给田。详见黄敏枝《唐代寺院经济的研究》，台湾大学文学院 1971 年版，第 50 页。

④ （唐）道宣撰：《续高僧传》卷三〇《唐京师清禅寺释慧胄传》，郭绍林点校，中华书局 2014 年版，第 1224 页。

⑤ （清）董诰等编：《全唐文》卷七四五《大唐扬州六合县灵居寺碑》，孙映逵等点校，山西教育出版社 2002 年版，第 4546 页。

⑥ 刘小平：《唐代佛教寺院的土地资源配置》，《中国农史》2009 年第 1 期；刘小平、马楠：《唐代均田制与寺院经济变迁的制度化分析——以"僧尼授田"为中心的考察》，《甘肃社会科学》2009 年第 4 期。

⑦ 简单来说，碾是除去谷壳的机器，硙是制粉的机器。详见［日］道端良秀《唐代仏教史の研究》，日本法藏馆 1967 年版，第 450 页；黄敏枝《唐代寺院经济的研究》，台湾大学文学院 1971 年版，第 98 页。

⑧ （宋）宋敏求编：《唐大诏令集》卷一一〇《诫励风俗敕》，洪丕谟、张伯元、沈敖大点校，学林出版社 1992 年版，第 523 页。

⑨ （宋）王溥撰：《唐会要》卷五九《祠部员外郎》，上海古籍出版社 1991 年版，第 1207 页。

国根据《天圣令》中田令"宋3"条①进一步追认仁井田陞所辑佚的唐令②,"官人百姓,不得将奴婢田宅,舍施典卖与寺观。违者价钱没官,田宅奴婢还主"③。代宗时期还曾直接下令寺院放贱为良,《唐宝应元年(公元762年)建午月四日西州使衙榜》:"使衙榜西州/诸寺观应割附充百姓事。/右件人等,久在寺观驱驰。矜其勤劳日久,遂与僧道/商度,并放从良,充此百姓。割隶之日,一房尽来,不能有愧/于僧徒。更乃无厌至甚,近日假托妄有追呼。此信此流,/扰乱颇甚。今日以后,更有此色者,当便决然。仍仰所由,/分明晓谕,无使踵前。榜西州及西海县。/以前件状如前。/建午月四日/使、御史中丞杨志烈。"④ 如唐长孺所言,杨志烈解放西州寺观依附人口当然是为了扩大赋役对象,并非什么出于仁慈。⑤ 不过尽管政府竭尽所能地限制寺院经济的增长,却效果甚微,如位于河阴县(今河南省荥阳县广武区)的唐昭成寺僧朗谷果园庄从广德二年(公元764年)的三十亩,到贞元二十一年(公元805年),仅是四十一年的时间,就达到一千七百九十一亩。⑥ 由此可见唐代寺院经济在武宗之前的发展速度是非常迅猛的。⑦

二 寺院常住⑧和僧尼私产

佛教戒律当中有许多不许僧人个人私蓄钱财、兴贩经济的规定,如

---

① 《天一阁明钞本天圣令校证(附唐令复原研究)》,中华书局2006年版,第253页。
② 戴建国:《唐〈开元二十五年令·田令〉研究》,《历史研究》2000年第2期。
③ [日]仁井田陞:《唐令拾遗》,栗劲、霍存福等编译,长春出版社1989年版,第915页。
④ 张弓:《南北朝隋唐寺观户阶层述略——兼论贱口依附制的演变》,《五十年来汉唐佛教寺院经济研究》,北京师范大学出版社1986年版,第311页。
⑤ 唐长孺:《敦煌吐鲁番史料中有关伊、西、北庭节度使留后问题》,《中国史研究》1980年第3期。
⑥ 荆三林:《〈唐昭成寺僧朗谷果园庄地亩幢〉所表现的晚唐寺院经济情况》,《五十年来汉唐佛教寺院经济研究》,北京师范大学出版社1986年版,第114页。
⑦ 李德龙还曾敏锐地指出佛教寺院经济发展与各宗派兴盛发展之间有着相互促进的作用,详见李德龙《敦煌文献与佛教研究》,中央民族大学出版社2010年版,第32—45页。
⑧ "常住"在佛教中本为恒久不变之意,后主要代指僧伽共有财产,包括僧团的不动产及僧尼个人的生活用品等。关于常住的介绍可参见姜伯勤《唐五代敦煌寺户制度》,中国人民大学出版社2011年版,第139页;郝春文《唐后期五代宋初敦煌僧尼的社会生活》,中国社会科学出版社1998年版,第123—124页;[法]谢和耐《中国5—10世纪的寺院经济》,耿昇译,上海古籍出版社2004年版,第89—93页。

第五章 唐代涉僧民事法律规定与实践

《摩诃僧祇律》载,"佛言,沙门释子不应畜金银。若有人言应畜金银,是诽谤我,非实、非法、非随顺,于现法中是为逆论","沙门释子不应畜金银。若畜金银者,非沙门法、非释种法"。①《中阿含经》载,"我离受田业店肆、断受田业店肆,我于受田业店肆净除其心"②,《四分律·杂犍度》载,"不取妻妾童女,不畜养奴婢、象马车乘、鸡狗猪羊、田宅园观,储积畜养一切诸物"③,《十诵律》载,"持净戒者不得贩卖贸易、安置田宅、畜养人民、奴婢、畜生;一切种植及诸宝皆当远离,如避火坑;不得斩伐草木、垦土、掘地"④。与酒肉戒类似,佛教教理教义中对于僧人不蓄钱财、不兴贩卖也有许多变通的规定,如《四分律删繁补阙行事钞》载,"我说一切衣服饮食床榻园林人民,得畜不得畜者,皆不定。若畜便增长善法,我说得畜,反此不得"⑤,可见佛教戒律还是为僧尼私蓄财物提供了很多可行的限定条件⑥。

与佛教的戒律相符,唐代先后发布了多道诏令禁止僧尼私蓄财物、兴贩经济,如玄宗《禁僧徒敛财诏》,"近日僧徒,此风尤甚。因缘讲说,眩惑州间,溪壑无厌,唯财是敛","自今已后,僧尼除讲律之外,一切禁断","如犯者,先断还俗,仍依法科罪"⑦。再如至德二年(公元757年)七月郑叔清奏:"诸道士、女道士、僧、尼","准法不合畜奴婢、田

---

① (东晋)佛陀跋陀罗共法显译:《摩诃僧祇律》卷十,《大正藏》第22册,CBETA电子佛典集成,T22n1425。

② 恒强校注:《中阿含经》卷一九《迦絺那经》,线装书局2012年版,第365页。

③ 温金玉释译:《四分律》,台湾佛光文化事业有限公司1997年版,第265页。

④ P.4638号《佛遗教经论疏节要》"标宗显徳篇"引,转引自谢重光《中古佛教僧官制度和社会生活》,商务印书馆2009年版,第151页。

⑤ (唐)道宣撰:《四分律删繁补阙行事钞》卷下一,《大正藏》第40册,CBETA电子佛典集成,T40n1804。

⑥ 何兹全曾对佛教戒律中关于僧尼私有财产的具体规定进行细致翔实的考证,详见何兹全《佛教经律关于僧尼私有财产的规定》,《五十年来汉唐佛教寺院经济研究》,北京师范大学出版社1986年版,第158—181页。法国学者谢和耐更是对五部律藏中对捉持金银、以物易物、商业相关的戒律进行了系统完整的介绍,详见[法]谢和耐《中国5—10世纪的寺院经济》,耿昇译,上海古籍出版社2004年版,第190—198页。

⑦ (清)董诰等编:《全唐文》卷三〇《禁僧徒敛财诏》,孙映达等点校,山西教育出版社2002年版,第203页。

宅、资财，既助国纳钱，不可更拘常格"①，这里更是明确了"准法不合畜奴婢、田宅、资财"是为"常格"。太和四年（公元830年）祠部奏"其僧尼有不依典教，兴贩经纪"，"自今已后，切加禁断"②，敦煌文书P.2481号写本《唐前期尚书省礼部报都省批复下行公文程序》③中"僧尼第二"中的"贮财""盗物"两项也都是明显的"不得私蓄"的规定。诸户立雄、郑显文等学者依据以上各种史料复原了《道僧格》中的"不得私蓄"条。④那么这里就出现了一个矛盾的问题，上文中明确提到，唐代以法律的形式规定的僧尼授田的相关规定，并且赐赠相关寺院大量的田宅。此外虽然国家不鼓励，但也多次允许官僚贵族向寺院进行施舍，那么这些岂不是与"不得私蓄"条自相矛盾？其实不然，要解决这个问题首先需要明确两个概念，那就是寺院常住与僧尼私产，《道僧格》中提到的"不得私蓄"是针对僧尼私产而言的，而非寺院常住。从《天圣令》中的"身死及还俗，依法收授。若当观寺有无地之人，先听自受"一句也能大概理解这两个概念之间的逻辑关系。国家向僧尼的授田，以及对寺院的赐赠都是针对寺院常住而言的，僧尼身死及还俗，他所占的授田份额是要收还给国家。唐代虽然禁止僧人个人"私蓄"财产，但对寺院常住还是有基本的法律保障的⑤，如P.2187号《敦煌教团奉使衙帖处分常住文书》记载："应诸管内寺宇，盖是先帝敕置，或是贤哲修成，内处舍/宅庄田，因乃信心施入，用为僧饭资粮。应是户口家人，檀越将持奉献永/充寺舍居业，世人共荐光扬。不合侵陵，就加添助，资益崇修，不陷不倾，/号

---

① （唐）杜佑撰：《通典》卷一一《食货·鬻爵》，王文锦等点校，中华书局1988年版，第244页。

② （清）董诰等编：《全唐文》卷九六六《请申禁僧尼奏》，孙映达等点校，山西教育出版社2002年版，第5929页。

③ 赵和平辑校：《敦煌表状笺启书仪辑校》，江苏古籍出版社1997年版，第404—406页。

④ 《唐律疏议·名例》中有规定"弟子若盗师主物及师主盗弟子物等，亦同凡盗之法。其有同财，弟子私取用者，即同同居卑幼私辄用财者"，详见岳纯之点校《唐律疏议》卷六《名例》，上海古籍出版社2013年版，第118页。在前文僧团内部拟制血亲的章节中可以看到，弟子殴詈师主是比照凡人殴詈尊长而进行加等处罚，而《唐律疏议》中卑幼盗尊亲属财是减等处罚的。但此处弟子与师主之间的相盗却同凡盗之法，其原因就在于唐前期是禁止僧人私蓄财物的，所以弟子与师主相盗的财物本身就不具合法性，因此才没有比照凡人加等处罚，而弟子私取同财即意指私用寺院常住。但因目前未见到相关直接证据证明，所以暂不展开论述。

⑤ 严耀中曾详细分析佛教寺院经济的教义基础及其在中国社会中的合理性问题，详见严耀中《佛教戒律与中国社会》，上海古籍出版社2007年版，第450—454页。

曰'常住'。事件一依旧例，如山更不改移。除先故太保诸使等世上给状/放出外，余者人口，在寺所管资庄、水硙、油梁，便同往日执掌任持。自/今已后，凡是常住之物，上至一针，下至一草，兼及人户，老至已小，不许/倚形恃势之人，妄生侵夺，及知典卖。或有不依此式，仍仰所由，具/状申官。其人重加刑责；常住之物，却入寺中，所出价值，任主自折。其/常住百姓亲伍礼，则便任当部落结媾为婚，不许共乡司百姓/相合。若也有违此格，常住丈夫，私情共乡司女人通流，所生男女，/收入常住，永为人户，驱驰世代，出容出限。其余男儿丁口，各须随/寺料役，自守旧例，不许[以下残缺]。"① 从这段材料可以看出，寺院常住包括资庄、水硙、油梁，以及人户②等至少在法律上都是受到明确保护的。此外唐代笔记小说中也存有很多官员因侵犯寺院常住而遭受冥报的事例，如"景龙二年（公元 708 年），有御史大夫冯思忽尔暴终，入一处，有二童子持簿领冯庭对判官厅，按履罪愆，令望彼巨树枝柯可履数亩。判官身旁旧识者张思义，招手呼冯曰：'吾是汝舅，曾为洛阳仓吏，被长官越格诬杀，兼假贷太平寺中钱及油面，于今未脱。汝所坐者，不合于天后宫中乱越，致此暴卒。可发愿造《涅槃经》，铸钟。'登即关奏，判放却人世"③。再以中唐河内的崔君为例："有崔君者，贞元中为河内守，崔君贪而刻，河内人苦之。常于佛寺中假佛像金，凡数镒，而竟不酬直，僧以太守，竟不敢言。未几，崔君卒于郡，是日，寺有牛产一犊，其犊顶上有白毛，若缕出文字曰崔某者，寺僧相与观之，且叹曰：'崔君常假此寺中佛像金，而竟不还，今日事，果何如哉。'崔君家闻之，即以他牛易其犊。即至，命剪去文字，已而便生。及至其家，虽豢以刍粟，卒不食，崔氏且以为异，竟归其寺焉。"④

寺院常住在理论上应该是有别于僧尼私产的，如孟宪实曾根据俄罗斯藏 Kr4/654 号文书认定，寺院如果有附属人口如奴婢等，应该登录在

---

① 谢重光：《中古佛教僧官制度和社会生活》，商务印书馆 2009 年版，第 153—154 页。

② 谢重光曾对寺院附属寺户以及部曲、奴婢、净人之间的关系有过深入的研究，详见谢重光《中古佛教僧官制度和社会生活》，商务印书馆 2009 年版，第 257—267 页。

③ （宋）赞宁撰：《宋高僧传》卷五《唐越州礼宗传》，范祥雍点校，中华书局 1987 年版，第 101—102 页。

④ （宋）李昉等编：《太平广记》卷四三四《河内崔守》，汪绍楹点校，中华书局 1961 年版，第 3523—3524 页。

僧人之后①，可见寺院的常住是有明确的籍帐记载的，这与僧人的私产有着明确的区分。但在现实生活中有时候某些本应属于寺院常住的人畜财物却与个别僧尼有着无法准确分割的紧密联系，如 P. T. 1080 号《比丘尼为养女事诉状》："往昔，兔年，于蕃波部落与退浑部落附近，多人饥寒交迫，行将待毙。沙州城降雪时，一贫穷人所负襁褓之中，抱一周岁女婴，来到门前，谓：'女婴之母已亡故，我亦无力抚养，此女明后日即将毙命。你比丘尼如能收养，视若女儿亦可，佣为女奴亦可。'我出于怜悯，将她收容抚养，瞬间，已二十年矣。此女已经二十一岁"，"如今彼女亦不似以往卖力干活。为此，呈请将此女判归我有，如最初收养之律令"，"批示：'按照收养律令，不得自寻主人，仍照原有条例役使'"②。如材料所显示，"视若女儿亦可，佣为女奴亦可"使"养子女"这一身份难以界定。③"养子女"与寺户肯定是有明显的差异的，寺户与寺院无论是农奴依附关系还是契约租佃关系④，其都属于寺院常住的来源之一⑤，而"养子女"却可以位同僧人的个人奴婢。敦煌吐鲁番文书当中许多僧尼都有"养子女"，虽然不能主观判定这些"养子女"都是此种类型⑥，但也说明了一定的问题。此外根据陶希圣的研究，寺院与僧尼个人并不存在必然的供养关系，"寺院供给僧尼食物的，固然很多，不供给食物的也很不少"，"僧尼的衣服，绝不由寺院供给"⑦，这就使僧尼可以、甚至是必须拥有私

---

① 孟宪实：《论唐朝的佛教管理——以僧籍的编造为中心》，《北京大学学报》2009 年第 3 期。

② 王尧、陈践译注：《敦煌吐蕃文献选》，四川民族出版社 1983 年版，第 48 页。

③ 僧人畜有养教授女并非唐代才有，如梁武帝时期便有记载"道人又有白徒，尼则皆畜养女"，详见（唐）李延寿撰《南史》卷七〇《郭祖深传》，中华书局 1975 年版，第 1722 页。

④ 唐代寺院附属寺户的性质经历了一个由庄客制向庄佃制的转变，详见罗莉《寺庙经济论：兼论道观清真寺教堂经济》，宗教文化出版社 2004 年版，第 115—122 页。

⑤ 严耀中曾提及印度佛寺业也有童仆奴婢，但如果他们是自愿或施舍进来的，是属于寺院的"常住"，在理论上尚可辩解为沙门个人与他们之间没有"畜"的关系，只是身份不同而已。详见严耀中《佛教戒律与中国社会》，上海古籍出版社 2007 年版，第 463 页。

⑥ 也有"地位较高"的僧人养子女，如 P. 3410 号《沙州僧崇恩处分遗物凭据》载"娲柴小女在乳哺来，作女养育，不曾违逆远心，今出嫡适人，已经数载"，崇恩死后还将其所买小女遗她驱使。详见唐耕耦、陆宏基编《敦煌社会经济文献真迹释录》第 2 辑，全国图书馆文献缩微复制中心 1990 年版，第 150—152 页。

⑦ 陶希圣编校：《唐代寺院经济》，台湾食货出版社 1979 年版，第 6 页。

产，否则许多僧尼便失去了生活来源。① 此外僧尼蓄有私产并不是唐代才有的现象，根据黄敏枝的研究，南北朝时沙门以富有闻名者不乏其人②，这也是唐代僧尼蓄有私产的背景之一。虽然没有明确的记载，但根据一些材料显示至少在开元年间以前，民间对寺院常住与僧尼私产之间的区分已经比较明朗化了，上文提到的开元二十二年（公元 734 年）京城东长乐村有人所办斋会，"吾家贫，卒办此斋，施钱少，故众僧皆三十，佛与众僧各半之"③，这里的"佛与众僧"应该是就寺院常住与僧尼私产之间的区分。

随着寺院经济的发展以及禅宗"丛林"制度的兴起，寺院常住与僧尼私产之间的矛盾进一步加剧。如江西观察使崔黯奏，"东林寺山秀地灵，实为胜境。而寺中庄田钱物，各处主持，率多欺隐。物力稍充者常无冻馁，资用不足者尽抱饥寒。本立常住，全为众僧，只合同奉伽蓝，宁容别开户牖。供膳但资于私家，施利不及于大众"，"伏虑月梢深，依前紊乱，山深地僻，人少公心，住持乞降敕处分，奉敕依"④，就是讲东林寺的主持滥用寺院常住，中饱私囊的现象，而这种现象在唐中后期并不少见。⑤ 谢重光也提到，一般的僧人大多是把受施的财物据为己有，有人进而要利用获取的大量财富经商取利的。⑥ 简修炜对此曾有非常精辟的分析，其认为寺院地主经济具有财产私有制关系上的两重性，这种两重性首先表现在寺院财产名义上属于全寺僧众集体所有，而在实际上仅仅由寺院地主所占有和某种意义上的私有。与此同时寺院财产的私有化，并没有把寺院的集体所有制完全破坏。⑦ 虽然无论是从法律的角度还是从教理教义

---

① 吴智勇：《六到七世纪僧人与政治：以个案研究为中心》，博士学位论文，复旦大学，2013 年。

② 黄敏枝：《唐代寺院经济的研究》，台湾大学文学院 1971 年版，第 122 页。

③ （宋）李昉等编：《太平广记》卷一〇〇《长乐村圣僧》，汪绍楹点校，中华书局 1961 年版，第 667 页。

④ （清）董诰等编：《全唐文》卷七五七《乞敕降东林寺处分住持牒》，孙映达等点校，山西教育出版社 2002 年版，第 4627 页。

⑤ 在敦煌佛教僧团中也是如此，详见郝春文《唐后期五代宋初敦煌僧尼的社会生活》，中国社会科学出版社 1998 年版，第 160—163 页。

⑥ 谢重光：《中古佛教僧官制度和社会生活》，商务印书馆 2009 年版，第 219 页。

⑦ 简修炜、庄辉明：《南北朝时期寺院地主经济与世俗地主经济的比较研究》，《学术月刊》1988 年第 11 期。

的角度都一再规定僧尼个人不得蓄财,但现实情况明显与这种规定相去甚远。

在唐代许多僧人专门从事经营寺院田产并且颇有商业才华,如释圆观"居于洛宅,率性疏简,或勤梵学,而好治生。获田园之利,时谓空门猗顿也"。如上文所说,有的僧人从事经营行为是代表其所在寺院进行,这种经营活动从严格意义上说并不是个人行为,相关的僧人只是寺院财产的代理人而已。也就是说,这种僧人代理寺院经济事务的行为并没有违反法律禁止僧人个人从事商业活动的规定,但毕竟寺院常住掌握在少数僧人的手中,寺院也并没有良好的财务制约机制,这就导致僧人的私产越来越多。① 关于僧人拥有私产的数量与种类,P.3410 号《沙州僧崇恩处分遗物凭据》② 非常具有代表性,释崇恩的私产不仅包括田宅、土地、牲畜、衣物、车辆、农具等,其还有着自己的管家。再如释圆观曾因"天宝末陷于贼中,遂将家业舍入洛城北慧林寺"③,圆观虽然本身就是慧林寺的僧人,但从这段记载中可以得知他的私产并不直接属于慧林寺,而且他将私产舍入慧林寺完全是他的个人行为。此外僧人从事民事行为的现象在唐代非常普遍,其中包括买卖行为,如"则天时,西国献毗娄博义天王下颔骨及辟支佛舌,并青泥珠一枚","以施西明寺僧,布金刚额中。后有讲席,胡人来听讲,见珠纵视","逐定至十万贯,卖之"④;再如"尝现形往汉南市漆器。及商人李善信船至寺觅买斋器,僧忽见塔中,形像凝然,而指曰:'正唯此僧来求买矣。'"⑤ 还有租赁行为,如"顺宗在东宫,舍钱三十

---

① 寺院本身试图建立僧众会议制以保证财务公开,如禅宗在《百丈清规》指导下建立的丛林制度,在此之后寺院经济的内部管理却确实收到了很大的成效,但唐代相对于这一转型还属于一种过渡期。详见王永会《中国佛教僧团发展及其管理研究》,巴蜀书社 2003 年版,第 98—148 页。

② 唐耕耦、陆宏基编:《敦煌社会经济文献真迹释录》第 2 辑,全国图书馆文献缩微复制中心 1990 年版,第 150—152 页。

③ (宋)赞宁撰:《宋高僧传》卷二〇《唐洛阳慧林寺圆观传》,范祥雍点校,中华书局 1987 年版,第 518 页。

④ (宋)李昉等编:《太平广记》卷四〇二《青泥珠》,汪绍楹点校,中华书局 1961 年版,第 3237 页。

⑤ (宋)赞宁撰:《宋高僧传》卷一八《唐泗州普光王寺僧伽传》,范祥雍点校,中华书局 1987 年版,第 450 页。

万，为昌立大师影堂及斋舍。又立外屋，居游民，取佣给"①。还有借贷行为，如"贞观中，洺州宋尚礼者"，"至邺戒德寺贷粟"②，再如"七岁童子，二十受戒。君王不朝，父母不拜。口称贫道，有钱放债。量决十下，牒出东界"③。有的僧人更是一副完全成熟商人的做派，"善见禅师所管施利钱银，到后量收籴米，支持到九月以来，余钱即共义商量，至秋中籴米，收贮讫报。当所将钱三百贯内，二百八十贯充买庄，余者买取菜园一所"④。敦煌吐鲁番文书当中有僧人参与的民事契约更是数不胜数⑤。此外与佛教相关的附属产业也饶有特色，如有学者提出虽然抄写一部佛经的造价是不小的⑥，但社会需求量却很大⑦，"是以佛弟子清信女令狐陀咒自惟秽业可招，早罹孤苦，思慕所天，情无已已。遂即资财，仰为亡夫敬写大涅槃经一部，三十吊；法华经一部，十吊；大方广经一部，三吊；药师经一部，一吊"⑧，不同的经书甚至有了"明码标价"⑨。再如王永平提到唐代的戏场多分布在寺

---

① （宋）李昉等编：《太平广记》卷四八五《东城老父传》，汪绍楹点校，中华书局1961年版，第3994页。

② （唐）道宣撰：《续高僧传》卷二七《唐京师普光寺释明解传》，郭绍林点校，中华书局2014年版，第1077页。

③ （清）董诰等编：《全唐文》卷六三四《断僧通状判》，孙映达等点校，山西教育出版社2002年版，第3784页。

④ （清）董诰等编：《全唐文》卷四五五《与善见禅师帖》，孙映达等点校，山西教育出版社2002年版，第2756页。

⑤ 详见《中华大典·法律典·民法分典》，西南师范大学出版社、巴蜀书社2014年版，第1437—1444页。

⑥ 详见陈丽萍《敦煌女性写经题记及反映的妇女问题》，《敦煌佛教艺术文化国际学术研讨会论文集》，兰州大学出版社2002年版，第446页；李晓敏《造像记：隋唐民众佛教信仰初探》，《郑州大学学报》2007年第1期。

⑦ 陈艳玲：《唐代城市居民的宗教生活：以佛教为中心》，博士学位论文，华东师范大学，2008年。唐耕耦还曾以《房山石经题记》为研究对象，统计汇总了行业性社邑的上经情况，详见唐耕耦《房山石经题记中的唐代社邑》，《文献》1989年第1期。傅晓静在研究唐五代民间私社与寺院的关系时也提到许多社的社条都把佛事活动作为重要的社内义务，详见傅晓静《唐五代民间私社研究》，经济科学出版社2008年版，第91页。

⑧ 北图潜字十五号大涅槃经末尾，转引自石小英《八至十世纪敦煌尼僧研究》，人民出版社2013年版，第89页。

⑨ 对此还可参见叶珠红《唐代僧俗交涉之研究——以僧人世俗化为主》，台湾花木兰文化出版社2010年版，第254—255页。需要指出的是，在不同的史料中抄经的"价码"往往会有很大差异，笔记小说中的记载一般会有较大的虚构成分。

院及周围地区①,"长安戏场多集于慈恩,小者在青龙,其次荐福、永寿"②,谢重光还考证兴起于开元年间的庙市在唐代中后期已颇具规模③,日僧元开在《唐大和上东征传》也曾记载玄宗时期鉴真东渡之前在扬州市集上采买了大量的佛教用品④。这一系列的资料都表示,唐代僧尼蓄有私产的趋势已经不可阻挡。⑤ 僧尼蓄有巨额私产的情况在唐后期越来越普遍,这就产生了一些财产上的纠纷问题,如当其死后,往往会发生亡僧家属与所属寺院争夺遗产的民事纠纷。为了消解这一纠纷,朝廷提出了两个解决方案:一是亡僧遗产没入官府;二是亡僧遗产收归所属寺院。在这两个方案之间,官府与亡僧所在寺院往往又会产生纠纷。⑥ "先是五众身亡,衣资什具悉入官库,然历累朝,曷由厘革。如乃援引诸律,出家比丘生随得利,死利归僧,言其来往本无物也。比丘贪畜,自兹而省者,职由于此。今若归官,例同籍没。前世遗事,阙人举扬。今属文明,乞循律法,断其轻重。大历二年(公元767年)十一月二十七日敕下,今后僧亡,物随入僧,仍班告中书门牒,天下宜依。"⑦ 兴元元年(公元784年)德宗又重申了这一规定,"敕亡僧尼资财旧系寺中,检收送终之余,分及一众。比来因事官收,并缘扰害。今并停纳。仰三纲通知,一依律文分财"⑧。自此,

---

① 王永平:《唐代长安的庙会与戏场——兼论中古时期庙会与戏场的起源及其结合》,《河北学刊》2008年第6期。
② (宋)钱易撰:《南部新书》卷戊,黄寿成点校,中华书局2002年版,第67页。
③ 谢重光:《中古佛教僧官制度和社会生活》,商务印书馆2009年版,第234页。学界对"庙市"与"庙会"之间的关系存有争议,详见朱越利《何谓庙会——〈辞海〉"庙会"条释文辩证》,《妙峰山·世纪之交的中国民俗流变》,中国城市出版社1996年版,第106—130页;王永平《唐代长安的庙会与戏场——兼论中古时期庙会与戏场的起源及其结合》,《河北学刊》2008年第6期。
④ [日]真人元开:《唐大和上东征传》,汪向荣校注,中华书局1979年版,第47—48页。
⑤ 敦煌佛教僧人蓄有私财并进行商事活动的情况更是极为普遍,详见苏金花《唐后期五代宋初敦煌僧人私有地产的经营》,《中国经济史研究》2000年第4期;明成满《唐五代僧尼私有财产研究》,《学理论》2012年第18期;魏迎春、郑炳林《晚唐五代敦煌佛教教团僧尼违戒蓄财研究》,《敦煌学辑刊》2013年第2期。
⑥ 李可:《宗教社会纠纷解决机制:唐和宋的专题研究》,法律出版社2009年版,第414页。
⑦ (宋)赞宁撰:《宋高僧传》卷一五《唐京兆安国寺乘如传》,范祥雍点校,中华书局1987年版,第367—368页。
⑧ (宋)志磐撰:《佛祖统纪校注》卷四二《法运通塞志》,释道法校注,上海古籍出版社2012年版,第964页。

亡僧的遗产从法律的层面才正式归属其所在寺院，而且这一诏令也从客观上认可了僧人蓄有私产的社会现实①，这与唐前期禁止僧尼以个人名义蓄奴婢、田宅、资财的规定已经是完全不同了②。随着僧尼蓄财的合法化，寺院常住与僧尼私产之间的区分也是更为明确，没有私田的僧尼只能佃种常住田，如 P.3947 号《年代未详（十世纪）僧沙弥配分寺田历》载："僧光国都乡仰渠地十五亩，解渠四亩并在道真佃，离俗城北东支渠地七亩见在，金笃观进渠地四亩见尼真智佃，维明菜田渠地十亩，入常住。智广菜田渠地十亩见道义佃，戒荣观进梁地十五。"③

三 僧人的民事纠纷与经济犯罪

寺院因常住财产而发生的民事纠纷在史籍中比较常见，最著名的当属太平公主与僧寺争碾硙案，雍州司户李元纮判归僧寺。④ 此外《复戒业寺记》中记载的寺院与周边民户之间的民事纠纷案非常具有代表性："寺宇益毁，其后缁衣以为居近郭，若游宾，乃聚党与谋，迁之西冈，萦垣侵社地，又治殿庑，诸墓坟陇当其下者辄平去。是时郓为尉，固止之。缁衣之魁得他吏与交通为助，故尉终不能制。日纵其徒于民间，为祸福语以动惑之。民无老幼男女，争相率以奉所欲，顾畏已后耳。及郓为令，乃元和七年（公元812年）也。明年，召缁衣宿老师弟子与语曰：'缁衣之道，非能逾仁谊，以无害

---

① 李德龙曾提出僧尼个人广泛地私蓄财产，势必会使寺院的常住财产逐渐消弱，详见李德龙《敦煌遗书所反映的寺院僧尼财产世俗化》，《山西大学学报》1995年第2期。虽然唐代僧尼蓄私产的趋势猛烈，但这并不意味着消解了寺院常住的根基性。陈艺方曾以《太平广记》为研究对象，分析了俗众布施财物的36个案例，其中将财物舍入常住的占72%，布施给僧尼的占25%，其他占3%，由此可见，在唐代寺院常住仍然是佛教寺院经济的主体。详见陈艺方《唐人小说里的佛教寺院——以俗众的宗教生活为中心》，硕士学位论文，台湾中央大学，2011年。

② 需要指出此诏敕的执行效果并不好，但这并不是因为寺院常住与僧尼私产之间的矛盾导致，而是源于国家财政与寺院经济之间的冲突。美国学者斯坦利·威斯坦因曾对此有精准的分析，其认为此时因战争而引起的财政亏空，德宗也乐意对此类行为视而不见，而当后来局势变得明朗，要想决定性地战胜自治的节度使们、恢复皇权的威严希望甚微，德宗才开始真正行动起来对佛教进行安抚，详见［美］斯坦利·威斯坦因《唐代佛教》，张煜译，上海古籍出版社2010年版，第102页。

③ 唐耕耦、陆宏基编：《敦煌社会经济文献真迹释录》第2辑，全国图书馆文献缩微复制中心1990年版，第459页。

④ （宋）司马光编，（元）胡三省音注：《资治通鉴》卷二〇八《唐纪·中宗神龙二年》，中华书局1956年版，第6606—6607页。

故，天子许留国中。前者缁衣无状，徙其居西冈之上，侵社地，坏丘陇。夫社，国之尊祭也；丘塚，人之反本也。今而曹自为其居侵坏之，是宁无害耶？某昔争之不得，身常慄慄抱痛，愿得自劾以快意。今能亟复之，幸善；不能，亦且论繁矣。'民闻之皆大喜，故以其年十一月，悉还其故。"① 这段记载从微观角度非常完整地表现了寺院经济发展过程当中所出现的各种现象，首先，寺院经济的发展意味着寺院僧团尽其最大的努力去获得更多的田宅地产，也就是僧人们"聚党与谋""侵社地"；其次，佛教信仰在唐代的流行使得"民无老幼男女，争相率以奉所欲，顾畏已后耳"，为寺院经济的发展提供了极大的便利②；再次，官员从国家统治的角度必然要制止这种现象的发生，当然在这段记载中官员似乎说服了寺院僧众，两者达成了一致而皆大欢喜。但是现实生活中故事的结局却未必如此圆满，如隋唐时期风行的三阶教，"寺内有无尽藏院，即信行所立。京城施舍，后渐崇盛。贞观之后，钱帛金玉积聚，不可胜计。常使各僧监藏，供天下伽蓝修理。藏内所供，燕、凉、蜀、赵，咸来取给"③，客观上形成了强大的宗教财团，因此隋唐两代先后四次对三阶教进行规制④，可见其生命力旺盛。正如上文所说，统治者运用各种办法限制寺院经济的膨胀，但却收效甚微，唐朝历代朝臣们谴责佛教的发声，也大抵都是出于这种原因。⑤

---

① （清）董诰等编：《全唐文》卷七三六《复戒业寺记》，孙映达等点校，山西教育出版社2002年版，第4480页。

② 关于佛教信徒捐赠心态的研究可参见魏明杰《佛教寺院中土地、功德及其交换的可能性》，《佛教物质文化：寺院财富与世俗供养国际学术研讨会论文集》，上海书画出版社2003年版，第115—129页。

③ （唐）韦述撰：《两京新记辑校》卷三《化度寺无尽藏院》，辛德勇辑校，三秦出版社2006年版，第57页。

④ 关于三阶教无尽藏问题可参见黄敏枝《唐代寺院经济的研究》，台湾大学文学院1971年版，第76—81页；郭朋《隋唐佛教》，齐鲁书社1980年版，第250—270页；[法]谢和耐《中国5—10世纪的寺院经济》，耿昇译，上海古籍出版社2004年版，第258—280页；汤用彤《隋唐佛教史稿》，武汉大学出版社2008年版，第186页。

⑤ 唐代历朝朝臣的反佛、抑佛言论可参见汤用彤《隋唐佛教史稿》，武汉大学出版社2008年版，第31—36页；郭绍林《唐代士大夫与佛教》，三秦出版社2006年版，第142—144页。群臣反佛、抑佛言论中大部分都是从经济角度出发的，而并不是针对佛教教理教义。如景云年间为金仙、玉真两位公主修筑道观时，群臣亦纷纷上奏劝阻。详见李丰楙《唐代公主入道与送宫人入道诗》，《第一届国际唐代学术会议论文集》，台湾学生书局1989年版，第167页。美国学者斯坦利·威斯坦因也曾对此进行深入的分析，详见[美]斯坦利·威斯坦因《唐代佛教》，张煜译，上海古籍出版社2010年版，第99—100页。

第五章 唐代涉僧民事法律规定与实践

此外对寺院经济的抑制有时候还与皇帝个人的宗教态度有很大的关联，以开元年间所立的《青城山常道观敕并表》碑为例，"敕益州长史张敬忠"，"蜀州清城，先有常道观，其观所置，原在山中，闻有飞赴寺僧，夺以为寺。州既在卿节度，检校勿令相侵，观还道家，寺依山外旧所，使道佛两所，各有区分。今使内品官毛怀景、道士王仙卿，往蜀川等州，故此遣书，指不多及"，"臣差判官宣义郎、彭州司仓参军杨璹往清城山，准敕处置。其飞赴寺佛事及僧徒等，以今月九日并移于山外旧所安置讫。又得常道观三纲甘遗容等状称：奉敕移飞赴寺依山外旧所，观还道家，今蒙使司对州县官及僧等，准敕勒还观讫，更无相侵者。其山先缘寺界所有竹木等，寺既出居山外，观今置在山中，务使区分，不令侵竞。臣已牒所管州县，亦许观家收领讫。谨附采药使内品官毛怀景奏状以闻，谨奏"①。从"飞赴寺僧，夺以为寺"的记载来看，该事件的起因应当是飞赴寺侵夺常道观田产，这也与寺院经济在唐中期迅猛膨胀的事实相符。但从对案件的处理时间之快、重视程度之高来看，朝廷支持道教的倾向是明显的，常道观在整个事件的处理中占有绝对优势也是明显的。② 与此类似，前文中提到的隋唐时期对三阶教无尽藏的打击是比较严厉的，尤其玄宗时期更是先后两次下诏禁断。③ 但周奇提到，玄宗虽然禁止佛教的无尽藏流行，但却允许道教实行无尽藏。④ 陈希烈《修造紫阳观敕牒》奏云："臣又与观主道士刘行矩等商量，请于便近县置一库收质，每月纳息充常住，其本伏望长存，观额及徒众先受地顷亩并足。"⑤ 这明显有模仿三阶教无尽藏的意味，并且玄宗也批准了这个建议。从这两个记载当中一方面可以看出玄宗个人至少是在其执政前期可能更倾心于道教，另一方面也说明佛教寺院经济之发达远非道教可比。

虽然现实生活中寺院常住与僧尼私产的界限很难界清，管事僧人侵夺

---

① 龙显昭、黄海德主编：《巴蜀道教碑文集成》，四川大学出版社1997年版，第22—23页。
② 陈艳玲：《唐代城市居民的宗教生活：以佛教为中心》，博士学位论文，华东师范大学，2008年。
③ （清）董诰等编：《全唐文》卷二八《禁士女施钱佛寺诏》、《分散化度寺无尽藏财物诏》，孙映达等点校，山西教育出版社2002年版，第190—191页。
④ 周奇：《唐代宗教管理研究》，博士学位论文，复旦大学，2005年。
⑤ （清）董诰等编：《全唐文》卷三四五《修造紫阳观敕牒》，孙映达等点校，山西教育出版社2002年版，第2079页。

寺院常住的情形也比较常见，但这种行为于法律于戒律毕竟都是不正当的，除了上文中提到的崔黯上奏东林寺主持滥用寺院常住的案件，李德裕也曾处理过一件侵占常住的案件。"李德裕出镇浙右，有甘露寺主事僧，诉交代常住什物被前主事僧隐没金若干两，引证前数辈，有递相交割文籍在焉。众辞皆指以新受代者隐而用之。鞫成具狱，伏罪昭然。然未穷破用之所，或以僧人不拘僧行而费之。以无理可伸，甘之死地。一旦引虑之际，公疑其未尽也，以意揣之，僧乃具实以闻，曰：'居寺者乐于知事，前后主之者，积年以来，空交分两文书，其实无金。众以某孤立，不狎辈流，欲乘此挤排之。'因涕泣不胜其冤。公悯之曰：'此固非难也。'俛仰之间曰：'吾得之矣。'乃立促召兜子数乘，命关连僧人对事，咸遣坐兜子，既入厅事，指挥不令相见。命取黄泥，各令模前后交付隐没金形状，以凭证据。僧既不知形状，各模不同。公怒，令劾前数辈等，一一服罪。其所排者，遂获清雪"①。这一案件也恰恰反映出了僧尼侵占寺院常住情形较为普遍且难以发觉的社会现实。此外唐代的笔记小说中有许多僧人因为侵占、盗用寺院常住而遭到冥判的记载，以发生于晚唐夔州的一个事件为例，"刘昌美两典夔州，云安县僧玄悟，曾有蜀州将校王尚书者，舍己俸三百千以修观音堂，乃剩三十千入己。一旦物故，经七日，邻于腐坏，忽然再苏，灌汤药以辅之，言曰：初至一官曹，见到行军。说云：'何乃侵用功德钱？以旧曾相识放归，须还此钱。'玄悟乃戒门人鬻衣钵而偿之，寻复卒也"②。王尚书施舍财物给寺院用以修建观音堂，僧人玄悟将修建完成之后剩余的钱款占为己有，这也明显构成侵占寺院常住，因此在这个故事中玄悟也被冥间的官员"遣返"以退还相应钱款。

僧人之间有时还会因财产分配问题产生一些民事纠纷，如 P.4810 号《普光寺比丘尼常精进状》记载："普光寺尼常精进 状上。/病患尼坚忍。/右件患尼，久年不出，每亏福田，近岁已承置番第/道场，敕目严令，当寺所由法律寺主令常精进替/坚忍转经，许其入僳利随得多少与常精进。去载/于僳司支付坚忍本分。今有余言，出没不定。一年转/读，□乏不支，□岁长眠，拟请全分。伏望/和尚仁明 □□□尼人免被欺屈，请

---

① 杨奉琨校释：《疑狱集校释》卷下《德裕模金》，复旦大学出版社 1988 年版，第 37 页。
② （五代）孙光宪胡：《北梦琐言》卷七《李学士赋谶》，林艾园校点，《唐五代笔记小说大观》，上海古籍出版社 2000 年版，第 1864 页。

第五章 唐代涉僧民事法律规定与实践　177

处分。/牒件状如前谨牒。/□年三月 日比丘尼常精进状。"① 尼僧坚忍因为生病而无法参加法事活动，经过寺主、法律等主管僧尼的许可让常精进代替转经，并许诺将一部分僚利分给常精进。但坚忍如今似乎有赖账的迹象，常精进因此请求予以合理解决。事实上除了侵占、盗用寺院常住之外，僧尼其他的经济类犯罪以及民事纠纷与社会民众并没有什么不同。如P.3854 号《唐大历七年（公元 772 年）客尼三空请追征负麦牒并判词》："百姓李朝进、麹惠忠共负麦两石九斗。/右件人，先负上件麦，频索付，被推延。去前日/经□□状，蒙判追还。至今仍未处分。三/空贫客，衣钵悬绝，伏乞追征，请处分。/牒件状如前，谨牒。/大历七年九月 日客尼三空牒。/先状征还，至今延引，公私俱/慢，终是顽狠，追过对问。九日继。"② 僧人向俗民追讨债务，因判决之后没有履行而再次诉讼，并没有因为其僧人身份而有所不同。经济类犯罪如元和八年（公元 812 年）二月，"僧鉴虚付京兆府，决重杖一顿处死，仍籍其财产。鉴虚在贞元中，以讲说丐敛，用货利交权贵，恣为奸滥"③，僧人鉴虚因行贿官员而受到相应惩处。再如韩滉在任职浙西期间，曾处理过一起僧人聚众赌博的案件，"正法何曾持贝，空门不积余财。白日既能赌博，通宵必醉樽罍。强说天堂难到，又言地狱长开。并付江神收管，波中便是泉台"④。僧人之间的民事纠纷方面以《太平广记》中"华严和尚"为例："一沙弥瓶钵未足，来诣此僧，顶礼云：'欲上堂，无钵如何，暂借，明日当自置之。'僧不与曰：'吾钵已受持数十年，借汝必恐损之。'沙弥恳告曰：'上堂食顷而归，岂便毁损。'至于再三，僧乃借之曰：'吾爱钵如命，必若有损，同杀我也'。沙弥得钵，捧持兢惧，食毕将归，僧已催之。沙弥持钵下堂，不意砖破蹴倒，遂碎之。少顷，僧又催之，既惧，遂至僧所，作礼承

---

① 唐耕耦、陆宏基编：《敦煌社会经济文献真迹释录》第 4 辑，全国图书馆文献缩微复制中心 1990 年版，第 117 页。
② 唐耕耦、陆宏基编：《敦煌社会经济文献真迹释录》第 2 辑，全国图书馆文献缩微复制中心 1990 年版，第 280 页。
③ （宋）王溥撰：《唐会要》卷四〇《臣下守法》，上海古籍出版社 1991 年版，第 850 页。
④ （唐）范摅撰：《云溪友议》卷下《蜀僧喻》，阳羡生校点，《唐五代笔记小说大观》，上海古籍出版社 2000 年版，第 1316 页。

过，且千百拜。僧大叫曰：'汝杀我也'，怒骂至甚，因之病呕，一夕而卒。"① 天宫寺的以为病僧非常爱惜自己的瓶钵，不得已借给了一个沙弥，后来沙弥下堂时不小心绊倒，摔碎了钵。仅是一件小小的民事纠纷，病僧不但不听沙弥的解释，一气之下竟气绝身亡。再如晚唐敦煌永安寺，S.9227 号《某年六月永安寺僧绍进为所换舍被庆安所占上表并判》记载，"右伏以绍进自小出家，配名永安寺为僧，/西院得堂一口，修饰为主。昨因开元寺僧/慈音移就永安寺居住，绍进遂将西院堂一口回换东院绍智舍两口，其绍智还□□/亦空闲。比至移来，内一口被同院僧庆□□/将，全不放绍进取近。其庆安旧有屋舍，亦/在同院。绍进将西院舍对徒众换得东院舍/□□，今绍进换舍，庆安争将，有何词理"②，僧人绍进所换的住房被僧人庆安争占，在协商未果的情况下，绍进将庆安告上了官府。有时候僧人之间的民事纠纷还会引发刑事案件，如唐玄宗时期的师夜光，"夜光迫于贫，不得西去，心常怏怏。惠达知之，因以钱七十万资其行"，"上奇其辩，诏赐银印朱绶，拜四门博士，日侍左右，赐甲第，泊金钱绘采以千数"，"夜光闻惠达至，以为收债于己，甚不怿。惠达悟其旨，因告去。既以北归月余，夜光虑其再来，即密书与蓟门帅张廷珪：'近者惠达师至辇下，诬毁公繕完兵革，将为谋逆，人亦颇有知者。以公之忠，天下莫不闻之，积毁销金，不可不戒。'廷珪惊怒，即诏惠达鞭杀之"。③ 僧人惠达在夜光贫苦之时出资相助，之后夜光飞黄腾达，却害怕惠达索债而诬告其致死，最终夜光也遭到了冥报。再如《太平广记》中记载大和中，"坤旧有庄，质于嵩岭菩提寺，坤持其价而赎之。其知庄僧惠沼行凶"，"乃饮坤大醉，投于井中，以砲石咽其井"④，僧人惠沼贪图姚坤质押的庄田，不仅不让姚坤赎回，还设计将其置于死地。

值得注意的是，有时候史籍所载佛教僧人与俗人之间的民事纠纷还往往掺杂着信仰的因素，以中唐时期发生于江淮的一个事件为例，"伽于淮岸呼一船曰：'汝有财施吾，可宽刑狱。汝所载者剽略得耳。'盗依言尽

---

① （宋）李昉等编：《太平广记》卷九四《华严和尚》，汪绍楹点校，中华书局 1961 年版，第 624 页。

② 《英藏敦煌文献》第 12 卷，四川人民出版社 1995 年版，第 223 页。

③ （宋）李昉等编：《太平广记》卷一二一《师夜光》，汪绍楹点校，中华书局 1961 年版，第 855—856 页。

④ （宋）李昉等编：《太平广记》卷四五四《姚坤》，汪绍楹点校，中华书局 1961 年版，第 3710 页。

舍，佛殿由是成立。无几，盗败，拘于扬子县狱。伽乘云下，慰喻言无苦。不日，果赦文至，免死矣"①。如果除去事件中的灵异成分，僧伽的行为几乎与抢劫无异。但从另外一个角度来看，佛教之于社会大众而言，其实本质上就是一个"收人钱财、替人消灾"的形象。再如晚唐的僧人希迁的案例，"其乡洞獠，民畏鬼神，多淫祀，率以牛酒，祚作圣望。迁辄往毁业祠，夺牛而归，岁盈数十，乡老不能禁其理"②，僧人希迁"往毁业祠，夺牛而归"，甚至"岁盈数十"，明显是侵犯了乡民们的财产权益，但在信仰的层面却"不能禁其理"。

正如李正宇所言，晚唐僧人们"对父母、兄弟、金瓶银盏、槽头马群、织毡锦褥的难割难舍，几乎是声泪俱下了！透露出栖止寺院，身着袈裟的和尚们，并不自乐于青灯黄卷，依然倾情于世俗生活及家庭人伦之乐。看来他们不仅没有割断尘缘，反而尘缘甚浓"③。随着佛教世俗化的日益加深，对僧人私产的宗教性控制也就显得越来越加无力，这必然导致对僧人经济类犯罪处理的世俗化，也就是说，僧人在民事、经济类犯罪的意义上与社会普通民众已然相同了。

---

① （宋）赞宁撰：《宋高僧传》卷一八《唐泗州普光王寺僧伽传》，范祥雍点校，中华书局1987年版，第449—450页。

② （宋）赞宁撰：《宋高僧传》卷九《唐南狱石头山希迁传》，范祥雍点校，中华书局1987年版，第208页。

③ 李正宇：《唐宋时期的敦煌佛教》，《敦煌佛教艺术文化国际学术研讨会论文集》，兰州大学出版社2002年版，第367页。

余　　论

　　《道僧格》的出现是有着深刻历史背景的，唐代之于佛教、法律皆是发展的巅峰期。思想层面"隋唐佛学"之兴盛自不待言，物质文化层面的佛教也是兴旺发达，如唐代长安城坊区大多坊内有寺，多数一个坊中就有两至四个佛寺，甚至有一个坊内就有五座寺院的情况，如紧挨皇城顺义门的布政坊。① 一些坊市中虽然只有一座寺院，但却"尽一坊之地"，如庄严寺、总持寺等。② 自两汉之际传入，时至唐代佛教已然完成了"中国化"的历史进程，佛教之于中国已经不再是陌生的外来文化，而变身为中国传统文化中不可分割的重要组成部分。诚如金耀基所言，"佛学自亦有不适应中国文化模式者，但佛学中自有大部分之文化特质是适应中国文化脾胃的"③。同样，唐代的法律文化也是达到了一个前所未有的新高度，尤其是《唐律疏议》的问世更是标志着"中华法系"的基本形成。《唐律疏议》对后世产生深远影响，五代宋金都将之视为现行法，在元朝是司法活动的重要参考，明清两朝也是制定律典的重要依据。此外《唐律疏议》对日本法律也有巨大影响，日本古代法典《大宝律令》、《养老律令》都是以永徽律为蓝本编纂而成，极大地推动了日本古代法律体制的形成与发展。④ 而中国古代第一部宗教法典——《道僧格》作为宗教与法律的结合点于此时问世也算得上是水到渠成了。

　　需要注意的是，伴随着佛教中国化进程，同时还存在着一个佛教世俗化的问题。有学者在分析佛教世俗化时提出，中国古代佛教是一种普化宗

---

① 张莹：《唐代两京地区佛教的传播及影响》，硕士学位论文，陕西师范大学，2008年；尹珊珊：《佛教寺院与隋唐长安城市布局》，硕士学位论文，辽宁大学，2012年。

② 宿白：《试论唐代长安佛教寺院的等级问题》，《文物》2009年第1期。

③ 金耀基：《从传统到现代》补篇，法律出版社2010年版，第104页。

④ 岳纯之：《论〈唐律疏议〉的形成、结构和影响》，《政法论丛》2013年第2期。

教，一种自身并不独立存在的宗教，它的仪式、教义和神职人员均已和其他世俗制度（如家族、政治）混杂在一起。世俗的历史、文化、制度或仪式镶嵌并影响着宗教。佛教组织无法摆脱社会制度、组织规范等历史文化传统体系的镶嵌而单独运作。可以说，"弱宗教，强政府"或"强社会，弱宗教"是中国历史上宗教的特点。① 也曾提到，唐代中国佛教的变化，从社会史的观点看，其最重要的一点便是由出世转向入世。② 而研究唐代涉僧法律问题的一个基本前提即佛教在当时的历史背景下，必须在一定程度上是一种入世的宗教，如果佛教在唐代能够脱离政治而"独善其身"，那么关于涉僧法律问题的一系列讨论可能都失去了应有的根基。不过正如文章中的论述，这种疑虑可以被彻底根除。此处借用李向平对中国古代宗教——政治观的一段精彩论述："在王权的宇宙观中，宗教—信仰不是宗教本身的需求，而是天赋王权的结果。基于国家权力的神圣统治，它们仅仅是为了展现天赋王权的神圣性，才试图在国家祭祀仪式中把政治事务与永恒信仰结合起来，进而把国家权力与宗教—信仰结合起来。"③ 那么在这样一种宗教—政治的传统文化当中，作为后兴的外来宗教—佛教的出现自然更是无法突破政治对宗教之束缚框架而独立生存。在佛教不断的发展变化中，出世更像是变成了一种"手段"，入世才是其最终的目的。或许正如杨庆堃所言，"从政治的角度上看，佛教的信条较为灵活变通，出家旨在脱离世俗生活，然后等到时机成熟，将众生纳入寺院的神圣秩序，继而达到改造现实世界的目的"④。

实际上《道僧格》的出现即是佛教世俗化的一个重要表征，但从唐代政府的立法目的来看，《道僧格》却是试图遏制佛教过于世俗化的产物。如美国学者斯坦利·威斯坦因认为唐太宗发布《道僧格》的主要目的之一，系限制僧尼参与世俗事务，试图将僧尼的活动局限于寺院中的例行修持。⑤ 这一看法应当是准确无误的，因此《道僧格》之于唐代佛教的

---

① 周利敏：《"历史镶嵌"：宗教权威分析的新视角》，《宗教》2008年第1期。
② 余英时：《中国近世宗教伦理与商人精神》，安徽教育出版社2001年版，第96页。
③ 李向平：《信仰是一种权力关系的建构——以中国社会的"信仰关系"为中心》，《宗教社会学》第1辑，社会科学文献出版社2013年版，第260页。
④ 杨庆堃：《中国社会中的宗教：宗教的现代社会功能及其历史因素之研究》，范丽珠译，上海人民出版社2006年版，第201页。
⑤ [美]斯坦利·威斯坦因：《唐代佛教》，张煜译，上海古籍出版社2010年版，第19页。

意义就要比道教更为值得玩味。一方面，世俗政府基于佛教的世俗化进而作出了限制佛教世俗化的一系列法律规定；另一方面，这却与唐代佛教世俗化的大趋势相违背，因此这一立法目的也正是《道僧格》实效性之弱的根本症结所在。换个角度来说，在唐代事关宗教的相关法律规定中似乎格外地体现了"休谟问题"。[①]

如在唐代佛教事务管理的行政规定方面，以《道僧格》中的"任僧纲"条、"私度"条以及僧籍、度牒制度为例。时至唐代，佛教事务管理已然成为国家行政管理中的重要组成部分，正如严耀中所言，寺院僧侣一旦隶属于行政，行政体系的价值体系就不可避免地成为僧尼行为的价值取向。[②] 唐代的佛教僧人彻底地完成了从"方外之宾"到"治内之民"的转变，因此佛教僧官僧籍制度也就成为国家行政管理中的一部分，而不再是特别事宜。相比佛教事务管理的其他方面，行政方面的规定存在着一定的不稳定性，究其原因乃与历任帝王的宗教政策有着极大的关联。但总的来说，即使除去武宗"会昌法难"的特殊情况，王权对教权的干涉也是明显的日益深入。

在刑事法律制度方面，以《道僧格》中的"非寺院"条、"准格律"条、"观玄象"条以及"卜相凶吉"条等刑法类条文在唐代社会中的实践情况为例，从中可以看到唐朝设置这些条文的根本目的在于防止佛教势力过大而形成社会动乱，也就是上文所言的"试图将僧尼的活动局限于寺院中的例行修持"。但佛教的俗讲、卜相凶吉、疗疾等行为均已深入到社会生活当中，此时的佛教已经与民俗相结合，成为民众社会生活中不可分割的一部分，并且此时的寺院也成为社会大众休闲娱乐的主要场所之一。所以唐朝的这种"将僧尼的活动局限于寺院中的例行修持"的想法并不成功。最终官府对僧人与此相关的违法犯罪行为只能以结果为导向，因人因事而论。

再从宗教戒律方面的法律制约来看，如《道僧格》中的"和合婚姻"条、"饮酒"条等宗教法规定及其相关法律实践。《道僧格》中宗教戒律

---

① 18世纪的英国哲学家大卫·休谟（David Hume）指出，人们以往关于从事实中推导出价值的思想方式是错误的，事实与价值之间没有必然联系，即"是"与"应该是"之间没有必然联系。可参见葛洪义《法与实践理性》，中国政法大学出版社2002年版，第110—131页。

② 严耀中：《佛教戒律与中国社会》，上海古籍出版社2007年版，第141页。

的这一部分正是《道僧格》的核心与精髓，正是因为这一部分的存在，才使得《道僧格》这一"冷门"的格典受到了如此多的关注。但同时也能看到，唐朝的这种将宗教律法吸收进国家制定法体系的尝试并不成功，除了佛教戒律中与法律伦理中相符合的部分被严格执行（如僧人犯奸罪问题）外，其他部分的执行程度并不乐观。原因在于"戒律"的设置从根本上讲是为了保证信仰的"纯洁性"，这就意味着戒律从本质上就具备着一定的变通性。这种变通尤其体现在唐代中后期禅宗流行之后，禅宗的流行极大地改变了中国僧人的戒律观，信仰的"纯洁性"不再以守戒为象征，反而以"破戒"表达对信仰"高级理解"，这就使得《道僧格》中宗教法的部分在实践中极为尴尬。此外官员个人的宗教态度也使得此类规定的法律实践存在着极大的分歧，以上种种因素最终导致了这些条文薄弱的实效性。

对佛教僧人身份服制方面的法律规定也是如此，如《道僧格》中的"三宝物"条、"禁毁谤"条、"行路相隐"条的法律实践情况。严耀中曾经提到，如果是国家加于寺庙僧尼头上的规范是"硬性"的，那么中国的法律条文和司法精神对佛教戒律和约束思想的影响则是潜移默化与"软性"的。[①] 这种分析放在《道僧格》对僧尼身份法之相关规定上，实在是再适合不过了，国家对佛教僧尼在身份服制上的约束与佛教僧团自身向中国传统伦理的靠拢是相辅相成的，佛教僧团自身的这种靠拢实际上乃是文化碰撞大背景下的一种自然调节。这尤其表现在"致拜君亲"的问题上，佛教僧人虽然极尽所能地抵抗形式上的"致拜"，但从文化层面而言，忠孝思想依然被佛教教理教义所吸收，因此该问题也就在一定程度上成为一个"伪问题"。

还有财产法方面的"不得私蓄"条，唐代寺院经济之发达已为学界所共识，此外唐代还明确规定了僧尼授田，这与《道僧格》中的"不得私蓄"条就形成了强烈的反差。究其原因乃是"寺院常住"与"僧尼私产"这两个既相互联系又相互区分的概念所致。无论是僧尼授田还是"不得私蓄"，唐代统治者立法的本意无疑是为了抑制佛教寺院经济的过度发展，这从历代朝臣的反佛言论中就可以得以证明，但寺院经济的发展又必然使得僧尼所蓄私产逐步增加，这两者相辅相成且不可分割，在实践

---

① 严耀中：《佛教戒律与中国社会》，上海古籍出版社2007年版，第178页。

层面很难保护其一而禁止其二，因此"不得私蓄"条流为空文也就不足为奇了。此外与寺院常住、僧尼私产相关的民事纠纷、经济犯罪在法律层面与世俗财产相比并没有什么特殊性，这就进一步加深了佛教的世俗化进程，进而再次形成了《道僧格》实效性之弱的恶性循环。

综上所述，作为研究唐代涉僧法律问题，尤其是法律实践问题的一个极佳切入点，《道僧格》作为一部宗教法典，最为明显的特色便是将佛教戒律引入国家制定法体系，从而试图更全面地管控佛教及僧团。但其结果却并不理想，尤其表现在《道僧格》实效性之弱的问题上。究其原因主要有两个方面：首先《道僧格》的适用范围非常有限，如前所述，《道僧格》中包含着行政法、刑法、宗教法、民法四个方面的内容，但除了宗教法内容之外，其他三个方面均与世俗法律制度有着较大的交叉，这就意味着僧尼在触犯这些法律规定时，官员对其惩处的依据首先考量的是世俗法内容，这也应该就是高宗时玄奘要求僧尼犯罪"宜依条制"的背景所在。其次佛教戒律本身就具有可变通性，随着社会生活的变化，戒律也同样因时因地而异，这在禅宗普及流行之后表现得更为明显[①]，这就导致了《道僧格》中宗教法部分的操作困难。也就是说，当僧人因触犯《道僧格》法律规定而需要被惩处时，官员能使用世俗法多使用世俗法处理，而与戒律相关的宗教法则随着佛教的世俗化而不被严格执行，这两种趋势最终导致了《道僧格》的寂没。

已经有许多学者敏锐地指出，隋唐之际僧道法明显由内律趋向世俗法转变[②]，如在唐代用世俗刑罚手段惩治僧尼的记载便已不乏见[③]。此外佛教戒律中与中国传统法律伦理相符合的部分已由国家律典所吸收而被严格执行，而与中国传统法律伦理不符的地方则或主动或被动地被慢慢消化，最终两者在很大程度上，或者说至少在法律层面达成了基本的和谐统一。唐代的《道僧格》虽然是专门针对宗教教徒的国家治理型法律规范，但

---

① 严耀中曾详细论述过佛教戒律的世俗化、民间化转变问题，可参见严耀中《佛教戒律与中国社会》，上海古籍出版社2007年版，第110—122页。

② 详见游彪《论宋代中央和地方僧官体系及其特征》，《河北大学学报》1994年第4期；严耀中《述论唐宋间法律对僧尼的直接约束》，《唐宋法律史论集》，上海辞书出版社2008年版；董春林《论唐宋僧道法之演变》，《江西社会科学》2010年第10期。

③ 郝春文：《唐后期五代宋初敦煌僧尼的社会生活》，中国社会科学出版社1998年版，第75页。

余　论

因为其在很大程度上仍然将佛教的世俗化视为一种宗教的不良走向而予以限制，从而在诸多方面对佛教内律进行强化与突出，这种做法一方面可以说是应历史潮流所生，但另一方面却是试图为逆历史进程而行，所以《道僧格》很快便被国家世俗法律所彻底吸收而不复独立存在了。换言之，《道僧格》出现并非没有意义，因为只要有宗教存在，只要佛教在中国仍然盛行，那么涉僧法律问题便不会消失不见。因此从国家宗教管理的角度，如何去应对并解决涉僧法律问题不仅仅是在唐代，但当今也仍然是一个不容忽视的重要法律问题。然而在唐以前这一问题却没有相关经验以供参考，因此《道僧格》不仅仅是国家在处理涉僧法律问题方面的一个最初的尝试，同时也为后世提供了许多有益的经验与教训，从这个角度来说，《道僧格》这一法律文本虽然被历史洪流所淹没，但时至今日它的意义仍应该被我们重视。

附录

《道僧格》辑佚情况总汇[①]

1. 观玄象条

秋月观暎复原版本：道士、女冠、僧尼，上观玄象、假说灾祥，语及国家，妖惑百姓，并习读兵书，杀人奸盗，及犯诈称得圣道等罪，狱成者，虽会赦，犹还俗，并依法律付官司科罪。

二叶宪香复原版本：杀人奸盗，及犯诈称得圣道等罪，狱成者，虽会赦，犹还俗，并依法律付官司科罪。

诸户立雄复原版本：诸道士、女冠、僧尼，上观玄象，假说灾祥，语及国家，妖惑百姓，并犯习读兵书，杀人奸盗，及诈称得圣道，狱成者，虽会赦，犹还俗，并依法律，付官司科罪。

郑显文复原条文：凡道士、女官、僧、尼等上观玄象，妄说吉凶，妖惑百姓，并习读兵书，杀人奸盗及诈称得圣道者，并依法付官司科罪；狱

[①] 赵晶曾于《唐代〈道僧格〉再探——兼论〈天圣令·狱官令〉"僧道科法"条》一文中列出《道僧格》复原对照表，《华东政法大学学报》2013年第6期。本附录在赵晶所列表格的基础上添加了张径真的复原版本，众学者在复原工作中最主要的依据即日本《养老令》的注释书《令集解·僧尼令》中的二十七条，详见[日]黑板勝美编《令集解》卷七、卷八《僧尼令》，吉川弘文馆1989年版，第207—255页。本附录中没有解释说明不同学者在复原工作中对其他复原版本的意见与评议，而仅收录不同学者最终的复原版本。具体的出处分别为：[日]秋月觀暎《道僧格の復舊について》，《历史（东北大学）》第4辑，1952年；[日]秋月觀暎《唐代宗教刑法に關する管見》，载《东方宗教》第4辑，1954年；[日]二葉憲香《古代佛教思想史研究：日本古代における律令仏教及び反律令仏教の研究》，永田文昌堂1962年版，第195—226页；[日]诸户立雄《中国仏教制度史の研究》，平河出版社1990年版，第24—50页；[日]仁井田陞著，池田温编集《唐令拾遺補》，东京大学出版会1998年版，第996—1009页；郑显文《唐代律令制研究》，北京大学出版社2004年版，第298—308页；周奇《唐代宗教管理研究》，博士学位论文，复旦大学，2005年；张径真《法律视角下的隋唐佛教管理研究》，博士学位论文，中国社会科学院研究生院，2012年。

成者，虽会赦，犹还俗。

张径真复原版本：凡道士、女官、僧尼，上观玄象、假说灾祥、语及国家、妖惑百姓及习读兵书、杀人奸盗、诈称得圣道者，付官司依律科罪。狱成者，虽会赦，犹还俗。

2. 卜相凶吉条

诸户立雄复原版本：诸道士、女冠、僧尼，占相吉凶者，还俗。

郑显文复原版本：凡道士、僧尼等卜相吉凶，及左道、巫术、疗疾者皆还俗；其依佛法持咒救疾，不在禁限。

张径真复原版本：凡道士、女冠、僧尼等卜相吉凶，及以巫术疗病者，皆还俗；依佛法道术符咒救疾者，不在禁限制。

3. 自还俗条

周奇复原版本：诸道士、女冠、僧尼还俗者，其告牒勒本寺纲维，当日封送祠部。其余诸州府勒本州申送，以凭注毁。（后不详）

张径真复原版本：凡道士、女冠、僧尼自还俗者，听之。其告牒勒本寺纲维当日送祠部，其余诸州府勒本州申送，以凭注毁。若三纲及师主隐而不申者，三十日以上，五十日苦使；六十日以上，百日苦使。

4. 三宝物条

诸户立雄复原版本：诸道士、女冠、僧尼，以三宝物，饷馈官僚，勾合朋党者，还俗。及毁骂三纲，凌突长宿者，皆苦使。（苦使日数不明）

郑显文复原版本：凡道士、僧尼以三宝物饷馈官僚，勾合朋党者，皆还俗；毁骂三纲，凌突长宿者，皆苦使也。

张径真复原版本：凡道士、女冠、僧尼以三宝物饷馈官僚，扰乱徒众，勾合朋党者，皆还俗；毁骂三纲，凌突长宿者，皆苦使。

5. 非寺院条

郑显文复原版本：凡道士、僧尼，非在寺观，别立道场，聚众教化，并妄说罪福，及欧击长宿者，并还俗；州县官司，知而不禁者，依律科罪。其有乞余物者，准教化论，百日苦使。

周奇复原版本：诸道士、女冠、僧尼，擅离寺观，别立道场，聚众教化，并妄说罪福，及欧击长宿者，皆还俗；州县官司，知而不禁止者，依律科罪。（中间不详）其乞余物，准僧教化论。

张径真复原版本：诸道士、女冠、僧尼擅离寺观、别立道场、聚众教化及妄说罪福、欧击长宿者，皆还俗。所由官司知而不禁者，依律科罪。

其乞余物者，百日苦使。

6. 取童子条

张径真复原版本：凡道士、女冠、僧尼等取童子，须祖父母、父母听许书。若无祖父母、父母、亲长者，须所属州县官司听许书。男年至二十，女年至十五，各还本色。

7. 饮酒条

诸户立雄复原版本：诸道士、女冠、僧尼，饮酒食肉，设食五辛者，苦使。（苦使日数不明）若酒醉与人斗打者，还俗。

郑显文复原版本：凡道士、女官、僧、尼饮酒、食肉、设食五辛者，皆苦役也；若为疾病药分所须，给其日限。酒醉与人斗打，皆还俗。

周奇复原版本：诸道士、女冠、僧尼，若饮酒、肉食、设食五辛，皆苦使也。若酒醉、与人斗打，皆还俗。

张径真复原版本：凡道士、女冠、僧尼，若饮酒、食肉、食五辛者，皆苦使也。若酒醉、与人斗打，皆还俗。

8. 有事可论条

郑显文复原版本：凡道士、女官、僧、尼有事须论，不缘所司，辄上表启，并扰乱官家、妄相嘱请者，皆苦使。若僧纲断决不平，须申论者，不在此例。

张径真复原版本：凡道士、女冠、僧尼等有事须论，不缘分所司，辄上表启，扰乱官家，妄相嘱请者，五十日苦使。再犯者，百日苦使。若官司及僧纲断决不平须申论者，不在此限制。

9. 作音乐条

诸户立雄复原版本：诸道士、女冠、僧尼，作音乐博戏者，苦使。（苦使日数不明，或百日）

古濑奈津子复原版本：作音乐及博戏者，百日苦使。其相取财物者还俗。道士女冠碁琴不在制限。

郑显文复原版本：凡道士、女道士、僧、尼作音乐及博戏者，皆苦使，棋琴不在此限。

周奇复原版本：诸道士、女冠、僧尼作音乐及博戏者、百日苦使。其相取财物者还俗。碁琴不在限制。

张径真复原版本：凡道士、女冠、僧尼作音乐及博戏者，皆苦使。碁琴不在此限。

10. 听著木兰条

秋月观暎复原版本：道士、女冠、僧尼，辄着俗服者，还俗。

诸户立雄复原版本：诸道士、女冠、僧尼衣服，皆以木兰、青碧、皂、荆黄、缁坏之色。若服绫罗及辄着俗服者，还俗。

郑显文复原版本：凡道士、女道士、僧、尼衣服皆以木兰、青碧、皂荆黄、缁坏之色。若服俗衣及绫罗、乘大马，皆还俗。

周奇复原版本：诸道士、女冠、僧尼衣服，皆以木兰、青碧、皂、荆黄、淄坏之色，若服俗衣及绫罗者，皆还俗。

张径真复原版本：凡道士、女冠、僧尼衣服，皆以木兰、青碧、皂、荆黄、缁坏等色。若著俗服及绫罗、乘大马者，皆还俗。

11. 停妇女条

周奇复原版本：凡寺僧房停妇女，尼房停男夫，经一宿以上，其所由人，十日苦使。五日以上，卅日苦使。十日以上皆苦役也。（后不详）

张径真复原版本：凡寺观道士、僧房停妇女，女冠、尼房停男夫，经一宿以上者，十日苦使；五日以上，三十日苦使；十日以上，百日苦使。若三纲知而听者，与所由人同罪。

12. 不得辄入尼寺条

郑显文复原版本：凡道士、女道士、僧、尼非本师教主及斋会、礼谒、病死看问，不得妄托事故，辄有往来。有所犯者，准法处分。

周奇复原版本：诸僧、道与尼、女冠不得相交往来。非本师教主及斋会、礼谒、病死看问，不得妄托事故，辄有往来。有所犯者，准法处分。

张径真复原版本：凡道士、女冠、僧尼，非本师教主及斋会、礼谒、病死看问，不得妄托事故，辄有往来，非时聚会。有所犯者，准法处分。

13. 禅行条

郑显文复原版本：凡道士、女道士、僧、尼有禅行修道、意乐寂静，不交于俗，欲求山居服饵者，三纲连署，在京者经鸿胪、宗正，在外者经州县，戡实并录申官。僧尼有能行头陀者，到州县寺舍，任安置将理，不得所由恐动。

周奇复原版本：诸道士、女冠、僧尼，有禅行修道、意乐寂静，不交于俗，欲求山居服饵者，三纲连署。在京者经省司，在外者经州县，勘实并录申官。山居所隶州县,每知在山,不得别向他处。(不详)僧尼有能行头陀者,到州县寺舍,任安置将理,不得所由恐动。

张径真复原版本:凡道士、女冠、僧尼,有欲求山居服饵、禅行修道,意乐寂静,不交于俗者,三纲连署,在京者经鸿胪寺,在外者经所由官司,勘实并录申官。僧尼有能行头陀者,到州县寺舍,任安置将理,不得所由恐动也。

14. 任僧纲条

郑显文复原版本:凡天下寺观三纲及京都大德,皆取其道德高妙,为众所推者补充。若有勾合朋党、浪举无德者,皆还俗。

周奇复原版本:凡天下寺观三纲及京都大德,皆取其道德高妙,为众所推者补充,上尚书祠部。(后不详)

张径真复原版本:凡天下寺观三纲,及京都大德,皆取其道德高妙、为众所推、纲维法务者补充。所举徒众,连署牒官,上书祠部。若有阿党朋扇、浪举无德者,百日苦使。若取非人,刺史为首,以违旨论。县令、纲维,节级连坐。

15. 苦使(修营)条

秋月观暎复原版本:道士、女冠、僧尼,有犯苦使,三纲立案,锁闭放一空院内,令其写经,日课五纸,日满检其数,足放出,若不解书者,遣执土木作,修营功德等使。

诸户立雄复原版本:诸道士、女冠、僧尼,有犯苦使者,三纲立案锁闭,放一空院内,令其写经,日课五纸,日满检纸数,足放出,若不解书者,遣执土木作,修营功德等使也。其老小临时量耳,不合赎也。

郑显文复原版本:凡道士、女道士、僧、尼有犯苦使者,三纲立锁闭,放一空院内,令其写经,日课五纸,日满检纸数,足放出。若不解书者,遣执土木作,修营功德等使也。其老小临时量耳。不合赎也。其所纵三纲,若纵一日者,苦使一日,准所纵日故。但不满日者不坐也。

周奇复原版本:诸道士、女冠、僧尼,有犯苦使者,三纲立案锁闭,放一空院内,令其写经,日课五纸,日满检纸,数足放出。若不解书者,遣执土木,作修营功德等使也。其老小临时量耳。不合赎也。

张径真复原版本:若道士、女冠、僧尼有犯苦使者,三纲立案锁闭。放一空院内,令其写经。日课五纸,日满检纸,数足放出。若不解书者,遣执土木,作营修功德等使。其老少临时量耳,不合赎也。

16. 诈为方便条

秋月观暎复原版本：道士、女冠、僧尼，不得移名，若诈为方便，移名他者，还俗，依律科罪，其所由人与同罪。

诸户立雄复原版本：诸道士、女冠、僧尼，不得移名，若诈为方便移名他者，并还俗，依律科罪。其所由人与同罪。

郑显文复原版本：凡道士、女道士、僧、尼以己之公验，授与俗人，令其为僧尼道士。若除贯者，移名之人还俗，依律科断。

周奇复原版本：诸道士、女冠、僧尼、不得移名。若诈为方便，移民他者，并还俗，依律科罪。其所由人与同罪。

张径真复原版本：凡道士、女冠、僧尼诈为方便，将己之公验移名他人者，皆还俗，依律科断。其所由人同罪。

17. 有私事条

张径真复原版本：凡道士、女冠僧尼等，有事需诉讼，来诣官司者，准依俗形参事。须向三纲说去甚处，某时即归，不得独行。若三纲为众事须诣官司者，并设床席。

18. 不得私蓄条

诸户立雄复原版本：诸道士、女冠、僧尼，不得私畜奴婢、田宅、资财。

郑显文复原版本：凡道士、女道士、僧、尼不合畜奴婢、田宅私财，违者，许人告发，物赏纠告人。

周奇复原版本：诸道士、女冠、僧尼、不得私蓄奴婢、田宅、资财及兴贩出息。

张径真复原版本：凡道士、女冠、僧尼，不得私蓄女婢、田宅、财物及兴贩出息，违者还俗。许人纠告，物赏纠告人。

19. 遇三位以上（行路相隐）条

郑显文复原版本：凡道士、女道士、僧、尼于道路遇五品以上官者隐。

张径真复原版本：凡道士、女冠、僧尼出入若逢官长，须隐避，勿令露现。苟无隐处，宜向僻处立，仍须敛容恭敬。遇凡人三位以上者，隐；五位以上者，敛马相揖而过；若步者，隐。

20. 身死条

郑显文复原版本：凡道士、僧尼等身死，三纲申州县纳符告注毁，在京纳于祠部,次年账开脱。

周奇复原版本:诸道士、女冠、僧尼身死及还俗者其告牒勒本寺纲维,当日封送祠部。其余诸州府勒本州申送,以凭注毁。

张径真复原版本:诸道士、女冠、僧尼身死、还俗及逃亡者,其度牒勒本寺纲维当日封送祠部;其余诸州府勒本州申送,以凭注毁。

21. 准格律条

秋月观暎复原版本:道士、女冠、僧尼,犯徒以上,送官司依常律推断,许以告牒当徒一年,若有余罪者,依律科断,如犯百杖以下,每杖十令苦使十日,如苦使条制外复犯罪不至还俗者,令三纲量事科罚,被罪之人,不得告本寺观三纲及徒众事故。(以下不详)

二叶宪香复原版本:犯徒以上,送官司依常律推断,……贯属,……罪至徒者还俗,许以告牒当徒一年。如苦使格外,犯罪不至还俗者,令三纲……量事科罚,其还俗并被罚之人,不得纠告本寺观三纲及徒众事。

诸户立雄复原版本:诸道士、女冠、僧尼,犯徒以上,送官司,依常律推断(中不详)许以告牒当徒一年。若有余罪者,依律科断。如犯百杖以下,每杖十,令苦使十日(中不详)若苦使条制外犯罪,不至还俗者,令三纲依(内法)量事科罚。其被罚之人,不得纠告本寺三纲及徒众事。(以下不详)

郑显文复原版本:凡道士、女道士、僧、尼犯徒罪一年以上者,先还俗,依律科罪,许以告牒当徒一年,虽会赦犹还俗。若犯奸盗,不得以告牒当之。如犯百杖以下,每杖十,令苦使十日;若罪不至还俗,并散禁。如苦使条制外,复犯罪不至还俗者,三纲依佛法量事科罚;其还俗,所罚之人,不得告本寺三纲及徒众事故。若谋大逆、谋叛者,不在此例。

周奇复原版本:诸道士、女冠、僧尼,犯徒以上,送官司,依常律推断。(中不详)许以告牒当徒一年,若有余罪者,依律科断。如犯百杖以下,每杖十,合苦使十日。(中不详)若苦使条制外犯罪,不至还俗者,令三纲依(内法)量事科罚。其被罚之人,不得纠告本寺观三纲及徒众事。(以下不详)

张径真复原版本:道士、女冠、僧尼,犯大逆、谋叛、奸、盗、诈、脱法服及徒以上者,依律科断。徒年以上者皆还俗,许以告牒当徒一年。

若会赦，亦还俗。

22. 私度条

郑显文复原版本：凡道士、女道士、僧、尼等，非是官度，而私入道者，各杖一百。所属州县官司及所住观寺三纲、知情者，各与入道人同罪。若犯法还俗，合出观寺，官人断讫，牒观寺知，仍不还俗者，依私度法。断后陈诉，须著俗衣，仍披法服者，依私度法，科杖一百。

周奇复原版本：诸道士、女冠、僧尼等，若犯法还俗，仍不还俗者，断后陈诉，须着俗衣，仍披法服者，依律科断。师主三纲、知情者各还俗。（不详）所属州县官司不为纠举者与入道人及家长同罪。

张径真复原版本：凡私入道者，杖一百；已除贯者，徒一年。所属官司及观寺三维知情者同罪。若犯法还俗仍不还俗者，及断后陈诉仍被法服者，依私度法。师主三纲及同房，知情者，皆还俗。非同房知情者，容止经一宿以上，百日苦使。

23. 教化条

秋月观暎复原版本：道士、女冠、僧尼，有历门教化者，百日苦使。

二叶宪香复原版本：因此乞财物过多者，以诈欺取财物论，物征令还主。

诸户立雄复原版本：诸道士、女冠、僧尼，有历门教化者，百日苦使。

郑显文复原版本：凡道士、女道士、僧、尼等有令俗人付其经像、历门教化者，百日苦使。

周奇复原版本：诸道士、女冠、僧尼，（中不详）有历门教化者，百日苦使。

张径真复原版本：凡道士、女冠、僧尼历门教化者，百日苦使。其俗人者，依律科断。

24. 出家条

郑显文复原版本：凡道士、女道士、僧、尼等有自愿还俗者，许之。凡私家部曲奴婢等，不得入道。如别敕许出家，后犯还俗者，追归旧主，各依本色。

周奇复原版本：凡私家部曲、奴婢等，不得入道，如别敕许出家，后犯还俗者，追归旧主，各依本色。

张径真复原版本：凡身有文刺，或曾还俗，或犯笞刑，或避罪逃亡；

或无祖父母、父母听许文书；或男家不满三丁，并不得出家。……私家部曲、奴婢等不得入道，如别敕许出家，后犯还俗及自还俗者，追归旧主，各依本色。私度者不在此限。

25. 外国寺条

张径真复原版本：凡道士、女冠、僧尼有犯百日苦使，经三度者，改配异州寺。

26. 布施条

张径真复原版本：凡斋会诸官百姓不得以奴婢、田地、房宅充布施，其僧尼不得辄受。违者在京并令司农即收，外州给下课户。

27. 焚身舍身条

郑显文复原版本：凡道士、僧尼等，不得钻肤焚指，骇俗惊愚，违者依法科断。

张径真复原版本：凡道士、女冠、僧尼等，有舍身、烧臂、炼指、钉截手足、带铃燃灯，诸般坏肢体、戏弄道具符篆、左道妖惑、骇俗惊愚者，皆勒还俗，依律科断。

28. 禁毁谤条

郑显文复原版本：凡道士、僧尼等，如有道士诽谤佛法，僧尼排斥老君，更相訾毁者，先决杖，即令还俗。

张径真复原版本：凡道士、女冠有诽谤佛法，僧尼有訾毁道教者，皆还俗。

29. 和合婚姻（禁僧道嫁娶）条

古濑奈津子复原版本：凡道士、女道士，……若……和合婚姻……皆苦役也。凡道士、女道士、僧、尼等和合婚姻，皆苦使也。

郑显文复原版本：凡道士、女道士、僧、尼等和合婚姻，皆苦使也。

张径真复原版本：诸道士、女冠、僧尼有娶妻并嫁之者，皆还俗，以奸罪论，加凡人二等，不许以度牒当之。

30. 度人条

郑显文复原版本：王公以下薨，别敕许度人者，亲王二十，三品已上三人。并须亡者子孙及妻媵，并通取周亲，妻媵不须试业。若数不足，唯见在度；如有假冒，不在原首之限也。

张径真复原版本：王公已下薨，别敕许度人者，亲王二十，三品已上三人。并须亡者子孙及妻媵，并通取周亲，妻媵不须试业。若数不足，唯见在度；如有假冒，不在原首之限也。

31. 还俗条

张径真复原版本：若道士、女冠、僧尼有犯判还俗者，须脱法服，当日离寺，追归本业。其告牒勒本寺纲维当日封送祠部，其余诸州府勒本州申送，以凭注毁。若判还俗仍不还俗者，及断后陈诉仍被法服者，依私度法。

参考文献

（一）古籍类（以出版时间正序排列）

（宋）司马光编：（元）胡三省音注：《资治通鉴》，中华书局 1956 年版。

（清）赵翼：《陔馀丛考》，商务印书馆 1957 年版。

（宋）王灼：《碧鸡漫志》，古典文学出版社 1957 年版。

（宋）王钦若等编：《册府元龟》，中华书局 1960 年版。

（清）彭定求等编：《全唐诗》，中华书局 1960 年版。

（宋）李昉等编：《太平广记》，汪绍楹点校，中华书局 1961 年版。

（清）王昶撰：《金石萃编》，国风出版社 1964 年版。

（唐）朱景玄撰：《唐朝名画录》，载《南朝唐五代人画学论著》，世界书局 1967 年版。

（北齐）魏收撰：《魏书》，中华书局 1975 年版。

（唐）李延寿撰：《南史》，中华书局 1975 年版。

（后晋）刘昫等撰：《旧唐书》，中华书局 1975 年版。

（宋）欧阳修、宋祁撰：《新唐书》，中华书局 1975 年版。

（元）脱脱等撰：《金史》，中华书局 1975 年版。

（唐）吴兢编：《贞观政要》，上海古籍出版社 1978 年版。

（唐）杜牧：《樊川文集》，陈允吉校点，上海古籍出版社 1978 年版。

（唐）白居易：《白居易集》，顾学颉校点，中华书局 1979 年版。

［日］真人元开：《唐大和上东征传》，汪向荣校注，中华书局 1979 年版。

（宋）王栐撰：《燕翼诒谋录》，诚刚点校，中华书局 1980 年版。

（唐）法藏：《华严金师子章校释》，方立天校释，中华书局 1983 年版。

《吐鲁番出土文书》，文物出版社1983年版。

王尧、陈践译注：《敦煌吐蕃文献选》，四川民族出版社1983年版。

（宋）普济：《五灯会元》，苏渊雷点校，中华书局1984年版。

（唐）元结撰，孙望编校：《新校元次山集》，世界书局1984年版。

（清）徐松撰：《唐两京城坊考》，张穆校补，方严点校，中华书局1985年版。

《房山石经题记汇编》，书目文献出版社1987年版。

（宋）赞宁撰：《宋高僧传》，范祥雍点校，中华书局1987年版。

（宋）王谠撰，周勋初校证：《唐语林校证》，中华书局1987年版。

（唐）义净撰，王邦维校注：《大唐西域求法高僧传校注》，中华书局1988年版。

（唐）杜佑撰：《通典》，王文锦等点校，中华书局1988年版。

杨奉琨校释：《疑狱集·折狱龟鉴校释》，复旦大学出版社1988年版。

［日］仁井田陞：《唐令拾遗》，栗劲、霍存福等编译，长春出版社1989年版。

（宋）高承撰，（明）李果订：《事物纪原》，金圆、许沛藻点校，中华书局1989年版。

（唐）白居易，（宋）孔传撰：《白孔六帖》，《四库全书·子部》第892册，上海古籍出版社1989年版。

唐耕耦、陆宏基编：《敦煌社会经济文献真迹释录》第2辑，全国图书馆文献缩微复制中心1990年版。

唐耕耦、陆宏基编：《敦煌社会经济文书真迹释录》第3辑，全国图书馆文献缩微复制中心1990年版。

唐耕耦、陆宏基编：《敦煌社会经济文献真迹释录》第4辑，全国图书馆文献缩微复制中心1990年版。

（宋）王溥撰：《唐会要》，上海古籍出版社1991年版。

（唐）王梵志著，项楚校注：《王梵志诗校注》，上海古籍出版社1991年版。

周绍良主编：《唐代墓志汇编》，上海古籍出版社1992年版。

（宋）宋敏求编：《唐大诏令集》，洪丕谟、张伯元、沈敖大点校，学林出版社1992年版。

（唐）李林甫等撰：《唐六典》，陈仲夫点校，中华书局1992年版。

郑炳林：《敦煌碑铭赞辑释》，甘肃教育出版社1992年版。

（宋）苏洵著，曾枣庄、金成礼笺注：《嘉祐集笺注》，上海古籍出版社1993年版。

姜伯勤、项楚、荣新江合：《敦煌邈真赞校录并研究》，新文丰出版公司1994年版。

（唐）郑处诲撰：《明皇杂录》，田廷柱点校，中华书局1994年版。

（唐）义净撰，王邦维校注：《南海寄归内法传校注》，中华书局1995年版。

《英藏敦煌文献》，四川人民出版社1995年版。

（唐）张鷟著，田涛、郭成伟校注：《龙筋凤髓判校注》，中国政法大学出版社1995年版。

（唐）义净著，王邦维校注：《南海寄归内法传校注》，中华书局1995年版。

张春波释译：《禅门师资承袭图》，佛光文化出版公司1996年版。

刘俊文撰：《唐律疏议笺解》，中华书局1996年版。

（宋）徐铉撰：《稽神录》，白化文点校，中华书局1996年版。

（唐）释道宣撰，立人整理：《广弘明集》，团结出版社1997年版。

龙显昭、黄海德主编：《巴蜀道教碑文集成》，四川大学出版社1997年版。

温金玉释译：《四分律》，台湾佛光文化事业有限公司1997年版。

赵和平辑校：《敦煌表状笺启书仪辑校》，江苏古籍出版社1997年版。

吴刚主编：《全唐文补遗》，三秦出版社1997年版。

巩本栋释译：《广弘明集》，佛光文化事业有限公司1998年版。

（清）薛允升：《唐明律合编》，怀效锋、李鸣点校，法律出版社1998年版。

（清）严可均辑：《全梁文》，商务印书馆1999年版。

（清）严可均辑：《全隋文》，商务印书馆1999年版。

《唐五代笔记小说大观》，上海古籍出版社2000年版。

（唐）慧立、彦悰撰：《大慈恩寺三藏法师传》，孙毓棠、谢方点校，中华书局2000年版。

（唐）慧超著，张毅笺释：《往五天竺国传笺释》，中华书局2000年版。

《法藏敦煌西域文献》，上海古籍出版社2001年版。

周绍良、赵超主编：《唐代墓志汇编续集》，上海古籍出版社2001年版。

尚秉和：《历代社会风俗事物考》，母庚才、刘瑞玲点校，中国书店2001年版。

陈贻焮主编：《增订注释全唐诗》，文化艺术出版社2001年版。

（宋）钱易撰：《南部新书》，黄寿成点校，中华书局2002年版。

（清）董诰等编：《全唐文》，孙映达等点校，山西教育出版社2002年版。

戴建国点校：《庆元条法事类》，载《中国珍稀法律典籍续编》第1册，黑龙江人民出版社2002年版。

《隋唐五代石刻文献全编》，北京图书馆出版社2003年版。

（唐）释道世撰，周叔迦、苏晋仁校注：《法苑珠林校注》，中华书局2003年版。

龙显昭主编：《巴蜀佛教碑文集成》，巴蜀书社2004年版。

《天一阁藏明钞本天圣令校证（附唐令复原研究）》，中华书局2006年版。

［日］圆仁著，白化文、李鼎霞、徐德楠校注：《入唐求法巡礼行记校注》，花山文艺出版社2007年版。

荣新江、李肖、孟宪实主编：《新获吐鲁番出土文献》，中华书局2008年版。

谈锡永主编：《大般涅槃经》，中国书店2009年版。

（宋）志磐撰，释道法校注：《佛祖统纪校注》，上海古籍出版社2012年版。

恒强校注：《中阿含经》，线装书局2012年版。

岳纯之点校：《唐律疏议》，上海古籍出版社2013年版。

（唐）道宣撰：《续高僧传》，郭绍林点校，中华书局2014年版。

王闰吉：《北山录校释》，中国社会科学出版社2014年版。

《中华大典·法律典·民法分典》，西南师范大学出版社、巴蜀书社2014年版。

（宋）释道诚撰，富世平校注：《释氏要览校注》，中华书局2014年版。

（宋）赞宁撰，富世平校注：《大宋僧史略校注》，中华书局2015年版。

（东晋）佛陀跋陀罗共法显译：《摩诃僧祇律》，载《大正藏》第22册，CBETA电子佛典集成，T22n1425。

（南朝宋）求那跋摩译：《佛说优婆塞五戒相经》，载《大正藏》第24册，CBETA电子佛典集成，T24n1476。

（唐）道宣撰：《四分律删繁补阙行事钞》，载《大正藏》第40册，CBETA电子佛典集成，T40n1804。

（元）德辉重编：《敕修百丈清规》，载《大正藏》第48册，CBETA电子佛典集成，T48n2025。

（隋）费长房撰：《历代三宝记》，载《大正藏》第49册，CBETA电子佛典集成，T49n2034。

（元）念常集：《佛祖历代通载》，载《大正藏》第49册，CBETA电子佛典集成，T49n2036。

（元）觉岸编：《释氏稽古略》，载《大正藏》第49册，CBETA电子佛典集成，T49n2037。

（唐）彦琮撰：《唐护法沙门法琳别传》，载《大正藏》第50册，CBETA电子佛典集成，T50n2051。

（唐）道宣撰：《集古今佛道论衡》，载《大正藏》第52册，CBETA电子佛典集成，T52n2104。

（唐）彦悰纂录：《集沙门不应拜俗等事》，载《大正藏》第52册，CBETA电子佛典集成，T52n2108。

（唐）圆照集：《代宗朝赠司空大辨正广智三藏和上表制集》，载《大正藏》第52册，CBETA电子佛典集成，T52n2120。

（唐）智昇撰：《开元释教录》，载《大正藏》第55册，CBETA电子佛典集成，T55n2154。

（二）著作类（以出版时间正序排列）

韩国磐：《隋唐的均田制度》，商务印书馆1957年版。

王寿南：《唐代宦官权势之研究》，正中书局1971年版。

黄敏枝：《唐代寺院经济的研究》，台湾大学文学院1971年版。

孙广德：《晋南北朝隋唐俗佛道争论中之政治课题》，台湾中华书局1972年版。

刘伯骥：《唐代政教史》，台湾中华书局1974年版。

陶希圣编校：《唐代寺院经济》，食货出版社1979年版。

郭朋：《隋唐佛教》，齐鲁书社1980年版。

陈寅恪：《金明馆丛稿二编》，上海古籍出版社1980年版。

瞿同祖：《中国法律与中国社会》，中华书局1981年版。

赵克尧、许道勋：《唐太宗传》，人民出版社1984年版。

《新中国的考古发现和研究》，文物出版社1984年版。

孙昌武：《唐代文学与佛教》，陕西人民出版社1985年版。

［日］镰田茂雄：《简明中国佛教史》，郑彭年译，上海译文出版社1986年版。

李斌城主编：《中国农民战争史·隋唐五代十国卷》，人民出版社1988年版。

李玉珍：《唐代的比丘尼》，学生书局1989年版。

刘俊文：《敦煌吐鲁番唐代法制文书考释》，中华书局1989年版。

谢重光、白文固：《中国僧官制度史》，青海人民出版社1990年版。

谭世保：《汉唐佛史探真》，中山大学出版社1991年版。

杨际平：《均田制新探》，厦门大学出版社1991年版。

武建国：《均田制研究》，云南人民出版社1992年版。

范忠信、郑定、詹学农：《情理法与中国人——中国传统法律文化探微》，中国人民大学出版社1992年版。

［荷］高罗佩：《秘戏图考》，杨权译，广东人民出版社1992年版。

丁鼎、杨洪权：《神秘的预言——中国古代谶语研究》，山西人民出版社1993年版。

［日］中村元：《原始佛教》，释见憨、陈信宪译，香光书乡出版社1995年版。

曲金良：《敦煌佛教文学研究》，文津出版社1995年版。

吕建福：《中国密教史》，中国社会科学出版社1995年版。

梁晓虹：《华化佛教》，北京语言学院出版社1996年版。

周一良：《唐代密宗》，钱文忠译，上海远东出版社1996年版。

张弓：《汉唐佛寺文化史》，中国社会科学出版社1997年版。

郝铁川：《中华法系研究》，复旦大学出版社 1997 年版。

李四龙：《中国佛教与民间社会》，大象出版社 1997 年版。

郝春文：《唐后期五代宋初敦煌僧尼的社会生活》，中国社会科学出版社 1998 年版。

劳政武：《佛教戒律学》，宗教文化出版社 1999 年版。

刘俊文：《唐代法制研究》，台湾文津出版社 1999 年版。

钱大群：《唐律研究》，法律出版社 2000 年版。

祁志祥：《佛学与中国文化》，学林出版社 2000 年版。

向达：《唐代长安与西域文明》，河北教育出版社 2001 年版。

陈引驰：《隋唐佛学与中国文学》，百花洲文艺出版社 2001 年版。

余英时：《中国近世宗教伦理与商人精神》，安徽教育出版社 2001 年版。

黄宗智：《清代的法律、社会与文化：民法的表达与实践》，上海书店出版社 2001 年版。

黄正建：《敦煌占卜文书与唐五代占卜研究》，学苑出版社 2001 年版。

张国刚：《佛学与隋唐社会》，河北人民出版社 2002 年版。

刘进宝：《敦煌学通论》，甘肃教育出版社 2002 年版。

白文固、赵春娥：《中国古代僧尼名籍制度》，青海人民出版社 2002 年版。

王景琳：《中国古代寺院生活》，陕西人民出版社 2002 年版。

葛洪义：《法与实践理性》，中国政法大学出版社 2002 年版。

程国赋：《唐五代小说的文化阐释》，人民文学出版社 2002 年版。

程树德：《九朝律考》，中华书局 2003 年版。

湛如：《敦煌佛教律仪制度研究》，中华书局 2003 年版。

王永会：《中国佛教僧团发展及其管理研究》，巴蜀书社 2003 年版。

葛兆光：《屈服史及其他：六朝隋唐道教的思想史研究》，生活·读书·新知三联书店 2003 年版。

古正美：《从天王传统到佛王传统：中国中世佛教治国意识形态研究》，台湾商周出版社 2003 年版。

李映辉：《唐代佛教地理研究》，湖南大学出版社 2004 年版。

段玉明：《相国寺——在唐宋帝国的神圣与凡俗之间》，巴蜀书社

2004年版。

张松辉：《十世纪前的湖南宗教》，湖南大学出版社2004年版。

罗莉：《寺庙经济论：兼论道观清真寺教堂经济》，宗教文化出版社2004年版。

郑显文：《唐代律令制研究》，北京大学出版社2004年版。

王建光：《中国律宗思想研究》，巴蜀书社2004年版。

［日］砺波护：《隋唐佛教文化》，韩昇、刘建英译，上海古籍出版社2004年版。

［法］谢和耐：《中国5—10世纪的寺院经济》，耿昇译，上海古籍出版社2004年版。

马西沙、韩秉方：《中国民间宗教史》，中国社会科学出版社2004年版。

刘长东：《宋代佛教政策论稿》，巴蜀书社2005年版。

张晋藩：《中国法律的传统与近代转型》，法律出版社2005年版。

杨庆堃：《中国社会中的宗教：宗教的现代社会功能及其历史因素之研究》，范丽珠译，上海人民出版2006年版。

圣严法师：《戒律学纲要》，宗教文化出版社2006年版。

黄正建主编：《中晚唐社会与政治研究》，中国社会科学出版社2006年版。

任杰、梁凌：《中国的宗教政策——从古代到当代》，民族出版社2006年版。

岳纯之：《唐代民事法律制度论稿》，人民出版社2006年版。

郭绍林：《隋唐历史文化续编》，中国文史出版社2006年版。

郭绍林：《唐代士大夫与佛教》，三秦出版社2006年版。

方立天：《中国佛教文化》，中国人民大学出版社2006年版。

［英］安德鲁·本尼特、尼古拉·罗伊尔：《文学批评与理论导论》，汪正龙、李永新译，广西师范大学出版社2007年版。

［日］池田温：《中国古代籍帐研究》，龚泽铣译，中华书局2007年版。

瞿同祖：《中国法律与中国社会》，中华书局2007年版。

桂齐逊：《国法与家礼之间——唐律有关家族伦理的立法规范》，龙文出版社2007年版。

王清淮、朱玫、李广仓：《中国邪教史》，群众出版社 2007 年版。

严耀中：《佛教戒律与中国社会》，上海古籍出版社 2007 年版。

范文澜：《唐代佛教》，重庆出版社 2008 年版。

王建光：《中国律宗通史》，凤凰出版社 2008 年版。

汤用彤：《隋唐佛教史稿》，武汉大学出版社 2008 年版。

刘淑芬：《中古的佛教与社会》，上海古籍出版社 2008 年版。

杨健：《清王朝佛教事务管理》，社会科学文献出版社 2008 年版。

夏广兴：《密教传持与唐代社会》，上海人民出版社 2008 年版。

许抗生：《佛教的中国化》，宗教文化出版社 2008 年版。

傅晓静：《唐五代民间私社研究》，经济科学出版社 2008 年版。

陈弱水：《隐藏的光景：唐代的妇女文化与家庭生活》，广西师范大学出版社 2009 年版。

谢重光：《中古佛教僧官制度和社会生活》，商务印书馆 2009 年版。

雷闻：《郊庙之外：隋唐国家祭祀与宗教》，生活·读书·新知三联书店 2009 年版。

王洪军：《中古时期儒释道整合研究》，天津人民出版社 2009 年版。

刘立夫：《佛教与中国伦理文化的冲突与融合》，中国社会科学出版社 2009 年版。

霍存福：《唐式辑佚》，社会科学文献出版社 2009 年版。

刘绍云：《宗教律法与社会秩序——以道教戒律为例的研究》，巴蜀书社 2009 年版。

［美］芮沃寿：《中国历史中的佛教》，常蕾译，北京大学出版社 2009 年版。

叶珠红：《唐代僧俗交涉之研究——以僧人世俗化为主》，台湾花木兰文化出版社 2010 年版。

李德龙：《敦煌文献与佛教研究》，中央民族大学出版社 2010 年版。

金耀基：《从传统到现代》补篇，法律出版社 2010 年版。

李可：《宗教社会纠纷解决机制：唐和宋的专题研究》，法律出版社 2010 年版。

夏金华：《中国佛教的制度与仪轨》，上海社会科学院出版社 2010 年版。

胡新生：《中国古代巫术》，人民出版社 2010 年版。

方立天：《中国佛教与传统文化》，中国人民大学出版社 2010 年版。

[美] 斯坦利·威斯坦因：《唐代佛教》，张煜译，上海古籍出版社 2010 年版。

李艳茹：《唐代小说呈现的佛教寺院社会生活图景》，香港大学饶宗颐学术馆 2011 年版。

姜伯勤：《唐五代敦煌寺户制度》，中国人民大学出版社 2011 年版。

黄楼：《唐宣宗大中政局研究》，天津古籍出版社 2012 年版。

麻天祥、姚彬彬、沈庭：《中国宗教史》，武汉大学出版社 2012 年版。

刘晓英：《佛教道教传播与中国文化》，学苑出版社 2012 年版。

柳立言：《宋代的宗教、身分与司法》，中华书局 2012 年版。

张践：《中国古代政教关系史》，中国社会科学出版社 2012 年版。

高明士：《律令法与天下法》，台湾五南图书出版公司 2012 年版。

[英] 阿兰·德波顿：《写给无神论者：宗教对世俗生活的意义》，梅俊杰译，上海译文出版社 2012 年版。

石小英：《八至十世纪敦煌尼僧研究》，人民出版社 2013 年版。

陈大为：《唐后期五代宋初敦煌僧寺研究》，上海古籍出版社 2014 年版。

雷艳红：《唐代君权与皇族地位之关系研究》，中国社会科学出版社 2014 年版。

张海峰：《唐代佛教与法律》，上海人民出版社 2014 年版。

李雪梅：《法制"镂之金石"传统与明清碑禁体系》，中华书局 2015 年版。

黄阳兴：《咒语·图像·法术：密教与中晚唐文学研究》，海天出版社 2015 年版。

（三）论文集类（以出版时间正序排列）

唐长孺：《敦煌所出唐代法律文书两种跋》，《中华文史论丛》1964 年第 5 辑。

李树桐：《武则天入寺为尼考辨》，《中国佛教史论集·隋唐五代篇》，大乘文化出版社 1977 年版。

路工：《唐代的说话与变文》，《敦煌变文论录》，上海古籍出版社 1982 年版。

丁敏:《方外的世界——佛教的宗教与社会活动》,《中国文化新论·宗教礼俗篇·敬天与亲人》,联合报文化基金会出版 1983 年版。

何兹全:《中古时代之中国佛教寺院》,《五十年来汉唐佛教寺院经济研究》,北京师范大学出版社 1986 年版。

张弓:《南北朝隋唐寺观户阶层述略——兼论贱口依附制的演变》,《五十年来汉唐佛教寺院经济研究》,北京师范大学出版社 1986 年版。

荆三林:《〈唐昭成寺僧朗谷果园庄地亩幢〉所表现的晚唐寺院经济情况》,《五十年来汉唐佛教寺院经济研究》,北京师范大学出版社 1986 年版。

李斌城:《隋唐五代农民起义与宗教及儒家的关系》,《唐史学会论文集》,陕西人民出版社 1986 年版。

李丰楙:《唐代公主入道与送宫人入道诗》,《第一届国际唐代学术会议论文集》,台湾学生书局 1989 年版。

王寿南:《论甘露之变》,《第一届国际唐代学术会议论文集》,台湾学生书局 1989 年版。

黄心川:《隋唐时期中国与朝鲜佛教的交流》,《隋唐佛教研究论文集》,三秦出版社 1990 年版。

严耕望:《唐人习业山林寺院之风尚》,《唐代研究论集》第 2 辑,新文丰出版股份有限公司 1992 年版。

罗香林:《唐代三教讲论考》,《唐代研究论集》第 4 辑,新文丰出版公司 1992 年版。

陈祚龙:《唐代敦煌寺讲经之真象》,《第二届国际唐代学术会议论文集》,文津出版社 1993 年版。

巴宙:《论唐诗中之民间宗教信仰及佛教思想》,《第二届国际唐代学术会议论文集》,文津出版社 1993 年版。

[日] 那波利贞:《唐代寺院对俗人开放为简便投宿处》,《日本学者研究中国史论著选译》,中华书局 1993 年版。

李斌城:《五代十国佛教研究》,《唐研究》第 1 卷,北京大学出版社 1995 年版。

孙昌武:《唐长安佛寺考》,《唐研究》第 2 卷,北京大学出版社 1996 年版。

严耀中:《唐代江南的淫祠与佛教》,《唐研究》第 2 卷,北京大学出版社1996年版。

朱越利：《何谓庙会——〈辞海〉"庙会"条释文辩证》，《妙峰山·世纪之交的中国民俗流变》，中国城市出版社1996年版。

胡小伟：《三教论衡与唐代俗讲》，《周绍良先生欣开九秩庆寿文集》，中华书局1997年版。

王文颜：《唐代"沙门拜俗"事件析论》，《第三届中国唐代文化学术研讨会论文集》，乐学书局1997年版。

朱瑛石：《"咒禁博士"源流考——兼论宗教对隋唐行政法的影响》，《唐研究》第5卷，北京大学出版社1999年版。

桂齐逊：《唐代律令格式之性质与位阶》，《第四届唐代文化学术研讨会论文集》，台湾成功大学出版组1999年版。

桂齐逊：《唐代律令格式之性质再探》，《第五届唐代文化学术研讨会论文集》，台湾丽文文化事业股份有限公司2001年版。

郭启瑞：《唐代前期（公元618—755年）反逆案的处置》，《第五届唐代文化学术研讨会论文集》，台湾丽文文化事业股份有限公司2001年版。

陈丽萍：《敦煌女性写经题记及反映的妇女问题》，《敦煌佛教艺术文化国际学术研讨会论文集》，兰州大学出版社2002年版。

李正宇：《唐宋时期敦煌的佛教》，《敦煌佛教艺术文化国际学术研讨会论文集》，兰州大学出版社2002年版。

高启安：《晚唐五代敦煌僧人饮食戒律初探——以"不食肉戒"为中心》，《敦煌佛教艺术文化国际学术研讨会论文集》，兰州大学出版社2002年版。

林悟殊：《从百丈清规看农禅——兼论唐宋佛教的自我供养意识》，《佛教物质文化——寺院财富与世俗供养国际学术研讨会论文集》，上海书画出版社2003年版。

魏明杰：《佛教寺院中土地、功德及其交换的可能性》，《佛教物质文化：寺院财富与世俗供养国际学术研讨会论文集》，上海书画出版社2003年版。

孙英刚：《长安与荆州之间：唐中宗与佛教》，《唐代宗教信仰与社会》，上海辞书出版社2003年版。

陈明：《沙门黄散：唐代佛教医事与社会生活》，《唐代宗教信仰与社会》，上海辞书出版社 2003 年版。

刘屹：《唐代道教的"化胡"经说与"道本论"》，《唐代宗教信仰与社会》，上海辞书出版社 2003 年版。

岳辉：《佛教的中国化——从魏晋南北朝时期的"沙门不敬王者"的争论看起》，《中国佛教二千年学术论文集》，广东省佛教协会 2003 年版。

严耀中：《唐代内侍省宦官奉佛因果补说》，《唐研究》第 10 卷，北京大学出版社 2004 年版。

[美] 高士达撰：《为财神，还是为弥勒——关于中国清朝中期民间宗教各派中的钱财及其使用》，郝雪琴译，《宗教、教派与邪教——国家研讨会论文集》，广西人民出版社 2004 年版。

雷闻：《唐宋时期地方祠祀政策的变化——兼论"祀典"与"淫祠"概念的落实》，《唐研究》第 11 卷，北京大学出版社 2005 年版。

[日] 冈野诚撰：《对武则天的诅咒与裴怀古的守法——围绕唐代一起诬告僧侣的案件》，李力译，《中国古代法律文献研究》第 3 辑，中国政法大学出版社 2007 年版。

刘淑芬：《中古佛教政策与社邑的转型》，《唐研究》第 13 卷，北京大学出版社 2007 年版。

李正宇：《晚唐至宋敦煌听许僧人娶妻生子》，《敦煌佛教与禅宗学术讨论会文集》，三秦出版社 2007 年版。

史睿：《〈显庆礼〉所见唐代礼典与法典的关系》，《唐代宗教文化与制度》，京都大学人文科学研究所 2007 年版。

严耀中：《述论唐宋间法律对僧尼的直接约束》，《唐宋法律史论集》，上海辞书出版社 2008 年版。

孟宪实：《唐令中关于僧籍内容的复原问题》，《唐研究》第 14 卷，北京大学出版社 2008 年版。

黄正建：《〈天圣令〉中的律令格式敕》，《唐研究》第 14 卷，北京大学出版社 2008 年版。

戴建国：《〈天圣令〉所附唐令为开元二十五年令考》，《唐研究》第 14 卷，北京大学出版社 2008 年版。

坂上康俊：《〈天圣令〉蓝本唐令的年代推定》，《唐研究》第 14 卷，北京大学出版社 2008 年版。

卢向前、熊伟：《〈天圣令〉所附〈唐令〉是开元二十五年令吗?》，

《历史文献整理研究与史学方法论》,黄山书社 2008 年版。

季爱民:《唐初密教佛经的翻译与贵族供养》,《唐研究》第 15 卷,北京大学出版社 2009 年版。

坂上康俊:《再论〈天圣令〉蓝本唐令〈开元二十五年令〉说》,《新史料·新观点·新视角:天圣令论集》,元照出版有限公司 2011 年版。

刘馨珺:《唐代"生祠立碑"——论地方信息法制化》,《文书·政令·信息沟通:以唐宋时期为主》,北京大学出版社 2012 年版。

王兰兰:《唐初墓志所见唐人信仰考察》,《唐史论丛》第 14 辑,陕西师范大学出版社 2012 年版。

林韵柔:《唐代寺院职务及其运作》,载《魏晋南北朝隋唐史资料》2012 年第 28 辑。

[日]辻正博:《唐律中刑罚的理念与现实——作为"礼教性刑罚"的流刑》,《中古时代的礼仪、宗教与制度》,上海古籍出版社 2012 年版。

李锦秀:《唐代僧官制度研究的回顾与展望》,《隋唐辽宋金元史论丛》第 3 辑,上海古籍出版社 2013 年版。

李向平:《信仰是一种权力关系的建构——以中国社会的"信仰关系"为中心》,载《宗教社会学》第 1 辑,社会科学文献出版社 2013 年版。

黄正建:《贞观年间修订律令的若干问题——律令格式编年考证之二》,《隋唐辽宋金元史论丛》第 4 辑,上海古籍出版社 2014 年版。

[日]冨谷至撰:《奸罪的概念》,赵晶译,《中国古代法律文献研究》第 8 辑,社会科学文献出版社 2014 年版。

季爱民:《会昌六年寺院存毁与改名史事》,《神圣空间:中古宗教中的空间因素》,复旦大学出版社 2014 年版。

孙英刚:《"洛阳测影"与"洛州无影":中古知识世界与政治中心观》,《神圣空间:中古宗教中的空间因素》,复旦大学出版社 2014 年版。

李雪梅、安洋:《少林寺唐代公文碑初探》,《唐律与唐代法制学术研讨会论文集》,未刊,2015 年。

[韩]任大熙:《唐律中损坏的类型规定研究》,《中华法系》第 8 卷,法律出版社 2016 年版。

武绍卫:《唐五代"赐腊"小议》,《佛教史研究》第 1 卷,新文丰出版公司 2017 年版。

（四）期刊类（以出版时间正序排列）

贺世哲：《武则天与佛教》，《西北师范大学学报》1978 年第 2 期。

唐长孺：《敦煌吐鲁番史料中有关伊、西、北庭节度使留后问题》，《中国史研究》1980 年第 3 期。

曹仕邦：《僧史所载中国沙门坚守淫戒的一些实例》，《华冈佛学学报》1981 年第 5 期。

白文固：《唐代僧尼道士受田问题的辨析》，《社会科学》1982 年第 3 期。

李瑾：《唐太宗与佛教》，《云南民族学院学报》1983 年第 1 期。

汤一介：《功德使考——读〈资治通鉴〉札记》，《文献》1985 年第 2 期。

张广杰：《谈谈佛教的政治法律观》，《甘肃社会科学》1987 年第 4 期。

简修炜、庄辉明：《南北朝时期寺院地主经济与世俗地主经济的比较研究》，《学术月刊》1988 年第 11 期。

唐耕耦：《房山石经题记中的唐代社邑》，《文献》1989 年第 1 期。

李富华、董型武：《试论唐代的宗教政策》，《世界宗教研究》1989 年第 3 期。

张弓：《唐代的寺庄》，《中国社会经济史研究》1989 年第 4 期。

牛志平：《武则天与佛教》，《社会科学战线》1990 年第 1 期。

曹旅宁：《唐代度牒考略》，《陕西师范大学学报》1990 年第 2 期。

王灵善：《武则天心态研究》，《山西大学学报》1990 年第 3 期。

张弓：《中国中古时期寺院地主的非自主发展》，《世界宗教研究》1990 年第 3 期。

殷啸虎：《佛教与古代法制》，《文史知识》1994 年第 2 期。

游彪：《论宋代中央和地方僧官体系及其特征》，《河北大学学报》1994 年第 4 期。

李德龙：《敦煌遗书所反映的寺院僧尼财产世俗化》，《山西大学学报》1995 年第 2 期。

唐怡：《浅析唐朝的宗教政策》，《宗教学研究》1996 年第 2 期。

龙晦：《敦煌文献所见唐玄宗的宗教活动》，《扬州大学学报》1997 年第 1 期。

郭绍林：《唐太宗与佛教》，《史学月刊》1997 年第 2 期。

苏金华：《从"方外之宾"到"释吏"——略论汉唐五代僧侣政治地位之变化》，《敦煌学辑刊》1998 年第 2 期。

冯培红：《P.3249 背〈军籍残卷〉与归义军初期的僧兵武装》，《敦煌研究》1998 年第 2 期。

湛如：《汉地佛教度僧制度辨析——以唐—五代的童行为中心》，《法音》1998 年第 12 期。

宁志新：《唐朝使职若干问题研究》，《历史研究》1999 年第 2 期。

郭齐：《"和合"析论》，《四川大学学报》1999 年第 2 期。

郑显文、于鹏翔：《试论唐律对唐前期寺院经济的制约》，《中国经济史研究》1999 年第 3 期。

何柏生：《佛教与中国传统法律文化》，《法商研究》1999 年第 4 期。

武乾：《中国古代对巫术邪教的法律惩禁》，《法学》1999 年第 9 期。

焦杰：《从唐墓志看唐代妇女与佛教的关系》，《陕西师范大学学报》2000 年第 1 期。

戴建国：《唐〈开元二十五年令·田令〉研究》，《历史研究》2000 年第 2 期。

苏金花：《唐后期五代宋初敦煌僧人私有地产的经营》，《中国经济史研究》2000 年第 4 期。

李小荣：《关于唐代的俗讲和转变》，《九江师专学报》2000 年第 4 期。

王月清：《禅宗戒律思想初探》，《南京大学学报》2000 年第 5 期。

王永平：《论唐代的民间淫祠与移风易俗》，《史学月刊》2000 年第 5 期。

杜文玉：《唐代宦官婚姻及其内部结构》，《学术月刊》2000 年第 6 期。

曹文斌、陈升磊：《中国汉传佛教素食传统形成的原因》，《中国宗教》2010 年第 7 期。

周次吉：《寺院考（Ⅰ）——唐人小说中的寺院》，《朝阳学报》2000 年第 5 期。

谭蝉雪：《唐宋敦煌岁时佛俗》，《敦煌研究》2001 年第 1 期。

薛平拴：《论唐玄宗的宗教政策》，《兰州大学学报》2001年第4期。

黄清发：《唐代僧尼的出家方式与世俗化倾向》，《南通师范学院学报》2002年第1期。

杨永良：《僧尼令之研究——解读并探讨道僧格复原的问题》，《日本学论坛》2002年第1期。

周相卿：《隋唐时期佛教与法的关系》，《贵阳民族学院学报》2002年第1期。

赵杏根：《唐代小说中的法术僧人与另类僧人》，《苏州铁道师范学院学报》2002年第2期。

王立民：《中国古代刑法与佛道教》，《法学研究》2002年第3期。

李芳民：《佛宫南院独游频——唐代诗人游居寺院习尚探赜》，《文学遗产》2002年第3期。

严耀中：《论占卜与隋唐佛教的结合》，《世界宗教研究》2002年第4期。

苏金花：《唐后期五代宋初敦煌僧人的社会经济生活》，《中国经济史研究》2003年第2期。

潘春辉：《晚唐五代敦煌僧尼饮酒原因考》，《青海社会科学》2003年第4期。

黄正建：《唐代的占卜》，《文史知识》2003年第6期。

石海军：《道教与密宗——兼及印度文化和文学中的艳欲主义》，《外国文学研究》2003年第6期。

明杰：《唐代佛教度僧制度探讨》，《佛学研究》2003年刊。

郑炳林、魏迎春：《晚唐五代敦煌佛教教团的戒律和清规》，《敦煌学辑刊》2004年第2期。

雷闻：《唐代地方祠祀的分层与运作——以生祠与城隍神为中心》，《历史研究》2004年第2期。

张国刚、蒋爱花：《唐代男女婚嫁年龄考略》，《中国史研究》2004年第2期。

杨梅：《唐代尼僧与世俗家庭的关系》，《首都师范大学学报》2004年第5期。

刘正平、王志鹏：《唐代俗讲与佛教八关斋戒之关系》，《敦煌研究》2005年第2期。

张志云:《唐代悲田养病坊初探》,《青海社会科学》2005 年第 2 期。

李晓敏:《隋唐时期的出家人与家庭》,《河南社会科学》2005 年第 2 期。

江润南:《〈唐律〉对利用图谶进行颠覆犯罪的打击》,《湖南科技大学学报》2005 年第 3 期。

李正宇:《晚唐至北宋敦煌僧尼普听饮酒——敦煌世俗佛教系列研究之二》,《敦煌研究》2005 年第 3 期。

雷晓鹏:《中国古代刑法对佛道教的规范》,《宗教学研究》2005 年第 4 期。

潘春辉:《唐宋敦煌僧人违戒原因论述》,《西北师范大学学报》2005 年第 5 期。

周东平:《隋〈开皇律〉十恶渊源新探》,《法学研究》2005 年第 7 期。

梁子:《唐人国忌行香述略》,《佛学研究》2005 年刊。

綦中明:《浅论唐代的悲田养病坊》,《西安文理学院学报》2006 年第 1 期。

刑学敏、王洪军:《论唐玄宗时期的宗教政策》,《北方论丛》2006 年第 1 期。

顾俊杰:《论佛教与中国传统法律文化的冲突与融合》,《同济大学学报》2006 年第 3 期。

戴建国:《唐〈开元二十五年令·杂令〉复原研究》,《文史》2006 年第 3 辑。

赵哲伟:《佛教文化与中国传统法律制度刍议》,《东南文化》2006 年第 4 期。

曾德雄:《谶纬的起源》,《学术研究》2006 年第 7 期。

李晓敏:《造像记:隋唐民众佛教信仰初探》,《郑州大学学报》2007 年第 1 期。

王涛:《唐宋之际城市民众的佛教信仰》,《山西师范大学学报》2007 年第 1 期。

魏严坚:《圣俗之间:唐政权运作下的长安佛事》,《"国立"台中技术学院通识教育学报》2007 年第 1 期。

李晓瑞:《政治谣谚:中国古代社会一种重要的舆论形态》,《新闻爱好者》2007 年第 2 期。

石冬梅：《论唐代的谋反罪》，《燕山大学学报》2007 年第 2 期。

黄正建：《〈天圣令〉附〈唐令〉是开元二十五年令吗？》，《中国史研究》2007 年第 4 期。

李志强：《论中唐政治文化主导阶层与佛教之关系》，《上海商学院学报》2007 年第 4 期。

郑炳林、魏迎春：《晚唐五代敦煌佛教教团僧尼违戒——以饮酒为中心的探讨》，《敦煌学辑刊》2007 年第 4 期。

陈俊强：《唐代的流行——法律虚与实的一个考察》，《兴大历史学报》2007 年第 18 期。

周利敏：《"历史镶嵌"：宗教权威分析的新视角》，《宗教》2008 年第 1 期。

王永平：《唐代长安的庙会与戏场——兼论中古时期庙会与戏场的起源及其结合》，《河北学刊》2008 年第 6 期。

舒大清：《中国古代政治童谣与谶纬、谶语、诗谶的对比》，《求索》2008 年第 11 期。

卓越：《论唐代的佛教管理及对佛教中国化的影响——以〈唐会要〉为研究中心》，《求索》2008 年第 12 期。

李雪梅：《佛教碑文所反映的中国古代法律信息》，《中国史研究》（韩国）2008 年第 57 辑。

胡展志：《浅析谶与纬的区别及合流》，《安徽文学》2009 年第 1 期。

宿白：《试论唐代长安佛教寺院的等级问题》，《文物》2009 年第 1 期。

刘小平：《唐代佛教寺院的土地资源配置》，《中国农史》2009 年第 1 期。

王栋梁、纪倩倩：《论唐代士僧交游的政治动因》，《甘肃社会科学》2009 年第 2 期。

方潇：《"天机不可泄漏"：古代中国对天学的官方垄断和法律控制》，《甘肃政法学院学报》2009 年第 2 期。

马小红：《试论价值观与法律的关系》，《政法论丛》2009 年第 3 期。

孟宪实：《论唐朝的佛教管理——以僧籍的编造为中心》，《北京大学学报》2009 年第 3 期。

查明昊:《从唐五代功德使一职的变迁看宦官势力的消涨》,《宗教学研究》2009年第3期。

刘小平、马楠:《唐代均田制与寺院经济变迁的制度化分析——以"僧尼授田"为中心的考察》,《甘肃社会科学》2009年第4期。

张泽洪:《多元文化视野下的唐代佛道关系——以唐代长安为中心》,《兰州大学学报》2009年第5期。

陈登武:《从内律到王法:唐代僧人的法律规范》,《政大法学评论》2009年第111期。

刘琴丽:《墓志所见唐代比丘尼与家人关系》,《华夏考古》2010年第2期。

周东平:《论佛教礼仪对中国古代法制的影响》,《厦门大学学报》2010年第3期。

王大伟:《论〈禅院清规〉中禅、净与律学思想的互动》,《宗教学研究》2010年第3期。

王雪梅:《弥勒信仰研究综述》,《世界宗教文化》2010年第3期。

侯冲:《俗讲新考》,《敦煌研究》2010年第4期。

夏清暇:《佛教伦理对传统法律影响三题》,《江淮论坛》2010年第4期。

赵晓芳:《论唐朝对西州佛教的管理》,《西域研究》2010年第4期。

曹文斌、陈升磊:《中国汉传佛教素食传统形成的原因》,《中国宗教》2010年第7期。

张春海:《论唐代的配隶刑》,《史学月刊》2010年第8期。

董春林:《论唐宋僧道法之演变》,《江西社会科学》2010年第10期。

何春明:《浅议唐朝的宗教政策及其执行——以佛教为例》,《黑龙江史志》2010年第23期。

黄敬家:《幻化之影:唐代狂僧垂迹的形象及其意涵》,《台大佛学研究》2010年第20期。

李力:《出家·犯罪·立契——1—6世纪"僧人与法律"问题的初步考察》,《法制史研究》2010年第17期。

李文军:《佛法与国法:规范合力与意义勾连——佛教与传统法律研究述评》,《世界宗教文化》2011年第1期。

吴智勇:《唐代僧尼出家的非信仰因素》,《中华文化论坛》2011年第

1 期。

张春海：《论唐代的安置刑》，《史学集刊》2011 年第 4 期。

彭炳金：《唐宋时期安置刑的发展变化》，《晋阳学刊》2011 年第 4 期。

杨梅：《中土僧制刍论》，《四川大学学报》2011 年第 6 期。

肖海英、吴青山：《从〈唐律疏议〉看唐代法律与宗教的关系》，《山西师范大学学报》2012 年第 2 期。

崔正森：《武则天与佛教》，《五台山研究》2012 年第 3 期。

林清凉：《中国汉传佛教素食观疑义略辩》，《法音》2012 年第 6 期。

吕堃：《济公形象的演变及其文化阐释》，《天中学刊》2012 年第 6 期。

明成满：《唐五代僧尼私有财产研究》，《学理论》2012 年第 18 期。

李文才：《从饮酒看晚唐五代宋初敦煌佛教的世俗化》，《陕西师范大学学报》2013 年第 2 期。

岳纯之：《论〈唐律疏议〉的形成、结构和影响》，《政法论丛》2013 年第 2 期。

魏迎春、郑炳林：《晚唐五代敦煌佛教教团僧尼违戒蓄财研究》，《敦煌学辑刊》2013 年第 2 期。

楼劲：《隋无〈格〉、〈式〉考——关于隋代立法和法律体系的若干问题》，《历史研究》2013 年第 3 期。

赵晶：《唐代〈道僧格〉再探——兼论〈天圣令·狱官令〉"僧道科法"条》，《华东政法大学学报》2013 年第 6 期。

圣凯：《汉传佛教素食传统浅谈》，《中国宗教》2013 年第 8 期。

楼劲：《武德时期的立法与法律体系——说"武德新格"及所谓"又〈式〉十四卷"》，《中国史研究》2014 年第 1 期。

任汝平、徐佳艺：《论唐朝对佛教事务的法律规制》，《宜春学院学报》2014 年第 2 期。

陈义和：《佛教观念对中国古代法律的影响初探》，《比较法研究》2014 年第 4 期。

楼劲：《唐太宗贞观十一年立法研究——以〈贞观式〉有无之悬疑为中心》，《文史哲》2014 年第 6 期。

何勤华：《宗教法变迁考》，《法制与社会发展》2014 年第 6 期。

何勤华：《宗教法研究的述论》，《学术月刊》2014年第11期。

何勤华：《宗教法本质考》，《法学》2014年第11期。

韩凤鸣、韩翠：《禅宗无相戒的流弊与后期修正》，《法音》2015年第1期。

道悟：《唐代律法与寺院安养制度》，《中国佛学》2015年第2期。

张雪松：《唐代法律对宗教异端书籍查禁制度探析——以佛教疑伪经录为个案的研究》，《世界宗教文化》2015年第3期。

陈玺：《唐代惩禁妖妄犯罪规则之现代省思》，《法学》2015年第4期。

李谷乔：《试析"会昌法难"与唐末禅宗的勃兴——基于塔铭文献的视角》，《古籍整理研究学刊》2015年第4期。

李海燕：《初唐宗教政策的折射：王勃与三教思想》，《理论学刊》2015年第8期。

张梅雅：《唐代长安比丘尼的形象塑造与社会活动：以墓志为主的探讨》，《新世纪宗教研究》（第13卷）2015年第3期。

（五）外文文献类（以出版时间正序排列）

［日］三浦周行：《法制史研究》，岩波书店1919年版。

［日］瀧川政次郎：《律令の研究》，刀江书院1931年版。

［日］山崎宏：《支那中世佛教の展开》，清水书店1942年版。

［日］秋月觀暎：《道僧格の復舊について》，《歷史（東北大學）》1952年第4辑。

［日］秋月觀暎：《唐代宗教刑法に關する管見》，《东方宗教》1954年第4辑。

［日］道端良秀：《唐代仏教史の研究》，法藏馆1957年版。

［日］中富敏治：《唐代の僧统》，《大谷学报》第40卷第3号，1960年。

［日］二葉憲香：《古代佛教思想史研究：日本古代における律令仏教及び反律令仏教の研究》，永田文昌堂1962年版。

［日］那波利贞：《唐代社会文化史研究》，创文社1974年版。

［日］牧野巽：《中國社會史の諸問題》，御茶の水书房1985年版。

［日］黑板胜美编：新订增补国史大系《令集解》，吉川弘文馆1989年版。

［日］诸户立雄：《中国仏教制度史の研究》，平河出版社1990年版。

［日］佐藤誠實著，隴川政次郎编：《佐藤誠實博士律令格式論集》，汲古书院1991年版。

［日］浜田直也：《唐代仏教制度管见——仏教と律令》，《佛教史学研究》第34卷第1号，1991年。

［日］秋月觀暎：《道僧格覆攷——「俗法推勘」を中心に》，《东洋史论集（东北大学）》1992年第5辑。

［日］竺沙雅章：《内律と俗法——中国佛教法制史の一考察》，《中国近世の法制と社会》，京都大学人文科学研究所1993年版。

［日］中村裕一：《唐代公文書研究》，汲古书院1996年版。

［日］仁井田陞著，池田温编集：《唐令拾遺補》，东京大学出版会1998年版。

袁红：《僧尼令と道僧格の比較》，《大正大学大学院研究论集》，1999年。

［日］滋贺秀三：《中国法制史论集——法典と刑罰》，创文社2003年版。

（六）硕博士学位论文类（以出版时间正序排列）

黄运喜：《唐代中期的僧伽制度——兼论与其当代文化之互动关系》，博士学位论文，（台湾）中国文化大学，1997年。

李海峰：《论佛教在武后时期勃兴的原因》，硕士学位论文，北京语言文化大学，2001年。

张箭：《三武一宗灭佛研究》，博士学位论文，四川大学，2001年。

邝向雄：《唐代谶谣初探》，硕士学位论文，首都师范大学，2004年。

刘佳虹：《五至九世纪佛教冲击下的亲情/家族价值的位移及其转变》，硕士学位论文，（台湾）中国文化大学，2005年。

周奇：《唐代宗教管理研究》，博士学位论文，复旦大学，2005年。

鲁统彦：《隋唐时期僧尼角色研究》，博士学位论文，首都师范大学，2005年。

李俊强：《佛教对中古法律之影响》，硕士学位论文，湘潭大学，2006年。

朱佩：《唐代寺庙财产法研究》，硕士学位论文，南京师范大学，2007年。

韩阳：《魏晋南北朝时期的佛教与法律》，硕士学位论文，苏州大学，2007 年。

张莹：《唐代两京地区佛教的传播及影响》，硕士学位论文，陕西师范大学，2008 年。

陈艳玲：《唐代城市居民的宗教生活：以佛教为中心》，博士学位论文，华东师范大学，2008 年。

曾礼军：《〈太平广记〉研究——以宗教文化为视角》，博士学位论文，上海师范大学，2008 年。

文浩：《论佛教对中国古代法制的影响》，硕士学位论文，厦门大学，2009 年。

朱雄伟：《略论唐代僧尼腐化问题》，硕士学位论文，湖南师范大学，2009 年。

蔺熙民：《隋唐时期儒释道的冲突与融合》，博士学位论文，陕西师范大学，2009 年。

侯冲：《中国佛教仪式研究——以斋供仪式为中心》，博士学位论文，上海师范大学，2009 年。

王智辉：《唐代前期佛教对社会不同阶层的影响之比较研究》，硕士学位论文，南京师范大学，2010 年。

王淑荣：《论隋唐时期的"左道"》，硕士学位论文，陕西师范大学，2010 年。

陈艺方：《唐人小说里的佛教寺院——以俗众的宗教生活为中心》，硕士学位论文，（台湾）中央大学，2011 年。

陈晓聪：《中国古代佛教法初探》，博士学位论文，华东政法大学，2011 年。

尹珊珊：《佛教寺院与隋唐长安城市布局》，硕士学位论文，辽宁大学，2012 年。

张径真：《法律视角下的隋唐佛教管理研究》，博士学位论文，中国社会科学院研究生院，2012 年。

张海峰：《唐代佛教与法律》，博士学位论文，华东政法大学，2012 年。

聂顺新：《唐代佛教官寺制度研究》，博士学位论文，复旦大学，2012 年。

吴琼：《唐代对僧尼的法律规制初探》，硕士学位论文，苏州大学，2013年。

朱继莲：《出家不出世：隋唐时期比丘尼的世俗性特征》，硕士学位论文，云南师范大学，2013年。

于志刚：《唐代的僧人、寺院与社会生活——以〈太平广记〉为中心》，硕士学论文，郑州大学，2013年。

李芳：《唐律奸罪研究》，博士学位论文，吉林大学，2013年。

吴智勇：《六到七世纪僧人与政治：以个案研究为中心》，博士学位论文，复旦大学，2013年。

王秀波：《唐后期五代宋初敦煌三界寺研究》，硕士学位论文，上海师范大学，2014年。

应小均：《唐代寺院土地管理的法律研究》，硕士学位论文，西南政法大学，2014年。

方灿：《从〈唐律疏议〉看唐代法律与宗教的关系》，硕士学位论文，天津商业大学，2014年。

谢山：《唐代佛教兴衰研究——以佛教发展与政治社会关系为视角》，博士学位论文，河南大学，2014年。

池建华：《道法互动：唐代道教与法律的关系研究》，硕士学位论文，上海师范大学，2015年。

后　　记

本书是在我博士论文的基础上修订而成，回首几年前论文写作的那段时间，其实不止一次地想到致谢或者后记该写点什么的问题，尤其是思路陷入困境时，更是会不自觉地想到那不如先写写致谢或后记好了。有时候甚至觉得似乎只要写到这一部分，论文就算是真正完成了，一想到这儿顿时觉得重新燃起了斗志与希望，满怀热情地投入到了与各种文献"作斗争"的战斗之中。如今真的完成了论文并且即将出版，却反而觉得这好像并不是结束，甚至连所谓的"重新的起点"都算不上，而只是人生长路上的一小段旅途罢了。值得庆幸的是，这段旅途于我而言并没有想象中那么"凄凄惨惨戚戚"，事实上这期间充满了幸福与欢乐。

对于这篇论文，首先我要感谢的是我的导师岳纯之教授。刚刚接触岳师时，岳师的严谨认真总让我有一种莫名的敬畏感，生怕自己说错了什么常识性的知识而"暴露"自己的无知。所幸的是岳师从来没有"嫌弃"过我这个不成器的弟子，从选题到材料的收集，老师反复与我讨论论文的可行性、操作性问题。在论文写作的低谷期，自己萌生了随便堆砌一些材料蒙混过关的想法，岳师发现后第一时间斥责我"不在状态"，并先后给我几份详细的书单让我静下心来从基础做起，并时刻关注我论文的进度。在繁重的工作之余，岳师还帮我收集文献材料，一发现学界有什么最新的研究成果，老师就会第一时间通知我。相比同届其他同学，作为学生的我不但没能够为老师承担一些助研和助教的工作，反而因我的懒惰给老师增添了诸多的负担。如果没有岳师一直以来的悉心指导，这篇因我水平有限而本就不够优秀的论文可能就要更加糟糕。天有不测风云，在我刚刚完成学业的第一年，岳师突然因劳累过度而病倒，至今仍在康复中，希望岳师能早日康复重返讲台！

我还要感谢我的另一位老师，硕士阶段的导师李雪梅教授。多年前考入法律史专业说实话多少是因为觉得如此"冷门"的专业要好考一些，在此之前自己几乎一点史学基础都不具备。还记得硕士一年级时，李师安排我参加徐世虹教授主持的《唐律疏议》研读班，不争气的我几乎每次参加到一半就"睡神来袭"。李师不但没有指责我，还贴心地让我从一些今人著作入手，慢慢培养我对法律史专业的兴趣。第一次将自己的论文呈交给李师后，老师竟然一字一句地挑出我的错别字及语法错误，甚至亲自逐条核对我所引用的古籍资料，这也让当时的我羞愧难当。感谢李师，让我懂得了尊重学术规范的重要性。硕士毕业之后李师仍一直关心我的生活与学业，并为我的博士论文提出了许多重要的建议。

人生能遇到一位认真负责的导师已是天大的幸运，而我却能拥有两位世界上最棒的导师，谢谢你们！

我还要感谢在博士阶段为我辛勤授课的柏桦教授、侯欣一教授、于语和教授、刘风景教授、王彬老师等。诸位老师不仅在专业学习方面对自己帮助极大、对我的论文提出了许多宝贵的意见，在生活方面也对我照顾颇多。毕业论文答辩时吴海航教授、彭炳金教授为本书提出了诸项修改建议，使我收获颇丰。此外自己在博士一年级时有幸参加了由侯老师主持的《中华大典·法律典·民法分典》重大古籍整理项目，这段时间不仅让我能够有机会认真阅读了大量的史料文献，更是让我得到了近距离地向侯老师学习专业知识的机会，侯老师看待问题时的睿智以及视野的开阔让我受益无穷。

其次我要感谢的是我的同学和朋友们。我要感谢我的同学刘学文、李丹阳、陈国坤、刘佳、潘晓滨、肖奎等，我的同门冯志伟师兄、陈上海、厉广雷，正是闲暇时光与你们的讨论让我找到了许多论文写作的灵感。我还要感谢我的好友们，谢谢你们在我论文写作遇到困境时听我絮絮叨叨地抱怨这抱怨那，并一直安慰我。在枯燥的论文写作期间，正是因为你们的陪伴才让我能够坚持下来。我还要特别感谢中国政法大学的安洋兄，安洋兄辛苦地帮我拍摄并影印了许多资料而免去了我来回的旅途奔波。韩国任大熙教授以及朱仕金博士、武绍卫博士也为我在资料查询上提供了许多指引，深表感谢！

此外我曾以本书的部分章节参加由中国政法大学古籍整理研究所举办的"铭刻文献所见古代法律和社会"学术研讨会、由香港中文大学中国文化研究所主办的第五届"中国文化研究青年学者论坛"、由圣严教育基

后　记

金会主办的第七届"汉传佛教与圣严思想"国际学术研讨会等，先后得到了刘淑芬研究员、詹场教授、陈丽萍研究员、杨晓宜博士等师友的指点，特别是杨晓宜博士欣然应允为本书作序。本书的部分章节还曾先后发表在《玄奘法律评论》《宏德学刊》以及《厦门大学法律评论》上，感谢诸位评审专家以及编辑老师提供的宝贵意见，在此一并感谢！

再次我还要感谢我所在单位的领导和同事们，谢谢你们给予了我一个愉快的工作环境，让我能够认真读书、安心教学，能够加入你们是我最大的荣幸！

最后我要感谢的是我的父母及家人，是家人的陪伴与支持使我能够一直安心学业。自己非常喜欢余华先生在其小说《活着》序言中的一段话："人不是为什么而活着，而只是为了活着而活着。"或许读一个博士学位并不能为自己直接"带来"什么物质上的帮助，但心灵上的点滴充盈与思想上的缓慢成熟却可能是这段旅途中最宝贵的财富。感恩我生命中遇到的所有人，正是因为与你们的相遇才让我更加清楚地认识自己、认识这个世界。或许人生中还有许许多多的理想没有实现，但我坚信只要自己做到正直、勇敢、善良，那么无论未来如何，自己都能从容面对，加油！

段知壮

2020. 4. 14